高职高专人力资源管理创新系列教材

人力资源管理概论

全毅文　陈琳蓉　主编

中国财富出版社

图书在版编目（CIP）数据

人力资源管理概论 / 全毅文，陈琳蓉主编．—北京：中国财富出版社，2019.4

（高职高专人力资源管理创新系列教材）

ISBN 978－7－5047－6881－0

Ⅰ.①人…　Ⅱ.①全…②陈…　Ⅲ.①人力资源管理－高等职业教育－教材

Ⅳ.①F243

中国版本图书馆 CIP 数据核字（2019）第 057998 号

策划编辑　谷秀莉　　**责任编辑**　谷秀莉

责任印制　尚立业　　**责任校对**　孙会香　许　诺　　**责任发行**　杨　江

出版发行　中国财富出版社

社　　址　北京市丰台区南四环西路 188 号 5 区 20 楼　　**邮政编码**　100070

电　　话　010－52227588 转 2098（发行部）　010－52227588 转 321（总编室）

010－52227588 转 100（读者服务部）　010－52227588 转 305（质检部）

网　　址　http://www.cfpress.com.cn

经　　销　新华书店

印　　刷　北京京都六环印刷厂

书　　号　ISBN 978－7－5047－6881－0/F·3024

开　　本　787mm×1092mm　1/16　　**版　　次**　2019 年 8 月第 1 版

印　　张　13.75　　**印　　次**　2019 年 8 月第 1 次印刷

字　　数　326 千字　　**定　　价**　42.00 元

前　言

在现代社会的发展中，人力资源的重要性不言而喻，各种类型的组织对人力资源管理的重视程度越来越高。“人力资源管理概论”是人力资源管理专业的基础课，也是工商管理专业的主干课程之一。本书针对高职高专教育教学培养应用型人才的特点，全面、系统地论述了人力资源管理的理论和方法。

本书在借鉴国内外知名院校人力资源管理教材知识体系和内容结构的基础上，力求做到体系完整、重点突出。全书共九个学习情境，分别为初识人力资源管理、制订人力资源规划、岗位分析与工作设计、招聘与甄选员工、培训与开发员工、素质测评与绩效考核、薪酬设计与管理、劳动关系管理、企业文化与团队建设。

与传统教材相比，本教材在定位与设计方面有以下特点：

第一，“好看”。考虑到我国高职高专学生的文化背景和基于基础教育养成的吸纳知识的习惯，本书增强了趣味性，让学生乐学，使学生在趣味性的学习中得到思想启迪与管理智慧。在做到学习情境与职业情境紧密结合的同时，本书注意行文的活泼与优美，以尽量使其更具有可读性，运用形象、具体的语言，使学生直观、形象地获取经验，从而轻松地获取实际职业行动能力。

第二，“好学”。本书坚持知识的掌握服务于能力构建的编写原则，围绕职业能力的形成组织课程内容，以工作任务为中心来整合相应的知识和技能。不追求理论知识的体系完整，但求教学内容先进、重点突出、取舍合理、结构清晰、层次分明，表述深入浅出，用平实的语言阐释高深的管理理论，信息传递高效。

第三，“好做”。本书以管理岗位具体工作项目为载体，设计、组织教材内容，形成了以工作任务为中心、以技术实践知识为焦点、以技术理论知识为背景的教材结构，实现了教材内容由学科结构向工作结构的转变，提高了可操作性。加强工作任务与知识、技能的联系，增强学生的直观体验，诱发其学习的主动性。在关键技能环节，有针对性地设置实际操作练习，加大技能培训力度，从而方便学生将知识转化为专业性的技能技巧，提高其解决和处理现实问题的综合能力。

在编写本书的过程中，我们参考和借鉴了国内外许多学者的著作、教材和相关文献资料，在此深表感谢！

由于编者知识水平和时间精力有限，教材中难免有疏漏之处，敬请广大读者提出宝贵意见，以便我们今后进行补充和修正。

编　者

2019 年 2 月

目　录

学习情境一　初识人力资源管理

◆ 知识目标

- 掌握人力资源管理的概念、特点和基本职能
- 理解人力资源管理的意义以及人力资源管理与传统人事管理的区别
- 认识人力资源管理的目标与环境
- 了解人力资源管理理论的基本内容

◈ 技能目标

- 通过对人力资源管理内涵的认识，分析企业人力资源管理中的问题
- 通过对人力资源管理理论基本内容的了解，能够分析某一企业所采用的人力资源管理理论类型，并能针对其存在的问题提出改进意见

人力资源管理包括一切对组织中的员工构成直接影响的管理决策及其实践活动。人是价值创造的源泉，如何吸引优秀的员工，发挥人力资源的价值，进一步充分发挥组织的竞争优势，是人力资源管理的范畴。人力资源管理的目的是有效地实现组织目标，其活动不能脱离组织内外环境而独立存在。本学习情境将带领大家认识人力资源，了解人力资源管理，为大家解读人力资源管理理论。

任务一　认识人力资源

◉ 任务情境

香格里拉的人力资源管理

从 1971 年新加坡第一家香格里拉酒店开业开始，香格里拉就不断向国际迈进。以中国香港为大本营，香格里拉已发展成亚洲地区很有影响力的豪华酒店集团。

关于如何帮助员工发展，香格里拉认为：酒店业是一个与人打交道的行业，因此要充分照顾到酒店客人、员工和经营伙伴。以人为本，以客为先，公平、公正和透明，是香格里拉酒店的管理原则。在香格里拉，大家都是领导者，因为即使不领导别人，也在领导自己。

香格里拉深知员工是酒店最重要的资产，是酒店的内部客人，因为只有有快乐的员工才能有满意的客人。因此，香格里拉建立了员工发展机制并开展各种活动，如人

才本地化、内部招聘、员工跨部门/跨酒店培训、员工授权体系、有效的工作表现评估系统及接班人计划等，将酒店的事业与员工个人的发展更紧密地联系在一起，争取成为备受拥戴的雇主。

香格里拉还不断培养本地员工，一则确信本地人才的能力，二则重视与日俱增的国内客户，并希望通过本土化的服务吸引更多的本地客人。香格里拉对国内市场紧锣密鼓的拓展工作，充分地说明了其对国内客户这一巨大市场的重视。

❖ 任务分析

人力资源被当作企业的一项资产而不仅仅是流动的工具来进行管理。人力资源作为企业保持长久竞争优势的一种战略性资源，能够比其他的竞争手段更有效，因为它的管理实践是非常难以看见和难以令人模仿的。人力资源部门还应该特别关注企业文化对员工的影响，隐含的文化网络和系统对员工往往有着更深层次的影响。

在企业不断提高竞争力和努力完成各种使命的过程中，人力资源管理起着至关重要的作用。以上案例是典型的服务行业人力资源管理案例，它说明香格里拉酒店的人力资源管理理念是“员工是酒店最重要的资产”，让顾客满意的服务来自“快乐的员工”。酒店本身不会带来财富，只有通过酒店的“灵魂”也就是“最宝贵的资产”——“员工”提供人性化的服务，才能实现价值。“只有让员工始终快乐”，酒店的高附加价值才能被源源不断地创造出来。其实，人性化的人力资源管理才是香格里拉在经营中的竞争优势。

⊙ 知识精讲

一、人力资源及其相关概念

资源泛指社会财富的源泉，指能给人带来新的使用价值和价值的客观存在物，在管理中“人、财、物”中的“人”即人力资源。

1. 人力资源的概念

人力资源的观点起源于20世纪60年代。人力资源是与自然资源或物质资源相对的概念，是指能够推动特定社会系统或组织发展进步并达成其目标的人员数量和能力总和。

对这一概念进行进一步解释：

（1）人力资源是以人为载体的资源，既包括体力劳动者，也包括脑力劳动者。

（2）人力资源与其他资源一样具有物质性、可用性、有限性、归属性。

（3）人力资源必须具有功用，即人力资源对其归属的特定社会系统或组织目标的实现有用。

（4）人力资源既包括拥有成员数量的多少，也包括拥有成员质量的高低。它是存在于人体中以体能、知识、技能、能力、个性行为等特征为具体表现的经济资源。

2. 与人力资源相关的概念

人力资源不能脱离特定的社会系统，从宏观意义上来看，它是一个地区具有劳动能力、能够创造价值、推动社会进步的人员数量与质量的总和。因此，人力资源不能脱离一个地区的人口资源、劳动力资源和人才资源而独立出来，它们的关系如图 1－1 所示。

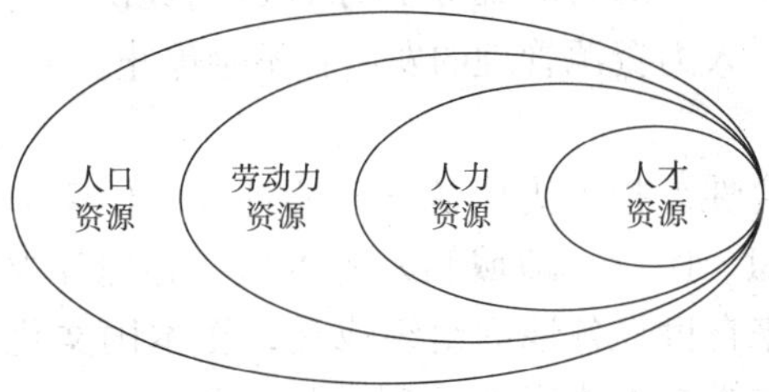

图 1－1 四种资源关系

人口资源是国家或一个地区的人口总和。它主要表明数量概念，但它是一个重要的实数，因为一切人才皆产生于这个最基本的资源。

劳动力资源是一个国家或地区所有具有劳动能力的人口总和，含于人口资源，通常是指 18～60 岁具备从事体力劳动或脑力劳动能力的人口群体。它仍然偏重于数量概念。

人才资源是一个国家或地区具有较强的管理能力、研究能力、创造能力和专门技术能力的人口总和。它重点强调质量方面，是人力资源中较突出、较优质的那部分人。它表明的是一个国家或地区所拥有的人才质量，能较客观地反映一个民族的素质。

二、人力资源管理的概念与特点

（一）人力资源管理的概念

人力资源管理是对人力资源的获取、整合、激励、调控和开发的管理过程，通过协调人与事的关系，处理人与人的矛盾，充分发挥人的潜能，使人尽其才、物尽其用、人事相宜，以实现组织的目标和个人的需要。

对这一概念的进一步理解：

（1）人力资源管理的基本职能包括获取、整合、激励、调控和开发，即通过这一过程完成求才、育才、用才、护才、留才的整个管理。

（2）人力资源管理通过各种职能进行数量和质量两个层面的管理。一方面，通过获取与整合，满足组织对人员数量的要求；另一方面，通过对人的思想、心理和行为进行有效管理，激励人们发挥主观能动性，以实现组织目标。

（3）人力资源管理要做到人事相宜，即根据人力、物力及其变化，对人力资源进行招聘、培训、组织和协调，使两者经常保持最佳比例并有机结合，使人和物都发挥出最佳效益。

（二）人力资源管理的特点

人力资源管理的特点表现在以下几个方面。

1. 发展性

人力资源管理的发展性，指人力资源管理的观念、手段和方式，伴随着社会生产力的进步，也在不断地完善和提升。人力资源管理发展的历史轨迹，清楚地记录了这一点：人力资源的管理理论，从经验管理发展到科学管理，直至形成现代管理理论的“丛林”；人力资源的管理手段，由手工操作进化到机械化、计算机化和网络化；人力资源管理的方式方法，由单一的行政命令到综合运用经济、行政、法律、心理等多种方式。只要社会在进步，人力资源管理的发展就不会停止。

2. 综合性

人力资源管理的综合性，指人力资源管理所涉及的因素非常复杂，必须综合考虑经济、政治、文化、组织、民族、地域和人的生理、心理等内外因素，否则就可能导致管理的失灵。例如，来自世界各地的组织成员，受本国文化和环境的影响，必然存在思想意识上的差别，如果在人力资源管理中片面强调统一，就有可能引起不满和反对。因此，人力资源的管理者必须能够综合运用哲学、心理学、生理学、社会学、经济学、管理学等知识，把握好整个管理过程。

3. 实践性

人力资源管理的实践性，指人力资源管理的理论作为过去管理经验的概括和总结，一方面对人力资源管理实践有重大的指导意义，另一方面能在实践中得到升华和完善。理论归根结底是为实践服务的。我国人力资源管理应该借鉴发达国家人力资源管理的研究成果，更应该立足实际国情、自身情况来解决人力资源管理中的具体问题。

4. 地域性

人力资源管理的地域性是由各地的文化、风俗决定的。各地不同的民俗风情和文化，影响着当地人的思想感情和行为习惯，人力资源管理如果不“入乡随俗”，就会陷入困境。我国千百年来崇尚儒家文化，讲究“尊老爱幼”“和气生财”，管理中“以理服人，以情动人”的说服教育比较有效；而在美国，“按契约办事”是通行原则，采用法令规章等手段则效果更为直接。

5. 全局性

人力资源管理的全局性，指人力资源管理仅仅是国家和组织管理系统中的一个子系统，它是为国家或社会组织全局的管理服务的，不能离开组织的管理而自成一体。人力资源管理战略、政策和流程的设计、工作的安排和管理办法的实施，都必须首先考虑全局利益。例如，引进的人才必须符合组织战略的需要，既不超出组织经济支付能力，又能够切实为组织创造价值，而不能为一己私利拉帮结派。

三、人力资源管理的基本职能

人力资源管理的基本职能包括获取、整合、激励、调控和开发，具体内容如下：

1. 获取

为了保证战略目标的实现，人力资源管理部门在工作分析的基础上，制订与组织目标相适应的人力资源需求与供给计划，并依此开展招募、考核、选拔、录用与配置等工作，为组织获取所需的人力资源。获取是人力资源管理的第一步，是后面四种职能得以实现的基础。

2. 整合

整合是指让被招收的员工了解企业的宗旨与价值观，并将之内化为员工的价值观，从而有利于员工之间和睦相处、协调共事，取得群体认同，个人认知与组织理念、个人行为与组织规范统一，建立和加强员工对组织的认同感和责任感的过程。

3. **激励**

激励是指员工为组织做出贡献而给予其奖酬的过程，是人力资源管理的核心。根据对员工工作绩效考评的结果，组织应公平地向员工提供与他们各自贡献相称的、合理的工资、奖励和福利。设置这项基本职能的根本目的，是增强员工的满意度，提高其劳动积极性，从而提高组织绩效。

4. **调控**

调控是对员工实施公平、合理的动态管理的过程。调控主要包括对员工进行科学、合理的绩效考评与素质评估；以考评结果为依据，对员工使用动态管理，如调动、晋升、奖惩、离退、解雇等。

5. **开发**

开发是对员工实施培训并提供发展机会，指导他们了解自己的优势与劣势，从而确定今后发展方向与道路的过程。开发主要包括组织与个人开发计划的制订、组织与个人对培训和继续教育的投入与实施、员工职业生涯开发及员工的有效使用。人力资源开发有利于充分发挥员工工作的价值，提高劳动生产率，使员工满意度增强，进一步激发其积极性和主动性。

以上五项基本职能不是孤立存在的，而是相辅相成、彼此互动的，如图 1－2 所示。例如，在整个管理过程中，将获取的人力资源进行整合，使员工与组织融为一体，以便于对员工进行开发与调控；有效的激励措施能使员工提升工作满意度并具有较高的归属感，从而促进整合；开发使员工看到自身在企业中的发展前程，从而更积极、更安心，有利于激励措施的发挥。但这五种职能都是以工作分析为基础的，工作分析能确定每一个岗位应有的权责和资格要求，为各项人力资源管理作业提供基本依据。

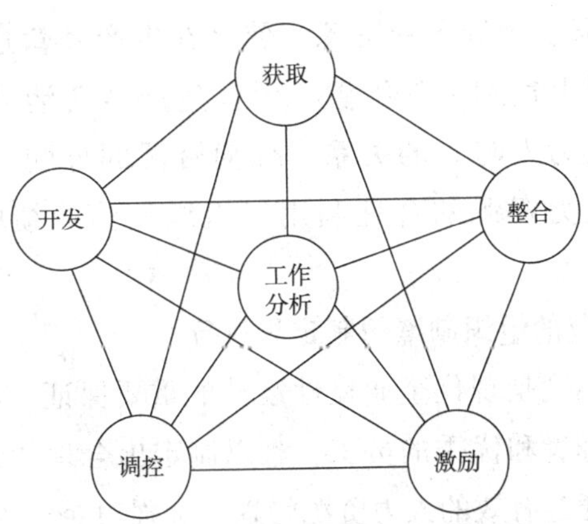

图 1－2　人力资源管理基本职能关系[①]

① 陈维政，余凯成，程文文. 人力资源管理［M］. 2 版. 北京：高等教育出版社，2006：9.

四、人力资源管理的意义

随着知识经济的到来，人力资源管理在组织发展和竞争力提升方面的作用越来越突出，具体表现如下：

1. **有利于组织竞争能力的提高**

人是创造价值的源泉，知识、技能、才智等都蕴含于人这一载体而不能独立存在，因此，人力资源是组织拥有的特殊资源。在知识经济时代，竞争力来自不能被仿制的、具有创新性的能力，而这恰恰是人力资源的重要特点。组织管理层的决策越来越多地受到人力资源的影响，从而使人力资源管理被纳入组织战略规划，成为关乎组织竞争力至关重要的因素。

2. **有利于吸引人才，调动员工的积极性**

任何人都想掌握自己的命运，但自己适合做什么，岗位职责是什么，企业组织的目标、价值观念是什么，自己如何有效地融入组织并结合企业组织目标开发自己的潜能、发挥自己的能力、设计自己的职业人生等，这些都是每个员工十分关心而又深感困惑的问题。有效的人力资源管理，能够发现员工的特点并充分发挥其专长，给予员工尊重，满足员工发展需要，为员工提供职业发展服务。这些既能够吸引外部人才加入组织，又能够通过对现有员工不同层次需要的满足，充分调动员工的积极性，使员工安于工作，忠诚于自己的组织，主动实现组织目标。

3. **有利于组织目标的实现**

组织目标是由人制订、实施和控制的，而组织的管理者是通过别人或同别人一起实现工作目标的。只有合理组织人力资源，不断协调人与人、人与物之间的关系，才能充分利用现有的人、财、物等各种资源，使之在生产经营过程中最大限度地发挥作用，并在空间和时间上达到最佳配置，保证生产经营活动有条不紊地进行。但人与物的关系最终表现为人与人的关系，任何资源的分配、协调，实际上都是以人为中心的。因此，人力资源的合理利用对组织整体业绩的改善、目标的实现，具有重要的意义。

4. **有利于科学、规范的组织制度的制定与执行**

科学而规范的组织制度是现代企业良性运转的重要保证，而人是制度的制定者和执行者。缺乏优秀的管理者和优秀的员工，难以制定出合理的组织制度或保证组织制度的有效执行。因此，通过有效的人力资源管理，加强对企业人力资源的开发和利用，搞好员工培训教育工作，是科学、规范的组织制度制定和执行的保证，是现代企业由传统管理向科学管理转变的不可缺少的组成部分。

五、人力资源管理与传统人事管理的区别

人力资源管理是由传统的人事管理发展进化而来的，但前者较后者的范围更广、

内容更多、层次更高。其具体区别如下：

1. 对人的认识不同

传统人事管理将人视为等同于物质资源的成本，认为人的劳动是组织生产过程中的消耗，把人当作一种工具，注重对人力成本的控制。也就是说，人事管理主要关注如何降低人力成本，正确地选拔人，提高人员的使用效率和生产效率，避免人力成本的增加。

人力资源管理把人视为组织的第一资源，将人看作"资本"。这种资本通过有效的管理和开发，可以创造更高的价值，能够为组织带来长期的利益，即人力资本是能够增值的资本，是价值创造的源泉。因此，人力资源管理更注重对人力资源的保护和开发，因而更具有主动性。

2. 工作内容不同

传统人事管理主要包括雇佣关系从开始到结束的全过程，即人事管理开始于招聘，经过录用、考核、奖惩、职务升降、工资福利等构成了管理阶段，结束于辞退、辞职、退休，其内容侧重于对人的管理。

人力资源管理不仅关注对人的管理，还关注对人的开发。除了对雇佣关系全过程的管理外，组织越来越重视对人力资源的培训与继续教育，其投资在不断增大。组织中参加培训与教育的人员越来越多，从高层到基层员工，从新员工到即将退休的员工，每一个层次与年龄段的员工均参加培训与教育。人力资源开发的方式除了传统的院校培训、企业使用，或者企业自己培养、自己使用的方式，工作内容的丰富化、岗位轮换、更多机会的提供以及员工职业生涯的规划等，均成为新型的人力资源开发方法。

3. 工作性质不同

传统人事管理基本上属于行政事务性的工作，活动范围有限，短期导向，主要由人事部门职工执行，很少涉及企业高层战略决策。

人力资源管理不仅具有上述功能，还要担负工作设计、规范工作流程、协调工作关系的任务。为实现组织的目标，需要建立一个人力资源规划、开发、利用与管理的系统，以提高组织的竞争能力。因此，人力资源管理与传统人事管理的最根本区别，在于人力资源管理具有战略性、整体性和未来性。它被看作一种单纯的业务管理，从技术性管理活动的架构中分离出来，根据组织的战略目标制订相应的人力资源战略，成为组织战略的重要组成部分。

任务二　了解人力资源管理

◉ 任务情境

刘邦的人力资源管理

据《史记·高祖本纪》记载，刘邦平定天下后，在雒阳南宫举行酒宴，询问列侯诸将，请他们谈谈“我为什么能得天下，而项羽为什么失去天下”。高起、王陵对答“陛下慢而侮人，项羽仁而爱人。但您派人去攻城略地后，战利品和俘虏都赏给了他们，有利益与大家共享。项羽嫉贤妒能，陷害有功劳的人，怀疑有本领的人，打了胜仗的人不给记功，得了土地的人不给予好处，这就是他失天下的原因”。高祖说“你们只知其一，不知其二。要说运筹决策于帷幄之中，决胜于千里之外，我不如子房；主持行政机构，管理百姓，保证供应，使粮食的运输线不断绝，我不如萧何；率领百万大军，战必胜，攻必克，我不如韩信。这三位都是杰出人物，我能使用他们，这才是我得到天下的原因。而项羽连一个范增都不能用，所以会败在我手里”。

❖ 任务分析

刘邦将自己得天下而项羽失天下的原因归为对人才的使用，这也说明了人力资源管理对组织实现目标、取得成功的重要作用。员工是公司最重要的资源，一切价值，归根结底都是人创造的。经理不可能仅仅依靠自己一个人的力量在竞争的旋涡中一往无前，而是要发现人才，充分利用人才，只有这样才能取得最终的胜利。

⊙ 知识精讲

一、人力资源管理的目标

人力资源管理，可以实现员工的获取、保留和激励，因此，人力资源管理的目标具体表现为通过提高员工工作生活质量，满足员工需要，有效地提高劳动生产率，取得理想的经济效益，培养全面发展的人才，获得竞争优势。

1. 提高员工工作生活质量

工作生活质量可以被描述为一系列的组织条件和员工工作后产生的安全感、满意度及自我成就感的综合，它描述了工作的客观态度和员工的主观需要。人力资源管理通过工作的多样化、工作的民主性和提高员工参与管理的程度等，提供满足员工自我需要的工作方式，使员工喜欢他们所在的组织。良好的工作生活质量，能够使工作中的员工产生生理和心理健康的感觉。影响工作生活质量的要素主要包括劳动报酬、人际沟通、工作的安全性、员工的工作时间、工作紧张程度、有关决策的参与程度、工作的民主性、利润分享、退休金权利、员工福利计划、工作环境等方面。

2. 取得理想的经济效益

提高劳动生产率是组织的重要目标，劳动生产率反映的是组织的商品和服务产出与为实现这些产出所发生的投入之间的关系。劳动生产率、工作生活质量和企业经济效益三者之间存在着密切的联系。过去片面强调通过员工行为的改进来提高工作绩效，而不重视员工工作内容合理性的倾向，现在已经发生了很大的变化。从人力资源管理的角度来讲，提高劳动生产率是要让人们更加聪明而不是更加辛苦地工作。人力资源管理能够有效地提高员工的工作生活质量，提供一个使员工受到激励、自愿做出最大努力的工作场所。人力资源管理通过招收高素质的雇员和降低流动率，通过培训等方法提高潜在的劳动生产率以创造更高效的劳动力管理，实现人力资源的精干和高效，从而取得理想的经济效益。

3. 获取竞争优势

人力资源的价值有效性、独特性、难以模仿性和组织化的特征，是企业核心竞争力的价值前提。通过对人力资源的教育与培训、文化塑造，可以有效地提高人力资源核心能力的价值。教育与培训在人力资源管理中的地位越来越高，它不仅可以提高社会生产力，还能够造就全面发展的人才。

二、人力资源管理的外部环境

组织要求员工具有环境适应性，人力资源管理活动必然会受到外部环境的约束和限制。对人力资源管理活动的有效实施产生影响的外部环境，主要包括以下五个方面：

1. 政府的政策与法规

人力资源管理是一种社会行为，而一定的社会行为是在一定的政治现实中发生的。不同的国家有不同的社会制度，不同的社会制度对组织活动有着不同的限制和要求。即使是同一国家，在不同的时期，由于发展阶段不同，政府的方针政策倾向、法律的约束对于组织活动的影响也是不断变化的。组织通过对政治环境的研究，了解政府当前禁止干什么、允许干什么、鼓励干什么，从而使其活动符合社会的需要，受到政府的保护，避免法律纠纷。

人力资源管理的一个重要特点，就是其内容与政府的法律法规密切相关，例如，最低工资制度、劳动合同的签订等法律法规的规定，对人力资源管理具有强制和约束的作用。影响人力资源开发和管理的政治因素，包括未来政治环境中有关人力资源开发的法制建设，即人力资源市场管理法、劳动法、职业法、专利法、知识产权法等方面的立法、司法和监察工作的开展情况，以及未来政治环境中有关人力资源发展的政治民主化进程，即机会均等、择业自主、言论自由、人格尊重等方面的进展情况。

2. 经济环境

社会经济发展状况是影响人力资源管理的重要因素之一。经济环境是一个多元的动态系统，主要包括社会经济结构、经济发展水平、经济体制和经济政策四大要素。社会经济结构又被称为国民经济结构，指国民经济中不同经济成分、不同产业部门及社会再生产各环节在国民经济整体中相互间的适应性、量的配比性和排列的关联程度；经济发展水平是指一个国家经济发展的规模、速度和所达到的水准；经济体制是指国家组织经济的形式，它规定了国家与企业、组织与组织、组织与行业的关系，通过一定的管理方法与手段来调节或影响社会经济流动的范围、内容和方式；经济政策是由国家、政党在一定的阶段为实现国家经济发展目标而制定的战略和策略，主要包括关系国民经济发展的战略和产业政策、金融货币政策、价格政策、物资流通政策、国民收入政策、对外贸易政策、劳动工资政策等。

以上四种因素会影响该地区的薪酬水平以及对劳动力的吸引能力，影响人力资源的供给数量、结构、质量，进而影响组织对人力资源的投入、人力资源的规模、员工薪酬及福利待遇等。例如，社会失业率直接影响组织的人员募集、吸引战略的确定和改变；通货膨胀对人员的工资福利待遇会产生直接冲击；全球经济一体化对人力资源管理也带来了新的挑战。

3. **社会文化环境**

社会文化环境包括社会环境和文化环境两部分。社会环境指一国或地区社会阶层的形成和变动、人口的区域性流动、社会中人口年龄的变化、社会中权利的结构、人们生活方式及工作方式的改变，这些都制约着劳动力的供给。如今，女性劳动力参与率普遍提高；随着医疗卫生水平的提高和社会人口年龄的变化，人口结构老龄化；随着知识经济的到来和教育水平的提高，劳动力需求和供给的质量不断提高。

文化环境受居民的受教育程度、文化水平、价值观念、风俗习惯及审美标准等影响。受教育的程度影响居民的需求层次；价值观念影响居民对组织目标、组织活动和组织存在的态度；风俗习惯影响居民喜好或厌恶某些活动；审美标准则会影响人们对组织活动的意义、方式和结果的态度。这些因素影响人力资源供给的数量与质量，影响组织人力资源管理的投入，并且要求组织根据特定的社会文化现状，根据通过社会实践形成并为全体成员共同遵循的意识、价值观、职业道德、行业规范和准则，形成具有组织特色而又融于社会文化环境的组织文化，避免文化冲突。

4. **科学技术环境**

组织的科学技术环境，是组织所处的社会环境中的科技要素及与其直接相关的各种社会现象的集合。企业生产经营过程是劳动者借助一定的劳动条件生产和销售一定产品的过程，不同的产品代表着不同层次的技术水平，需要有与之相适应的劳动者和劳动条件。

现代科技发展速度加快，技术和产品的生命周期越来越短，工作岗位需要不断变化，新技术、新知识、新技能需要不断补充。国外人力资源管理专家预计，在今后10年，技术进步将使半数以上的现有工作发生变化，30%的现有工作岗位将消失，新的工作只有掌握新知识、新技术的人才才能胜任。为此，人力资源管理者要密切关注科学技术发展新动向，预测本组织业务及工作岗位对工作技能需求的变化，及时制订和实施有效的人才开发计划。

5. **自然环境**

自然环境主要包括地理位置、资源状况和自然气候等因素。它对人力资源管理的影响，一方面是特定的地理位置和资源条件存在政策倾斜和产业结构的特定分布，从而影响人力资源的供需数量与质量；另一方面是自然条件对生活质量的影响，决定对人力资源的吸引程度，例如，人们都喜欢在气候适宜、交通方便、生活便利的地区定居。

三、人力资源管理的内部环境

影响人力资源管理的内部环境因素可以表现为组织战略与结构和人力资源管理活

动主体两个层面。人力资源管理活动必须与组织战略和结构相匹配，两者关系密切；人力资源管理活动的主体包括各级、各部门的管理者及工作人员。具体分析，影响人力资源管理活动的内部环境因素可以分为以下六个方面。

1. 组织目标

组织目标就是组织在未来一段时间内要实现的目标或要达到的预期成果，是组织持续存在的目的和原因，是组织的旗帜，是组织发展的方向。组织内的各部门和子系统都应明确自己的目标，以便与组织的总体目标协调一致。

组织中的部门与职位都是为了完成组织目标而设立的，组织目标的调整往往会影响整个组织结构的变化、部门的变迁和职位的取舍，因而对人力资源管理造成巨大的影响。反过来，人力资源管理是为了保证组织目标的实现而展开的，其活动必须与组织目标的调整相匹配。因此，工作分析、人力资源规划、人员配备、培训开发、薪酬激励等人力资源管理活动，必定是以组织目标为前提和依据进行的。

2. 人事政策

政策是指导组织成员决策的一般准则，它主要用来规范组织成员决策时的思想和行为，为组织成员的决策划定一个范围，保证组织成员制定的决策能够与组织的目标相一致，并有助于组织目标的实现。人事政策是组织人力资源管理基本观念的集中体现，是一切人力资源管理活动的指导思想。人事政策直接影响公司对待员工的方式，反映了一种基本的用人观念和价值取向。人事政策受到多种因素的影响和制约，具体人事政策的制定与实施只有依托适当的工作设计和组织才能实现。

3. 组织文化

组织文化是组织在长期的实践活动中所形成的并且为组织成员普遍认可和遵循的，具有本组织特色的价值观念、团体意识、工作作风、行为规范和思维方式的总和。组织文化具有导向性、规范性、约束性、凝聚性、融合性和时代性的特征，它对组织中人们的行动和态度具有持久、深远的影响，最终使人们形成总体的行动倾向。它对人力资源管理的影响体现在如何招聘到价值观与组织文化相一致的员工，如何让新员工接受组织文化上，而这些都是人力资源管理者必须考虑的问题。现实中人力资源管理方法的不同组合，构成了反映不同组织文化的管理模式。

4. 领导者

领导者在组织管理中具有举足轻重的地位，他的工作方式和领导风格会影响组织中员工个人和工作群体的处事态度、行为方式，以及对外界反应的特定模式和组织价值观的形成。领导者的态度、行为、偏好，对保持团队关系、达到组织目标、增进成员交互行为起着关键作用。

5. 非正式组织

非正式组织是指人们在共同的工作或活动中，由于抱有共同的社会感情和爱好，以共同的利益需要为基础而自发形成的团体。其主要特征有自发性、内聚性、不稳定性和领导人物的特殊作用。通过霍桑实验，我们知道在组织中存在的非正式组织对生产率有重大影响。因此，人力资源管理需要根据非正式组织的情况，有效地引导和利用他们，以形成为了实现组织目标、人际关系良好的工作团队，从而避免非正式组织带来的不利影响。例如，以非正式组织为基础，引导他们形成正式的工作团队，为配合团队发展的需要，对团队成员采取以团队绩效为基础的激励措施，对团队成员的培训教育也要从培养跨职能、跨专业人才的需要出发。

6. 员工

员工是企业最重要的资源。每个员工的知识结构、工作经历、社会背景、技术能力和生活需要都各有不同，所以他们具有不同的工作需要、价值观和态度。人力资源管理应该是根据员工的不同需要，尊重他们、关心他们，在实现工作目标的同时倡导个人目标的实现，从而有效地激励员工充分发挥其主观能动性。因此，在人力资源管理中的培训、职业发展等，都要针对员工自身情况，满足他们工作与生活方面的需要，在组织发展的同时实现员工个人的发展。

四、人力资源管理面临的挑战

随着信息经济和知识经济的到来，市场环境加速变化，只有那些反应敏捷、竞争力强的企业，才能在市场中立于不败之地。人力资源管理是企业管理的重要组成部分，同样面临着来自外部环境的各种挑战。

1. 全球化的挑战

随着世界经济一体化步伐的加快，管理已经成为企业在世界范围的活动，越来越多的企业从事国际化经营，通过对世界各地子公司和代理机构各种资源的协调配置，打开外国市场，进行国际贸易和投资，谋求全球范围的竞争优势。国际经营给予企业更多的机会，但也带来了更多的挑战，主要体现在以下几个方面：

（1）在人力资源管理方面，企业需要去平衡出现的各种复杂问题，这些问题涉及不同的政治、文化、法律和经营实务。

（2）在政治环境方面，企业必须对当地所处的政治环境进行全面的考察，调查当地劳工组织的角色和特点，充分认识当地的就业法律和政策。

（3）在文化环境方面，企业要充分认识所处地区的人文历史环境，做好跨文化管理工作。企业对员工的激励受到社会文化的影响，西方强调个人主义而我国强调集体主义，企业应根据不同的情况采取不同的激励措施。

（4）在经营实务方面，跨国公司的获利常常取决于劳动力价格、货币波动情况以及政府在收入转移方面采取的政策。如何获取“物美价廉”的劳动力，是跨国公司人力资源管理需要解决的重要问题。

2. 技术进步的挑战

技术的进步可以使企业更具有竞争力，同时也改变了工作的性质；网络技术的发展改变了人们的工作和生活方式。这些都对人力资源管理提出了新的挑战。

先进技术的引入会导致只要求少量技巧工作岗位的减少，而要求综合性技巧的工作岗位增加，即要求员工从体力劳动者转换成知识工人。同时，网络技术的发展使人们的工作方式和工作地点发生了变化，工作方式由原来单纯的办公室办公，变为随时随地可以通过网络传输完成工作任务，工作地点更为灵活。

技术的进步和先进技术的引入，对工作岗位及员工提出了新的要求，人力资源需要的数量、结构与质量发生了变化：对员工的技术水平要求越来越高，人力资源管理的政策需要重新修订；工作分析需要更新，工作岗位和组织结构需要重新设计；对人员的激励措施需要调整，不仅关注报酬的设计，还要关注员工的工作生活质量；员工招聘甄选和培训计划需要相应的调整。

3. 变化管理的挑战

全球竞争使企业快速反应成为必然，技术进步速度的加快使产品的生命周期缩短，企业的新陈代谢速度加快。有些变化是反应性的，即组织的绩效受到外部因素的影响而产生的一种结果；有些变化是主动的，即管理者主动做出改变，抓住优势目标机会，这在快速变化的行业中尤为重要。成功的变化不是自然生成的，而变化失败的主要原因从根本上可归结为人力资源的问题。

为了适应变化带来的挑战，直线经理和人事经理不得不放眼未来，与员工沟通，对绩效提出明确的期望，通过重新组合人员和重新配置资产来发展其能力，引导员工改变自己以适应变化。

4. 组织重新设计的挑战

随着信息技术的发展，组织结构逐渐扁平化，通过网络来实现的办公自动化，任何阶层和部门的雇员都可以直接联系，这能有效地减少中间的环节与层级。如今，一种无边界组织的观念正在形成——它消除横向部门之间和纵向组织层次或等级之间的界限，打破割裂组织与供应商、客户和其他利益相关者的边界，重新按照流程进行价值链体系的设计，按照价值系统进行供应链的设计等，从而使组织能对动荡和快速变化的市场环境做出快速的反应。

这些变化对人力资源管理提出了新的要求，管理者需要从战略高度重视人力资源的开发与管理，以确保员工拥有知识、技能和经验的优势，确保人员配置实现优化组合。人力资源管理部门需要建立起更加良好的信息沟通渠道，施行更加公平与透明的有效激励措施，将专业技能与合作能力的培训置于同等重要的地位。

5. 成本抑制的挑战

现代组织的人力资源管理中，员工招聘甄选、绩效评估、培训开发等投入的费用在不断增加，降低劳动力成本面临着严峻的挑战。劳动力成本的降低，可以通过裁员、外包、员工租赁以及提高生产效率来实现。

任务三 解读人力资源管理理论

任务情境

惨烈破坏城市为何快速恢复

第二次世界大战末期，日本广岛遭受了原子弹袭击，该市 70% 的建筑物被摧毁，30% 的人口在爆炸中死亡，幸存者在爆炸后逃离该市。然而，24 小时内就有人返回该市，仅仅在爆炸后的第二天，该地区的电力供应就恢复了，两天后铁路运输、电话服务也重新启动，30 天以内生产量占广岛工业 3/4 的工厂开始恢复正常运行。

1943 年夏，拥有 150 万人口的德国城市汉堡，在盟军为期 10 天的滥炸下，约 50%

的建筑物被摧毁，约3%的人口被炸死。尽管该市的供水供电系统遭到严重破坏，但在最后一次空袭过去几天后，电力和煤气供应全面恢复，电报系统在4天内恢复营运，仅仅在5个月内，汉堡的生产力就已经恢复到被轰炸前的80%。

❖ 任务分析

广岛和汉堡在第二次世界大战后迅速恢复生产，说明人力资源这种无形的资产是不可忽视的。人民中蕴藏着巨大的能量，这种能量在平时没有被激发出来，但是一旦处于像灾难刚刚过后这样一种特殊的环境下，这种能量就有可能被迅速利用，它能使一个受灾的城市迅速重建和发展起来。

⊙ 知识精讲

一、人性假设理论

人力资源管理的对象是人，怎样认识“人性”及其本质是人力资源管理的理论基础，制定什么样的管理制度，建立什么样的组织结构，采用什么样的管理方法，都与如何看待人性问题有关。1965年，美国的心理学家埃德加·薛恩在其出版的《组织心理学》一书中，将前人提出的经济人假设、社会人假设、自我实现人假设和自己提出的复杂人假设归纳为四种人性假设，并对这方面理论进行了概括和比较。

1. X理论的人性假设——经济人假设

美国著名行为科学家道格拉斯·麦格雷戈（Douglas McGregor）在1957年的《管理评论》杂志上发表了《企业的人性方面》一文，文中提出了“X理论”和“Y理论”。这是麦格雷戈以经济人人性假设为前提提出的一种管理理论，其核心观点是在管理中要针对经济人的特点，采取金钱刺激与严格控制等管理措施。因此，管理者需要基于他们关于人的本性的假定，按照不同的方式对人进行组织、领导、激励和控制。

经济人假设把人和物等同，忽视人的自身特征和多种需要，只把金钱作为促使人们工作的最主要的激励手段，把惩罚这种强制性手段当作管理的重点之一，认为权力、规章制度和严密的监督控制才能保证组织目标的实现。依照这种理论，工人只是一种会说话的机器，管理人员只有实行“胡萝卜加大棒”的政策才能管理好工人。从整体上来看，这些管理措施与人性化管理的要求是相违背的。

2. 行为科学理论的人性假设——社会人假设

20世纪30~40年代，梅奥（Mayo）通过霍桑试验创立了人际关系理论，50年代后将之定名为行为科学，行为科学管理理论的人性假设，是梅奥在霍桑试验的基础上提出的社会人假设。社会人假设把重视社会性需要、轻视物质性需要的人称为社会人，认为人的最大需要是社会性需要，人在组织中的社交动机比对经济性刺激物的需要的动机更加强烈。只有满足人的社会性需要，才能对人产生最大的激励作用。

社会人假设对人性的认识无疑比经济人假设更进了一步，它比较深刻地揭示了人的本质。直到现在，这种观点还在人力资源管理中起着重大的作用。但我们也应看到，“社会人”的观点并没有对人的社会性进行全面的概括，而是在强调个体对群体的依赖关系的同时，忽视了人同整个社会的联系。社会人假设所带来的主要后果之一，就是出现了"人际关系运动"，尽管这种运动确实提高了工人们的士气，但这一点对提高劳动生产率的贡献却难以界定。

3. Y 理论的人性假设——自我实现人假设

Y 理论是麦格雷戈在总结美国心理学家亚伯拉罕·马斯洛（Abraham Maslow）的需要层次理论和"自我实现人"概念的基础上，于 20 世纪 50 年代后期提出的一种管理理论。所谓"自我实现人"，是指人都需要发挥自己的潜力，发现自己的才能，只有人的潜能被充分激发出来，人才会感到最大的满足。

自我实现人假设是对社会人假设的补充和发展。它尊重人的自我发展，注重对人的内在激励和促进职工自我实现，较好地弥补了社会人假设和行为科学理论的不足，具有理论上的合理性与实践上的针对性。但是，自我实现人假设的人性观是存在一定局限性的，人的发展也不是自然成熟的过程。同时，自我实现人假设还忽视了人的理念在一定环境下可以抵制低层次需要而服从高层次需要的情况。因此，自我实现人假设仍然是一种不完善的理论。

4. 超 Y 理论的人性假设——复杂人假设

复杂人假设是 20 世纪 60 年代末至 20 世纪 70 年代初由薛恩提出的。薛恩认为人性是复杂的，人们的需要与潜在的欲望是多种多样的，而且这些需要的模式也是随着年龄和发展阶段的变迁，随着所扮演角色的变化，随着所处境遇及人际关系的演变而不断变化的。因此，复杂人假设认为，没有什么一成不变的、普遍适用的最佳的管理方式，而必须根据组织内、外环境等自变量和管理思想及管理技术等因变量之间的函数关系，灵活地采取相应的管理措施，管理方式要适合于工作性质、成员素质等。

复杂人假设含有辩证法的因素，强调根据不同的具体情况，针对不同的人采取灵活、机动的管理措施，这在理论上是比较科学和全面的。因此，这种假设能够较为广泛地应用于西方国家的人力资源开发与管理。但是，复杂人假设过分强调人的差异性，忽视了人与人之间的共同性，未能认识到复杂人的人性本质。超 Y 理论过分强调了管理的权变性与特殊性，忽视了管理的一般规律性，表明这一理论仍然存在一定的局限性。

二、激励理论

激励贯穿于企业员工工作的全过程，包括对员工个人需要的了解、个性的把握、行为过程的控制和行为结果的评价等。激励理论主要研究人动机激发的因素、机制与途径等问题。许多管理学家、心理学家和社会学家从不同的角度提出了相应的激励理论。

（一）需要层次理论

美国心理学家马斯洛于 1943 年提出了需要层次理论。马斯洛的需要层次理论有两个基本出发点：第一，人是有需要的动物，其需要取决于他已经得到了什么，还缺少什么，只有尚未满足的需要能够影响行为，已经得到满足的需要不再具有激励作用；第二，人的需要有轻有重，某一层次的需要得到满足后，另一层次的需要才能出现。

1. 需要层次理论的基本内容

马斯洛认为，每个人都有五个层次的需要，即生理需要、安全需要、社交需要、尊重需要和自我实现需要。

马斯洛将五个层次的需要划分为高、低两级。生理需要和安全需要称为比较低级的需要，社会需要、尊重需要和自我实现需要称为较高级的需要。低级需要主要是从外部使人得到满足，高级需要是从内部使人得到满足。需要层次是从低级到高级逐渐出现的，只有前面的需要得到充分的满足，后面的需要才能显示出其激励作用。

2. **需要层次理论的贡献**

马斯洛通过对需要进行分类，找出了对人进行激励的途径，其贡献主要表现在以下三个方面，即对人类基本需要层次等级结构的揭示、对人类基本需要从低级到高级发展过程的揭示、对人类基本需要中优势需要及其转移性规律的揭示。

（二）双因素理论

双因素理论是由美国心理学家弗雷德里克·赫茨伯格（Frederick Herzberg）提出的。20 世纪 50 年代末期，赫茨伯格和他的助手对 200 名工程师、会计师进行了调查访问。结果他发现，使职工感到满意的都是属于工作本身或工作内容方面的；使职工感到不满的，都是属于工作环境或工作关系方面的。他把前者叫作激励因素，后者叫作保健因素。

1. **双因素理论的主要内容**

赫茨伯格从大量的案例调查中发现，造成员工非常不满意的原因主要有企业政策和行政管理、监督、与主管的关系、工作条件、薪水、与同级的关系、与下级的关系、个人生活、地位、安全等方面因素的处理不当。当这些因素恶化到人们认为可以接受的水平以下时，员工就会产生对工作的不满意。这些因素的改善，只能消除员工的不满，而不能使员工变得非常满意，也不能激发其工作的积极性。赫茨伯格将此类因素称为“保健因素”。

另外，赫茨伯格又发现，使员工感到非常满意的因素主要有成就、认可、工作自身、责任感、发展、成长。这类因素的改善能够激发员工的积极性，从而会提高生产效率。赫茨伯格将这类因素称为“激励因素”。

2. **双因素理论的贡献**

双因素理论促使企业管理人员注意工作内容方面因素的重要性，特别是它们同工作丰富化和工作满足的关系，因此具有积极意义。物质需求的满足是必要的，没有它会导致不满；但即使物质需求获得满足，它的作用也往往是很有限的、不能持久的。要调动人的积极性，不仅要注意物质利益和工作条件等外部因素，更重要的是要注意工作的安排，量才录用，注意对人进行精神鼓励，给予表扬和认可，给人以成长、发展、晋升的机会。随着温饱问题的解决，这种内在激励的重要性越来越明显。

（三）期望理论

美国著名心理学家和行为科学家维克托·弗鲁姆（Victor H. Vroom）深入研究组织中个人的激励因素和动机，于 1964 年率先提出了形态比较完备的期望理论模式。

1. **期望理论的基本内容**

人们在预期他们的行动将会有助于达成某个目标的情况下，才会被激励起来去做某些事情以达成目标。弗鲁姆认为，任何时候，一个人从事某一行动的动力，将决定于他的行动之全部结果的期望值乘以其预期这种结果将会达到所要求目标的概率。换言之，激励是一个人某一行动的期望值和其认为将会达成目标的概率的乘积。

期望理论告诉我们，管理者应重视目标的激励作用，但目标难度不能太高，应具备可接受性，否则会使职工失去信心。同时，要处理好工作绩效与奖励、奖励与满足个人需求之间的关系。奖励必须随个人的工作绩效而定，只贡献不奖励会降低人的积极性，奖励不当也会使人产生不公平感；同时，因人的需求不同，只有采取多种奖励方式，才能收到较大的奖励效果。

2. 期望理论的贡献

期望理论推进了人们对组织中个人行为和动机更深刻、更全面的理解。它不仅考虑人的需要，而且考虑满足需要的途径及组织环境的影响，把个人需要与外界条件联系起来，把个人因素与环境因素联系起来。期望理论为人类行为的描述提供了新的有力工具。期望理论认为，在刺激与行为、期望与结果、间接经验推断和联想之间同样可以建立起相互连接的桥梁。这种理论，无疑为人类行为描述提供了新工具。

（四）公平理论

公平理论又称社会比较理论，它是美国行为科学家亚当斯（J. S. Adams）在《工人关于工资不公平的内心冲突同其生产率的关系》《工资不公平对工作质量的影响》《社会交换中的不公平》等一系列著作中提出来的一种激励理论。该理论侧重于研究工资报酬分配的合理性、公平性及其对职工生产积极性的影响。

1. 公平理论的基本观点

员工对自己是否受到公平合理的待遇十分敏感。他们的工作积极性不仅和公司所给报酬的绝对值有关，还受到相对值的影响。所谓相对值，就是员工对于自己待遇的横向比较和纵向比较。横向比较是将自己的付出和所得报酬的比值，与其他和自己条件相当的人的付出和所得报酬的比值相比。纵向比较是指个人对工作的付出与所得同过去进行比较的情况。这里不做详细论述。

2. 公平理论的启示

影响激励效果的不仅有报酬的绝对值，还有报酬的相对值。激励时应力求公平，使等式在客观上成立，尽管有主观判断的误差，但也不致造成严重的不公平感。在激励过程中，应注意对被激励者进行公平心理的引导，使其树立正确的公平观。

三、人力资本理论

20 世纪 50 年代后期，随着科学技术进步对经济发展重要性的增加，人力资本在生产中的地位发生了很大变化，一些经济学家捕捉到这些变化，开始对人力资本进行系统的研究。但真正形成比较完善的人力资本理论，是在20 世纪60 年代，其主要代表人物是舒尔茨和贝克尔。

（一）舒尔茨的人力资本理论

1960 年，芝加哥大学教授舒尔茨（T. W. Schults）题为“人力资本投资”的演讲震撼理论界。在这次演讲中，他明确地阐述了人力资本的概念与性质、人力资本投资的内容与途径、人力资本对经济增长的作用等重要思想和观点。这不仅大大推动了人力资本理论的发展，也确立了舒尔茨在人力资本理论创立过程中的重要地位。

舒尔茨的人力资本理论的主要内容包括以下几点：第一，人力资本的取得需要花费一定的投资。投资的形式有保健支出、在职培训、正规教育、成人教育、就业移民五种，其中，最关键的投资是教育类投资。第二，人力资本对国民经济的作用比物质资本和劳动者数量对国民经济的作用重要得多。第三，人力资本投资与物质资本投资一样具有成本。

舒尔茨的人力资本理论的贡献：第一次明确地阐述了人力资本投资理论，使其冲破重重障碍，成为经济学的一个新的门类；研究了人力资本形成的方式与途径，并对教育投资的收益率和教育对经济增长的贡献做了定量研究；认为决定人类前途的并不是空间、土地、自然资源，而是人的能力。

（二）贝克尔的人力资本理论

加里·贝克尔被认为是现代经济领域中很有创见的学者之一，他曾和舒尔茨同在芝加哥大学任教，是人力资本理论的主要推动者。他的著作《人力资本》被西方学术界认为是“经济思想中人力资本投资革命”的起点。贝克尔的人力资本理论研究成果集中反映在他自1960年以后发表的一系列著作中，其中最有代表性的是《生育率的经济分析》和《人力资本》。

贝克尔在《人力资本》一书中分析了正规教育的成本和收益问题，还重点讨论了在职培训的经济意义，也研究了人力资本投资与个人收入分配的关系。他在人力资本投资过程方面的研究成果，具有开拓性的意义。

贝克尔对人力资本理论的贡献：注重微观分析，弥补了舒尔茨只重视宏观分析的缺陷，注意将人力资本投资理论与收入分配结合起来。其理论的不足之处：沿用舒尔茨的人力资本概念，缺乏对人力资本本质的分析，也缺乏对人力资本全面的研究。

（三）新经济增长理论

20世纪80年代以后，以“知识经济”为背景的“新经济增长理论”在西方国家兴起。罗默和卢卡斯被公认为“新经济增长理论”的代表，他们构建的模型以在生产中累积的资本代表当时的知识水平，将技术进步内生化。这一类模型称为知识积累模型，简称AK（Accumulation of Knowledge）模型。

1. 罗默模型

罗默在1986年发表的《收益递增经济增长模型》一文中提出了罗默模型。在模型中，罗默把知识作为一个变量直接引入模型。同时，也强调了知识积累的两个特征：第一，专业生产知识的积累随着资本积累的增加而增加，这是由于随着资本积累的增加，生产规模的扩大，分工的细化，工人能在实践中学到更多的专业化知识；第二，知识具有“溢出效应”，随着资本积累的增加，生产规模的扩大，知识也在不断流通，每个企业都从别的企业那里获得了知识方面的好处，从而使整个社会的知识总量增加。

2. 卢卡斯的经济增长模型

1988年，卢卡斯（R. Lucas）发表了论文《论经济发展的机制》，提出了经济增长模型。他把舒尔茨的人力资本理论和索洛的技术决定论增长模型结合起来，并加以发展形成人力资本积累增长模型。

舒尔茨和贝克尔的人力资本理论尽管也涉及经济增长问题，但没能把人力资本和教育作为内生变量，而是作为外生变量，也就不可能建立起定量模型。罗默和卢卡斯的模型，不仅将人力资本纳入，并且使其内生化，同时克服了经济均衡增长取决于劳动力增长率这一外生变量的缺陷。

△ 知识小结

人力资源管理是一门综合性、实践性、社会性和发展性的科学。人力资源管理的基本职能包括获取、整合、激励、调控和开发。这五种职能都是以工作分析为基础，相辅相成、彼此互动的。人力资源管理与传统人事管理的区别在于对人的认识、工作内容和工作性质三方面的不同。

人力资源管理的外部环境包括政府的政策与法规、经济环境、社会文化环境、科学技术环境和自然环境；人力资源管理的内部环境包括组织目标、人事政策、组织文化、领导者、非正式组织、员工六个方面。

人性假设理论是人力资源管理中的重要理论。麦格雷戈提出 X 理论和 Y 理论；梅奥提出社会人假设；薛恩将经济人假设、社会人假设、自我实现人假设和自己提出的复杂人假设归纳为四种人性假设。

激励理论主要研究人的动机激发的因素、机制与途径等问题。其中，比较重要的理论主要包括马斯洛的需要层次理论、赫茨伯格的双因素理论、弗鲁姆的期望理论和亚当斯的公平理论，这些理论相辅相成、互为补充。

■ 知识巩固

1. 人力资源与人力资源管理的概念及特点是什么？
2. 如何正确认识现代人力资源管理与传统人事管理的关系？
3. 人力资源管理的基本职能有哪些？它们是如何发挥作用的？
4. 中国企业人力资源管理中存在的问题有哪些？
5. 经济人假设的主要内容是什么？
6. 在管理中如何应用马斯洛的需要层次理论？
7. 期望理论的作用是什么？
8. 简述舒尔茨的人力资本理论。

✻ 案例讨论

双喜公司的人事制度改革

双喜汽车配件有限公司（简称“双喜公司”）位于长江三角洲，是王立国于 10 年前创办的，专门生产活塞、活塞环、气门之类的产品，为华东地区的汽车制造和修理业服务。王立国是公司董事长兼总经理，但营销工作是他的“拿手好戏”，所以他坚持自己同时兼任销售副总。傅忆伯是生产副总，他手下还有位管理生产的郝厂长，是傅总自己招来的。事实上，在创业之初，厂区布局、车间设备、工艺、质量标准，乃至 4 位车间主任人选，全由傅总包揽，连第一批生产工人中不少人也是他招进来的。王总并未全力关注公司发展的全局和战略，他把至少 1/4 的精力用在他爱干也擅长的营销、采购和公关上。好在当时公司规模不大，市场环境也不错，这么干下来效益相当不错。

从一开始，公司的做法就是大胆放权，各车间主任和科室负责人都各自包下自己单位的人事职能，对自己手下的员工，招聘、委派、考核、升迁、奖惩都由他们说了算，公司领导基本不过问。经过7年的发展，公司规模扩大到340人左右，业务也复杂起来。王总发现最初那几年全公司“和睦大家庭”的气氛不见了，近两年员工士气不断下降。领导班子开会研究，一致决定，该专门设一个管人事的办公室。但这办公室该设在哪一级，领导班子意见不一致，争辩再三，才决定设在生产厂长之上。该办公室有主任1名，并配1名秘书。

公司财务科有位成本会计师，叫郭鹤樵。他6年前从西部一所大学的工商管理专业毕业，经他的父亲、王总的一位亲戚推荐，来公司财务科工作。那时公司还小，工作分工不细，他聪明能干，科长让他管成本控制，不久他就干熟练了。他的工作使他跟生产与营销两方面的人都多有接触，他也人缘甚佳。王总和傅总都觉得这小伙子工作自觉，受到大家喜爱。但他常说，他并不喜欢财务工作，他其实爱做人事工作，喜欢跟人打交道，不爱跟数字打交道。那天在食堂，他正巧跟总经理秘书小周同桌吃饭，从小周处听到公司要设“人事办”的消息，于是他“闻风而动”，马上递上书面申请，要求当这“人事办”主任，又分头向王、傅、郝“三巨头”口头汇报，软磨硬缠，终于如愿以偿，当上了“人事办公室主任”。上任前，王总关照说：“你这人事办公室的工作，对全厂工作很重要。”

郭主任新官上任三把火，上任伊始，他就向各车间主任发出书面通知：“为适应公司的发展，公司决定对全厂员工的人事管理实行集权，为此成立本办公室。今后各车间一切人事方面的决定，未经本主任批准，一概不得擅自执行。”

通知下发后，车间主任对此政策变化的不满便纷纷而至，都说“小郭这小子太狂了，一朝权在手，便把令来行，手太长了”。厂长听到主任们的抱怨，说：“工人们跟刚招来时不同，已经难管多了。”厂长有一回见到一位车间主任，问为什么生产下降，主任答道：“我的手脚给捆住了，还怎么管得了工人。如今奖励、惩罚、招聘、辞退，我都没了权，叫我怎么控制得了他们?！怎么让他们出活?!”

有一天，一位工人闯进人事办公室，气冲冲地说他被车间主任无缘无故地辞退了。郭主任说：“别急，让我先搞清楚情况。”然后郭主任就给那车间主任打了电话：“喂，三车间张主任吗？我是郭鹤樵。你们车间林文强是怎么回事?”“我炒了他鱿鱼。”“这我知道，但为什么?”“很简单，我不喜欢他。”“你知道，没有人事办批准，你是不能随便辞退工人的。”“是吗？可是我已经辞退他了。”“老张，你不能这么办。你总得有个站得住脚的理由才行……”“我不喜欢他，这一点就够了。”电话到此给挂掉了。

郭主任把这事向郝厂长做了汇报。郝厂长做了不少工作，并坚持让小林复职，这事才平息下来。但车间主任们关于招的工人质量差、自己没有人事权的抱怨却有增无减，一致主张人事办管的事越少越好。这事儿终于闹到傅总那里，但王总出差走访客户去了，傅总一时无法汇报。郝厂长对傅总说，看来，现在这厂的规模还不算大，用不着设一个专门的人事职能部门。他建议还是用行之有效的老办法，让各车间主任自己管本车间人事工作，郭主任还是回财务科去做原来的成本会计。傅总左思右想，觉得恐怕只能按郝厂长的意见办了，但他说还是等几天王总回来，请示了再定。

讨论：

（1）为什么最初双喜公司同意把人事权下放给车间主任？为什么当初这套办法看来还算有效？

（2）你认为该公司的人事处理职能恰当吗？为什么？

（3）郭鹤樵改行去干人事，是否正确？为什么？

（4）你若是王总，回来听了傅总的汇报，会怎样决定？为什么？

学习情境二　制订人力资源规划

◆ 知识目标

- 了解人力资源规划和组织计划之间的关系
- 熟悉人力资源规划的内容和程序以及实施内容
- 理解人力资源规划的含义、作用以及人力资源的平衡措施
- 掌握人力资源需求和供给预测的方法

◆ 技能目标

- 能够正确运用人力资源需求和供给预测的方法，合理制订人力资源规划

人力资源规划能够使企业人力资源供给和需求达到平衡，实现人力资源的合理配置，有效激励员工。人力资源需求预测是在综合考虑了多种因素的影响后，对组织未来人力资源的数量、质量和结构进行估计。人力资源信息系统是组织进行有关人及人的工作方面的信息收集、保存、分析和报告的过程。“系统”特指为实现特定目标而将各种分散活动组合成合理的、有意义的整体的过程。本学习情境将带领大家学习如何编制人力资源规划，进行人力资源供需分析，以及建立人力资源信息系统。

任务一　编制人力资源规划

◉ 任务情境

“终生交往”让人才流而不失

对于离职的员工，亚实科技有限责任公司采取的态度是人走茶不凉，与员工保持“终生交往”，使离职员工“流而不失”。离职员工仍被看作公司的人力资源，公司会对这部分特殊的人力资源实施高效管理。这种管理制度不仅使离职员工向公司传递了市场信息，提供合作机会，介绍现供职机构的经验教训，帮助公司改进工作，而且他们在新岗位上的出色表现，也折射出了公司企业文化的光彩。

为了和离职员工保持密切的联系，确保其“流而不失”，有效的人力资源管理从员工决定离职的那一刻就开始了。在该公司，不管是在公司工作多年的老员工，还是那些发现不适应提出要走的新员工，在他们离开时，一般都会得到公司挽留，但同时他们的选择也会被尊重。公司规定，每个员工离职前必须做一次面谈，提出自己对公司

的看法和离职的原因，如果是公司管理方面的问题，公司会充分重视并努力去改善。值得一提的是，公司还十分关心他们今后的发展和去向，甚至会帮助他们寻找一些更适合的职位。

公司的人力资源部就有这样的一个新职位，叫“旧雇员关系主管”。这个主管的工作，就是完善特殊的人事档案，跟踪离职员工的职业生涯变化情况，甚至包括结婚生子之类的细节。一旦发生变化，公司会在24小时内对档案做出更改。只要是曾在公司效力过的雇员，都会定期收到公司内部通讯，并会被邀请参加公司的聚会活动。

公司还摒弃了“好马不吃回头草”的陈腐观念，欢迎跳槽的优秀人才重返公司效力。公司人力资源部部长特别强调了这一观点，同时指出：聘用“回头好马”既可以降低公司成本，又有利于提高员工忠诚度。

对于其中的奥妙，公司刘总一语道破天机：公司培养出去的科技人员对企业有一种情结，这种情结会使他们留下终生不褪的心理烙印，他们会以各种方式报效公司。

❖ 任务分析

离职的员工固然有能力达不到公司要求的，但事实上离开公司的员工里有很多是非常优秀、有能力的人，和这些员工保持交往，会为公司带来新的资源。正因为如此，鼓励人才流动的机制非但没有造成公司大量人才的流失，反而使人才越“流”越多。

⊙ 知识精讲

一、人力资源规划的含义

人力资源规划有广义和狭义之分，广义的人力资源规划是企业所有人力资源计划的总称，是战略规划与战术计划的统一；狭义的人力资源规划是指为实施企业的发展战略，完成企业的生产经营目标，根据企业内外环境和条件的变化，运用科学的方法，对企业人力资源的需求和供给进行预测，制定相宜的政策和措施，从而使企业人力资源供给和需求达到平衡，实现人力资源的合理配置，有效激励员工的过程。

二、人力资源规划的内容

组织的人力资源规划分为两个层次：总体规划和具体规划。人力资源总体规划主要是指计划期内人力资源管理的总原则、总方针、总目标、总体实现步骤和总体预算安排；具体规划是总体规划的展开和时空具体化，每一项具体规划都是由目标、任务、政策、步骤和预算等部分构成的，从不同方面保证人力资源总体规划的实现。

人力资源具体规划内容如表2－1所示。

表 2-1　　人力资源具体规划内容

类　别	规划目标	相关政策或措施
人员补充规划	优化结构，满足组织对人力资源数量、类型和质量的现实需求	员工自然变动预测和规划 冗员和不合适者变动或解聘规划 新员工补充来源和招聘规划 职位工作分析
人员使用和调整规划	部门人员编制和人力结构的优化，提高效率和用人的合适性，组织企业内部的合理流动	岗位调整和轮换政策 职位任用标准和上岗基本资格制度 范围与时间规定
人员接替发展规划	建立相应的后备人才计划，形成人才群体，适应组织发展需求	管理与技术骨干选拔制度 晋升职位管理办法和流程 未提升资深人员的安排和管理规划 员工发展计划和个人职业生涯发展规划
人才教育培训规划	培训系统拟订、建立，确定培训的系统动作、评价效果	普通员工培训制度 管理技能培训制度 专业人员业务进修制度 绩效发展需求和培训实施规划
评价激励规划	增强员工参与度，增进绩效效能，增强组织的凝聚力，塑造企业文化	目标管理程序和管理制度 奖惩制度和管理办法 沟通机制和管理技巧
员工关系规划	协调员工关系、增进理解、减少非期望性离职率，增加员工满意度	员工参与管理制度 合理化建议和创新管理制度 员工管理沟通制度和员工满意度调查制度
退休解聘规划	编制动态变化计划，降低劳务成本，提高劳动生产率	退休政策和规定 员工解聘制度和程序 人员接替计划和管理程序
员工薪酬规划	平衡内、外部薪酬，建立具有激励性的分配机制体系	现代的薪酬管理制度 奖励政策和制度 福利计划和管理办法
员工职业生涯发展规划	使组织员工的成长发展与组织的需求相一致，实现员工与组织的“双赢”	制订个人层次的职业发展规划 制订组织层次的职业发展规划 个人与组织的职业发展规划相协调

三、人力资源规划的程序

人力资源规划可分为三个阶段，每一阶段又包括若干步骤。

（一）信息收集与处理阶段

人力资源规划的第一步就是分析组织的战略目标及内外部环境。组织的外部环境通常包括劳动力市场的供求状况、相关政策法规；内部环境主要指组织内各项经营活动状况，如组织内部的生产设施状况、技术水平、产品结构及产品的销售额和利润等内容。同时，进行人力资源规划的人员，还要获取准确的、具体的组织关于未来发展的战略目标，以及由战略目标分解后形成的各个战略子目标和各关键部门的战略目标。通过对这些战略目标的分析或参考相关资料，来确定组织的业务规划和各项经营活动。

在分析组织的战略目标和内外部环境的基础上，具体要进行以下工作。

1. 人力资源需求分析

人力资源需求分析，即预测组织在未来发展中所需要的人力资源，包括人力资源的数量、质量和结构三个方面，即为达成组织战略目标需要多少数量的员工；在年龄、专业、经验、教育程度方面，组织需要什么样的人力资源；组织现有关键岗位与人员是否匹配。该阶段一项很重要的工作是收集组织现有及将来要有的职位信息，根据职位的要求详细规定任职所必需的技能、职责及评价绩效的标准。另外，职位信息还需要包括该职位在整个组织职业生涯通道中所处的位置及该职位在组织中所能持续的时间，也就是组织需要该职位的时间。

2. 现有人力资源盘点

弄清组织现有人力资源的状况，是制订人力资源规划的基础工作。要实现组织的战略目标，首先要立足于组织内部现有人力资源的开发，因此，必须采用科学的分析方法。人力资源管理部门要对组织中的各类人力资源数量、质量、结构、人员潜力及利用情况、流动比率进行统计。这一部分需要结合人力资源管理信息系统和职位分析的有关信息来进行。如果组织尚未建立人力资源管理信息系统，则这项工作最好与建立该信息系统同时进行。

3. 人力资源供给分析

人力资源供给分析包括两个方面的内容：一方面是内部供给预测，即根据现有人力资源及其未来变动情况，确定未来所能提供的人员数量和质量；另一方面是对外部人力资源供给进行预测，确定未来可能的人员供给状况。

（二）整体规划与分析阶段

该阶段的主要工作是根据人力资源供求预测的数据，对组织在人力资源数量、质量和结构上存在的不平衡进行比较，计算出人力资源的净需求。组织中人力资源供求比较的结果，不外乎以下三种情况：

一是人力资源供大于求。这时组织采取的措施主要有对员工进行再教育和培训、缩短工作时间、不再续签工作合同、员工提前退休及辞退等。

二是人力资源供不应求。这时组织所采取的主要措施有加班、培训、晋升、工作再设计等招聘的替代方案。在这些替代方案都不能解决人员缺口时考虑招聘新员工。

三是人力资源供求相等。这种情况是比较理想的情况，组织不需要采取任何重大的人力资源调整措施。

本阶段的主要工作内容，如图 2 - 1 所示。

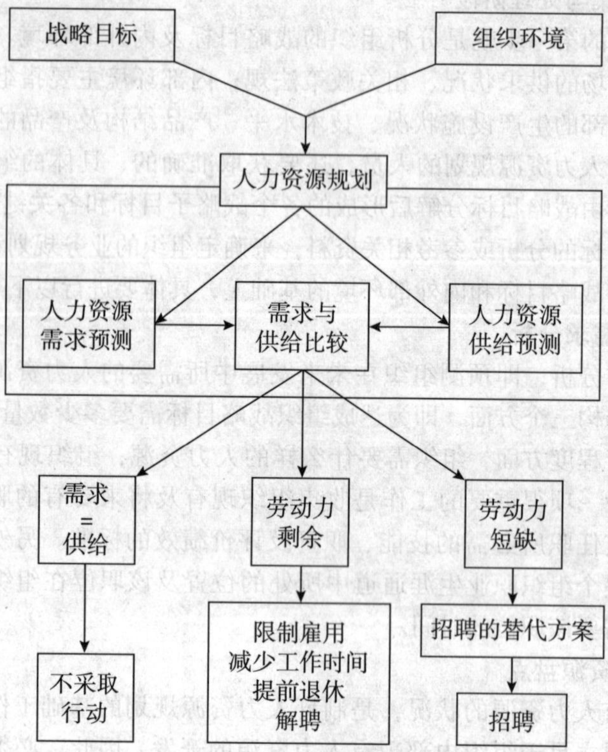

图 2－1　人力资源规划过程[①]

（三）制订实施计划阶段

该阶段的主要工作，就是根据所确定的人力资源净需求情况，制订各种相关的具体人力资源规划政策。这些规划政策一般包括管理体制调整计划、人员补充调配计划、员工素质提高计划、员工退休解聘计划等。

各项规划政策制定出来之后就要付诸实施了，这就需要组织内部的通力合作。在实施过程中，如果出现问题，要及时记录下来，并根据情况做出适当调整，不断完善整个组织的人力资源规划体系。

四、人力资源规划的编制

企业的人力资源规划主要包括人力资源战略规划、人力资源组织规划、人力资源制度规划、人力资源人员规划和人力资源费用规划。这里主要介绍人力资源制度规划的编制。

（一）人力资源管理制度规划的基本步骤

1. 提出人力资源管理制度草案

进行制度规划，首先要起草人力资源管理制度的大纲，包括基本内容、结构等。

① R·韦恩·蒙迪，罗伯特·M·诺埃. 人力资源管理［M］. 6 版. 葛新权，等，译. 北京：经济科学出版社，1998：113.

人力资源管理制度作为人力资源管理活动的指导性文件，在拟订起草时，一定要从企业现实生产技术组织条件和管理工作的水平出发，不能脱离实际，应注重其科学性、系统性、严密性和可行性。

2. **广泛征求意见，认真组织讨论**

人力资源管理制度草案提出后，应由专家和有关人员组成的工作小组，在广泛征询各级主管和被考评人意见的基础上，对其进行深入的讨论和研究，经反复调整和修改，再上报总经理审核批准。

3. **逐步修改调整、充实完善**

人力资源管理制度一旦获得批准，人力资源管理部门应规定一个试行过渡期，使各级主管有一个逐步理解、适应和掌握的过程，在试行过程中，如遇有特殊或重大问题，亦可采取一些补救措施，以防止给生产经营活动带来不利影响。

（二）制定具体人力资源管理制度的程序

一项具体的人力资源管理制度，一般由总则、主文和附则等章节组成。在制定其具体内容时，可按照如下程序进行：

（1）概括说明建立本项人力资源管理制度的原因，在人力资源管理中的地位和作用，即在企业单位中加强人力资源管理的重要性和必要性。

（2）对负责本项人力资源管理的机构设置、职责范围、业务分工，以及各级参与本项人力资源管理活动人员的责任、权限、义务和要求作出具体的规定。

（3）明确规定本项人力资源管理的目标、程序和步骤，以及具体实施过程中应当遵守的基本原则。

（4）说明本项人力资源管理制度设计的依据和基本原理，对数据采集、汇总整理、信息传递的形式和方法，以及具体的指标和标准等，作出简要、确切的解释和说明。

（5）详细规定本项人力资源管理活动的类别、层次和期限（例如，何时提出计划，何时确定计划，何时开始实施，何时具体检查，何时反馈汇总，何时总结上报等）。

（6）对本项人力资源管理制度中所使用的报表格式、量表、统计口径、填写方法、文字撰写和上报期限等提出具体要求。

（7）对本项人力资源管理活动的结果应用原则和要求，以及与之配套的规章制度（如薪酬奖励、人事调整、晋升培训等）的贯彻实施作出明确规定。

（8）对各个职能和业务部门对本项人力资源管理活动的年度总结、表彰活动和要求作出原则规定。

（9）对本项人力资源管理活动中员工的权利与义务、具体程序和管理办法作出明确、详细的规定。

（10）对本项人力资源管理制度的解释、实施和修改等其他有关问题作出必要的说明。

五、人力资源规划的实施

有了人力资源规划方案后，要使其进入运用和实施阶段，就要求对人力资源规划实施过程进行有效控制了，这主要包括建立和完善人力资源信息系统、进行人力资源供应控制、人力资源的合理利用。

（一）建立和完善人力资源信息系统

建立和完善人力资源信息系统，是组织进行有关人员及其工作方面的信息收集、保存、分析和报告的过程。

（二）进行人力资源供应控制

预测人力资源供应所面对的因素很多，如技术改进，消费模式及消费者行为、喜好、态度改变，本地及国际市场变化，经济环境及社会结构转变，政府法规政策修订等。通过认真分析企业内部和外部的人力资源供应源，并利用管理者储存目录、管理人员替代图及个人技能目录等，鉴定企业内现有的人力资源，进而对人力资源供应状况进行控制。

（三）人力资源的合理利用

除了分析企业内部人力供给的情况，还需要就现有人力资源能否充分利用加以分析，主要是通过员工年龄分布、缺勤情况、职业发展和裁员四项内容来分析。

1．员工年龄分布

企业内员工的年龄分布情况对于职工的工资、升迁、士气及退休福利等的影响极大。例如，一个已踏入成熟期或持续收缩的企业，职工的年龄分布会偏高，老年职工会占较大的比例。因为工资与年龄有关，所以工龄越长，工资会越高。另外，这类企业面临的退休福利与接班人的需求问题也较为严重。

2．缺勤分析

缺勤通常包括病假、事假、怠工、迟到、早退、工作意外、离职等指标。若管理者能留意这些缺勤指标及其他有关数据，估计未来的缺勤程度，就会对未来的人力供给情况有较切合实际的分析结果。假如缺勤情况严重，就应对缺勤因素加以分析并改善，使现有人力资源得以充分发挥作用，不致浪费。

3．员工的职业发展

指导员工规划好他们个人的前程，为他们提供充分发挥潜能的机会，是挽留人才的有效方法之一，也是人力资源规划重要的一环。帮助员工了解到他们可以获得某些职位或晋升的机会，会使他们对前途充满合理的期望。

4．裁员

当企业内部需求减少或供过于求时，便会出现人力过剩，这时裁员是无法避免的措施，这也是国际上通行的做法。裁员对企业是一种浪费，因为损害已经培养过的人才，无论对企业现有员工还是对被解雇的员工来说都是很大的打击。一项好的人力资源规划不会出现人力资源过剩的问题，即使需要裁员，也可以通过其他方法（如退休、辞职等）来平稳人力供需。还有其他方法可以采用，如给予补偿金，鼓励年老员工提前退休，提供青年员工接受训练的机会以转迁到其他工作单位等。

任务二　进行人力资源供需分析

◉ 任务情境

某建筑公司的人力需求预测

某建筑公司是南方某省A市一家国有建筑企业。公司管理层基本上都是A市本地人，文化层次相对较高。一线的建筑工人，大部分是A市郊区城乡接合部的农民（随着城镇化的发展，也转变为“市民”）。

随着我国改革开放的不断深入，中国经济呈现勃勃生机，各行各业日益发展。该省作为中国经济发展的“领头羊”，也呈现出前所未有的发展势头。其中，建筑业更是异军突起，发展迅猛。在这种大好形势之下，该公司紧紧抓住发展机遇，承接了许多大型工程的建设项目，逐渐成为该省建筑企业的排头兵。

但是，随着企业的不断发展，公司的领导层发现，工地一线工人开始吃紧，有时采取加班加点的超负荷工作也远远满足不了发展的需求。为满足对人员配备的要求，公司人事部从该市其他地区乃至全国匆忙招聘了大量的新雇员。为应付紧张的用工需要，人事部门不得不降低录用标准，这使得人员配备的质量大幅度下降。另外，招聘人员的结构也不尽合理，如单身的员工过多、员工年龄偏大等，经常出现很多员工只工作一两个月就充当工长的现象，人事部门刚刚招聘一名雇员顶替前一位员工，工作才几个月就不得不再去招聘新的顶替者。为了招聘合适的人选，人事部门疲于奔命。

为此，公司聘请了有关专家进行调查，寻找员工短缺的原因，并提出解决这一问题的方法。在专家的帮助下，鉴于公司本身的特性以及宏观经济形势的平稳发展，公司决定采用趋势预测法，建立了一个预测全厂职工数量的最小平方法求得趋势线，将这趋势线延长，就能推测将来所需的员工人数。

❖ 任务分析

人事和管理部门对问题有了统一的认识，这有利于他们共同解决今后几年可能出现的工人人数短缺问题，制订人力资源管理总规划，根据总规划制订各项具体的业务计划以及相应的人事政策，从而做到提前招工、提前培训。

⊙ 知识精讲

一、人力资源需求预测

（一）人力资源需求预测的含义

人力资源需求预测，是指人力资源主管部门根据组织的战略目标、发展规划和工作任务，在综合考虑了多种因素的影响后，对组织未来人力资源的数量、质量和结构进行估计的活动。

人力资源需求预测要坚持以下几方面的原则：

（1）科学性原则。坚持用科学的方法实施预测。

（2）连贯性原则。把未来的发展同过去和现在联系起来，保证人力资源规划与组织的发展动态相适应。

（3）实用性原则。从组织的实际需要出发，考虑到本组织人力资源发展的合理速度、结构和规模。除此之外，还要考虑到组织的业务量和产量、预期的流动率、产品或劳务质量的提高等因素。

（二）人力资源需求预测的程序

人力资源需求预测分为现实人力资源需求预测、未来人力资源需求预测和未来流失人力资源预测三部分。

1. 现实人力资源需求预测

（1）根据对组织内外部环境的分析及职位分析的结果，确定组织的职务编制和人员配置。

（2）根据人力资源盘点，统计人员的缺编、超编是否符合职务资格要求。

（3）就上述统计结论与部门管理者进行讨论，修正统计结论，该统计结论就是现实人力资源需求。

2. 未来人力资源需求预测

（1）根据组织的发展规划，确定各部门的工作量。

（2）根据工作量的增长状况，确定各部门还需要增加的职位及人数，并进行汇总统计。该统计结论即未来人力资源需求。

3. 未来流失人力资源预测

（1）对预测期内退休的人员进行统计。

（2）根据历史数据，对未来可能发生的离职情况进行预测。

（3）对统计和预测结果进行汇总，得出未来流失人力资源预测结果。

对现实人力资源需求预测、未来人力资源需求预测和未来流失人力资源预测的结果进行汇总，得出组织整体人力资源需求预测。

（三）常用的人力资源需求预测方法

1. 经理人员判断法

经理人员经常接触员工，最清楚和了解实际情况，他们可以凭个人经验与直觉估计企业将来的人力需求。如果企业的规模不是很大，而且经理人员具有丰富的经验，这种方法不失为一种简单而快速的人力资源需求预测方法。

2. 德尔菲法

德尔菲法是专家们对影响组织某一领域发展的看法达成一致意见的结构化方法。该方法与一般的经理人员判断法并不相同。德尔菲法是20世纪40年代末在美国的兰德公司中发展起来的，该方法的目的是通过综合专家们各自的意见来预测某一领域的发展。

德尔菲预测技术的操作方法：首先在企业中广泛地选择各个方面的专家，每位专家都拥有关于人力资源预测的知识和专长。这些专家可以是管理人员，也可以是普通员工。总之，这里的专家指的不是学者而是对所研究的问题有深入了解的人员。主持预测的人力资源部门要向专家说明预测对组织的重要性，以取得他们对这种预测方法的理解和支持，同时，通过对企业战略定位的审视，确定关键的预测方向、解释变量和难题，并列举出预测小组必须回答的一系列有关人员预测的具体问题。然后使用匿名填写问卷等方法来设计一个可使各位预测专家在预测过程中充分表达自己观点的预测系统。使用匿名问卷的方法可以避免专家们面对面集体讨论的缺点，因为在专家组的成员之间存在着身份和地位的差别，这一差别会使较低层次的成员容易受到较高层次成员的影响而丧失见解的独立性，同时也存在一些专家不愿意与他人冲突而放弃或隐藏自己准确观点的情况。人力资源部门需要在第一轮预测后，对专家们各自提出的意见进行归纳，并将这一综合结果反馈给他们，然后再重复上述过程，让专家有机会修改自己的预测并说明原因，直至专家们的意见趋于一致。

这种预测方法虽然可集中专家的意见，但成本高且对预测短期需求或对一般劳动力需求的作用不大。

3．工作负荷预测法

这种方法运用科学的分析方法（如时间动作分析法）计算每种工作所需的标准时间，再估计在计划期内每项工作的工作量，推算出所需要的工时数，然后根据实际每人每年的工作时数推算所需人力。对于重复操作的工作，这种方法的运用没有什么问题。不过，有些工作内容多变，标准不易评价，工作量难以精确衡量，运用这种方法只能粗略估计所需人力。企业引进新设备、新工艺、新方法时，工作负荷数据要重新核实。用工作负荷预测人力资源需要时，计算公式如下：

人员需要量 = 完成生产任务所需总工时/每人每年的平均有效工时

完成生产任务所需总工时 = 计划期的生产量 × 单位产品工时定额

每人每年的平均有效工时 = 全年工作天数 × 每天工作时数 × 工时利用率

4．生产力预测法

生产力是指每人每年的平均生产量。用生产力预测法预测人力资源需要时的计算公式如下：

人员需要量 = 计划期的生产量/每人每年的平均产量

5．趋势分析法

预测者必须拥有过去一段时间的历史数据，然后用最小平方法求得趋势线，将这种趋势线延长，就可以预测未来的数值。趋势分析法将时间或产量等单个因素作为自变量、人员数量作为因变量，且假设过去人员数量的增减趋势保持不变，一切内外影响因素均保持不变。

6．比例分析法

比例分析法通过计算某一商业要素与劳动力数量的比例来推测员工需求量，它比趋势分析法更准确。商业要素与劳动力数量的比例通常由某个行业的生产率决定。例如，高校规定师生比例为 1∶15，即每招 15 位学生需配备 1 位老师，现某高校今年扩招 3000 人，则需新增加老师 200 人。

二、人力资源供给预测

（一）人力资源供给预测的含义及内容

人力资源供给预测是人力资源规划的核心内容，是指对未来某一时期，组织内部所能供应的及外部劳动力市场所能提供的一定数量、质量和结构的人员情况进行预测的过程。从人力资源的供给来源来看，人力资源供给分为外部供给和内部供给两个方面。其中，外部供给是指外部劳动力市场对组织的员工供给，内部供给是指在组织内部对未来企业人力资源的供给。外部供给在大多数情况下不为组织所了解或掌握，因而通常是通过对本地劳动力市场、企业雇佣条件和竞争对手的策略分析来实现。

人力资源供给预测一般包括的内容：分析组织目前的人力资源状况，如组织内员工部门分布、技术知识水平、工种、年龄构成等；分析目前组织员工流动的情况及其原因，预测将来职工流动的态势，以便采取相应的措施避免不必要的流动，或及时给予替补；掌握组织员工提拔晋升和内部调动的情况，保证工作和职务的连续性；分析工作条件（如作息制度、轮班制度等）的改变和出勤率的变动对人力资源供给的影响；掌握组织员工的供给来源和渠道，职工可以来自组织内部（如富余职工的安排、职工潜力的发挥等），也可以来自组织外部。

（二）内部人力资源供给预测

企业内部人力资源供给预测需要考虑的因素有人员离职与流失情况、在职人员的年龄分布、企业内部人员的流动、现有人力资源的运用情况等。

企业内部人力资源供给预测的方法如下。

1. 管理者目录

管理者目录又称管理人才储备，它实际上是一个存有每位经理人员详细信息的资料库，这些资料可以作为确定哪些人有潜力晋升到更高层次的依据。

管理人员的储备内容主要包括工作经历、教育背景、优缺点评价、个人发展需要、晋升的潜力、目前工作业绩、专业领域、工作特长、地理位置偏好、事业目标和追求、预计退休时间、个人历史（包括心理评价）等。

2. 技能目录

技能目录又称技能储备，是提供非管理人才供给信息的资料库，这些资料将作为确定哪些人有可能晋升到更高层次的专业职位或转到同层次其他职位的依据。技能储备的过程与目的和管理人才储备相同，只是储备的信息不同。技能储备的内容主要包括背景和生平资料、工作经历、专业技能和知识、所持有的资格证书和证明、接受过的企业内部培训、以前工作业绩评价、事业目标，其具体内容如表 2－2 所示。

表 2－2　　技能目录

个人资料	技能/培训资料	公司资料
出生年月日	具体技能	本公司就职日期
住址	参加研讨会的记录	定薪
身份证号	学位	晋升记录
抚养家属	资格认定	现在的薪酬
婚姻状况	关心领域	最后晋升日期
学历	语言沟通能力	以前的职位
兴趣、爱好	专长	最后考核日期
区域偏好	考核结果	出勤率
工作经历		

3. **接班人计划**

这种方法又称管理人员接替图、管理者继承计划，它是对现有管理人员的状况进行调查、评估后，列出未来可能的管理者人选的方法。该方法被认为是将人力资源计划和企业战略计划结合起来的一种较为有效的方法。IBM（国际商业机器公司）自20 世纪60 年代以来就开始实施管理者继承计划，该公司宣称实施该计划的目的是保证高层管理者的素质，为公司遍布全世界的所有管理者职位做好人才储备，从公司分部经理到总经理，都负有执行这项计划的责任，具体工作则由负有人事职责的专门人员来做。GM（通用汽车公司）每年也会为公司高层管理人员做一次鉴定，分析其今后5 年内的升迁、接替问题。

管理人员接替图主要涉及的内容：对主要管理者的评价；主要管理人员的现有绩效和潜力发展计划；所有接替人员的现有绩效和潜力；其他关键职位上的现职人员的绩效、潜力及其评定意见。管理人员接替实例如图 2－2 所示。

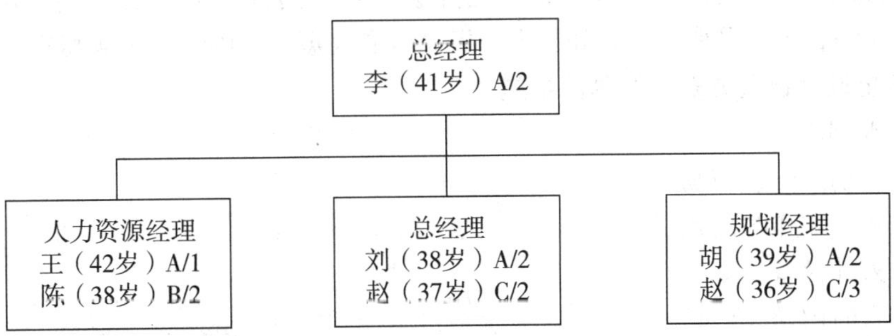

图 2－2　管理人员接替实例

在图 2－2 中，框内名字代表可能接替职位的人员，括号内数字表示该管理者的年龄，斜线旁的字母和数字是对其绩效和晋升的可能性评估。A 代表现在就可提拔，B 表示还需一定的开发，C 表示现职位不太合适。对其绩效的评估分为 4 个等级：1 表示绩效表现突出，2 表示优秀，3 表示一般，4 表示较差。这一张图使得组织既对其内部管理人员的情况非常明了，又体现出组织对管理人员职业生涯发展的关注。如果出现人员不能适应现职或缺乏后备干部的情况，组织就可尽早做好充分准备。

（三）外部人力资源供给预测

企业的职位空缺不可能完全通过内部供给解决。企业人员因各种主观和自然的原因退出工作岗位是不可抗拒的规律，这必然需要企业从外部不断补充人员。

对外部人力资源进行预测，应该结合经济发展概况和劳动力市场条件，如图2－3所示。

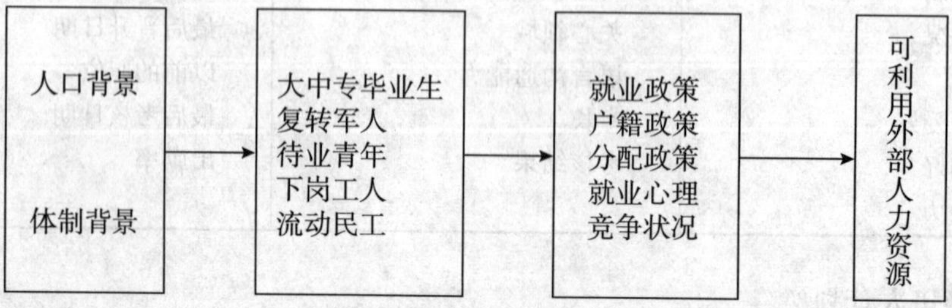

图2－3　外部人力资源供给预测

影响外部劳动力供给的主要因素如下：

（1）人口政策及人口现状。

（2）劳动力市场发育程度。

（3）社会就业意识和择业心理偏好。例如，新一代大学生都希望到大都市工作；还有不少年轻人贪图舒适轻松，宁可上大饭店、大商场也不愿意去工厂，这使许多企业在补充人才方面出现困难。

（4）严格的户籍制度。

三、人力资源的供需平衡

在进行人力资源需求预测和供给预测并进行企业内部的人力资源供需比较之后，如果供需相等，则不采取行动；如果人力资源过剩或短缺，则都要采取相应的措施。

1. 防止或制止人力资源过剩的措施

（1）限制聘用。

（2）提前退休或鼓励辞职。

（3）减少工作时间或工作量。

（4）人才储备。

（5）暂时解聘。

（6）裁员。

2. 招聘的替代方案

（1）加班加点。

（2）转包。

（3）聘用临时工。

（4）租赁或借用员工。

（5）重新设计工作和改进技术。

（6）培训员工和完善激励计划。

在人力资源出现缺口时，企业应首先想到招聘的替代方案能否解决人才匮乏的问题。只有在招聘的各种替代方案都不能解决人员缺口的问题时，才应该去招聘。

任务三　建立人力资源信息系统

◉ 任务情境

手忙脚乱的人力资源经理

S 企业人力资源管理信息系统是 S 企业资源计划系统的重要组成部分。建立该系统的目的，是通过先进成熟的计算机、网络、数据库及通信技术建立一个“准确、及时、标准、高效、安全”的全功能、多层次、科学化的人力资源管理系统，实现企业人力资源的优化和管理现代化。系统的开发建设以 S 企业人力资源的科学管理为目标，覆盖股份和存续的双重业务，体现包括总部、直属单位、分（子）公司、二级单位，涵盖全体员工的三级人力资源业务管理模式。系统在充分利用已有的人事系统和其他已具有一定规模的应用系统中的数据资源的基础上，建立人力资源管理基础数据库，并通过分级、分块管理和维护，达到信息共享、资源共享目的。

针对 S 企业的特色，相关人员归纳、总结了从功能定制、数据采集、数据传输到数据挖掘、统计分析、决策支持的一整套系统解决方案。人力资源管理信息系统要在一个高起点上，使用先进的技术，建设高水平的信息系统，要遵循以下开发原则：

针对 S 企业向市场经济过渡、与国际接轨的综合需求，本系统进行统一的资源规划、灵活的功能设置，特别适应于改革前沿的各企事业单位的业务变革需求。针对各单位的信息系统建设实施情况，建立统一的数据库，实现信息资源的标准化，打破数据资源的条条分割，通过企业的 ERP（企业资源计划）接口，实现与生产、经营、管理、服务信息的共享。S 企业总体实现了自下而上的信息流采集与自上而下的控制信息管理机制。

S 企业总部设在北京，通过网络体系，基层的人力资源数据逐级上传至总部，并实现逐级的汇总分析，为各企事业单位的高层领导提供准确而及时的基层信息源，能够以人为中心全面洞察企业的运营管理。各级领导可据此制订人才管理计划，根据人力资源的现状调整战略部署，及时做出相应的决策。

❖ 任务分析

人力资源管理系统的实施不仅是人事部门或信息部门的工作。为了保证数据的完整、准确和及时，需要企业内各个部门和全体员工的积极配合。同时，需要在充分回顾企业政策的基础上，根据先进的人力资源管理理念，从程序到操作，对人力资源管理软件进行全面改进。所有这些工作，都是需要取得高层管理者的理解和包括预算、人力、时间、决策等的全力支持。

⊙ 知识精讲

一、人力资源信息系统的含义

人力资源信息系统是人力资源决策支援系统，可以随时提供人力资源决策所需的各项分析、统计资料。人力资源信息系统是计算机用于企业人事管理的产物，它是通过计算机建立的、记录企业每个员工技能和表现的功能模拟信息库。

信息系统既可以是人工的，也可以是计算机化的。小型组织（少于250人）中使用人工的档案管理和索引卡片系统比较有效。而在大型组织中，人力资源信息的计算机存取则是必需的。管理者在决策时需要准确、及时和相关的信息资料，如果信息不完整、不准确，那么使用计算机信息系统也是徒劳的。

人力资源信息系统的内容包括企业战略、经营目标及常规经营计划信息、企业外部的人力资源供求信息、企业现有人力资源的信息，以及对这些信息的影响因素。

人力资源信息系统的功能：为制订企业发展战略提供人力资源数据；为人事决策提供信息支持；为企业管理效果的评估提供反馈信息；为其他有关人力资源活动提供快捷、准确的信息。

二、人力资源信息系统的基础信息

人力资源信息系统的基础信息有以下几方面。

（1）自然状况：性别、年龄、民族、籍贯、健康状况等。

（2）知识状况：文化程度、专业、学位、职称与证书等。

（3）能力状况：表达、操作、管理、人际关系能力、特长等。

（4）阅历及经验：做过的工作、担任的职务及任职时间、调动原因、总体评价等。

（5）心理状况：兴趣、偏好、积极性、心理承受能力等。

（6）工作状况：目前所属部门、岗位、职级、绩效及适应性。

（7）收入情况：工资、奖金、津贴及职务外收入。

（8）家庭背景及生活状况：爱人情况及偏好、家庭职业取向及未来职业生涯设计等。

（9）所在部门使用意图：提、留、调、降。

三、建立人力资源信息系统要考虑的因素

1. 规划

建立人力资源信息系统首先要进行规划，其中，包括使全体人员充分理解人力资源信息系统的概念、规划好人事资料的设计和处理的方案、做好系统发展的时间进度安排、建立起各种责任制度和规章制度等。

2. 系统的设计与发展

系统的设计与发展，包括分析现有记录、报告和表格，以确定对人力资源信息系统中数据的要求，确定最终的数据库的内容和编码结构，说明用于产生和更新数据的文件保存和计算过程，规定人事报告的要求和格式，决定人力资源信息系统技术档案

的结构、形式和内容，确定计算机上的员工工资福利表的格式及内容等要求，确定工资和其他系统与人力资源信息系统的接口要求等。

3. **系统的实施**

系统的实施包括考察目前及以后系统的使用环境以找出潜在问题，检查计算机硬件结构、所用语言和影响系统设计的软件约束条件，确定输入—输出条件要求以及运行次数和处理量，提供有关实际处理量、对操作过程的要求、使用者的教育情况及所需设施的资料，设计数据输入文件、事务处理程序和对人力资源信息系统的输入控制。

4. **系统的评价**

系统的评价包括估计改进人事管理的成本，确定关键管理部门人员对信息资料有何特殊要求，确定人们对补充特殊信息的要求，对与人力资源信息系统有关的组织问题提出建议，提出保证机密资料安全的建议。

四、成功实施并应用人力资源信息系统的关键点

目前，无论是机关、事业单位还是企业单位，人力资源管理对于组织生存与长远发展所具备的重要性都已经有了明确的认识，而人力资源管理水平的提升，不仅与高素质的管理人才密切相关，还需要信息化工具的辅助。因此，在过去的几年里，不少单位的人力资源部门都开始建设本单位的人力资源信息系统。人力资源信息系统是一套通过现代信息技术手段，提高人力资源管理的效率，实现人力资源信息共享并使之有效整合的系统。

人力资源信息系统渗透着许多先进的管理理念，如何正确实施并有效应用该系统，对于各实施主体来讲非常关键，成功实施并应用人力资源信息系统，有以下八个关键点。

1. **全面分析实施人力资源信息系统的必要性**

首先，企业人员规模的扩充使传统意义上的手工处理人力资源事务已经不能充分满足企业快速发展的需要，这时候可以考虑引进人力资源信息系统；其次，要充分考虑作为企业变革引领者的人力资源部门，其自身内部的各项职责分工是否明确、责任是否落实到个人、人力资源工作流程是否清晰等，只有把这些问题弄得非常清楚了，后续的人力资源信息系统的实施工作才有可能顺利向前推进；最后，无论是自行开发人力资源信息系统，还是引进外部厂商成熟的人力资源信息系统，都需要根据企业当前需要以及企业今后发展的需要，有选择性地挑选符合本企业特点的人力资源信息系统中的某几个模块或全部，如果脱离实际需要而求全求大，在后续的实施和应用阶段将不可避免地出现难以继续执行和有效应用的现象。

2. **自始至终都需要管理层的坚定支持**

人力资源信息系统作为信息化总体战略的一个重要组成部分，能得到管理者最大限度的认可与支持，对此项目的顺利实施和成功应用来说非常重要。高层管理者的认同和参与，可以为整个企业提供一个典范；特别是在该项目的初期导入阶段，中层管理者的参与可以为项目的执行提供基本的支持和协助。人力资源已经逐步演变为企业的第一资源，而人力资源信息系统本身所具有的特性，使得该系统的实施和应用

必将牵涉各方的利益，这就更需要高层领导的坚定支持，积极协调公司内部各利益主体，最终达成一致目标，共同推动人力资源信息系统项目的成功实施和有效应用了。

3. 以人力资源部门为主导及时组建项目小组

经过项目前期可行性分析之后，一旦决定要启动实施人力资源信息系统项目，就需要及时组建负责该项目的项目小组，将有关具体工作落实到项目小组中的每个成员。项目小组的组长一定要由公司高层领导来担任，以正确引导项目实施的方向并协调有关各方的利益；常务副组长由人力资源部门负责人担任，以有效监督、激励、协调项目的实施工作；副组长分别由一名熟悉公司人力资源工作流程及企业内部工作流程的人力资源工作者和一名公司信息化部门的信息技术骨干担任。人力资源信息系统是人力资源工作和信息技术的有效结合，需要熟悉基础工作的人作为日常工作的协调人；组员由一名或多名对工作认真、负责的人力资源基层工作者担任，作为系统管理员的身份，具体负责该系统的实施工作。同时，组员中还需要由各直线部门的人力资源专员或主管来协调有关具体工作并参与部分的实施工作，以取得直线部门的大力支持。

4. 择优选择符合本企业实际的人力资源厂商

各人力资源厂商经过多年的经验积累，在人力资源不同的功能模块上具有各自不同的优势，因此，功能最全的系统不一定是最合适的系统。首先，抛开自行开发人力资源信息系统不谈，我们需要明确的是选择直接引进外部厂商的软件还是在引进的基础上进行二次开发。目前的人力资源信息系统软件都具有一定的扩展性，因此，对中小企业来说，可以采取直接引进的方式，而对于大型企业来说，则需要在引进的基础上进行二次开发。其次，至于选择国内厂商还是国外厂商的产品，则需要看企业的综合实力。具体到各厂商不同软件的选择工作，我们需要向有关厂商发出邀请，在明确基本需求的基础上请有关厂商做产品的演示，并请公司内部人力资源部门的全体工作者进行评判；在此基础上，对合意的厂商要选择其重点客户进行走访，以进一步了解该厂商软件的实际应用价值；基本的前期考察工作结束后，要进行项目的招投标工作。最后，由公司的项目小组确定最终的厂商，有必要的话，由公司高层领导集体决定。

5. 企业和厂商双方项目小组的积极协调和有效沟通

厂商方的项目小组对自己的软件非常熟悉，同时又具有成熟而丰富的实施经验，而企业方的项目小组对自己的需求、流程定义等都很明确，寻求到双方的结合点就可以顺利推动项目的实施工作了。比如，项目实施期内的每周工作进展例会是必不可少的，重大问题出现时要及时协调，以提出有效的解决方案；项目实施前期数据导入过程中的紧密配合，可以减少后续数据信息的校对工作；实施方对企业方项目小组的不断培训，是项目取得成功的关键因素之一；双方的尊重和彼此的理解，也是项目得以向前推进的重要影响因素。

6. 争取企业全员的参与和支持，并在人力资源内部进行试运行

利用公司内部刊物、网络、会议等宣传渠道，将人力资源信息系统的概念、应用前景等全面传达给公司各级领导和广大员工，使之产生应用该系统的充足信心；毕竟，系统实施后的应用才是实施该系统的目的。同时，要利用人力资源信息系统本身的灵活性，在人力资源部门内部用测试账套对该系统进行全面测试，以减少全面推广应用时出现的错误和不足，并及时改进。

7. 项目实施后期应召开全员动员大会

由公司高层领导参加的动员大会，必将显示公司对此项目的高度重视；由厂商方进行的全员培训，则会引导广大员工正确地应用此系统。

8. 不断修正并完善人力资源信息系统

在人力资源信息系统进入正式运行后，传统手工处理人力资源事务和信息化处理人力资源事务的方式在一段时间内需要同时并存，以有效转换工作方式、方法。系统也将经过一个较为长期的维护过程，逐步发挥其规范化、流程化和个性化的优势，再经过不断的修正和完善，就可步入正轨了：先前的系统管理员身份在此时更加明确，职责更加清晰，并开通系统应有的服务热线即员工客服中心，并由系统管理员来担任负责人，详细解答系统应用中出现的种种问题。值得指出的是，人力资源信息系统是建立在标准业务流程基础之上的，它要求员工服从于企业统一的管理规范，而管理只有成为大家共同遵循的一种习惯，才能发挥最佳作用。

▲ 知识小结

广义的人力资源规划，是企业所有人力资源计划的总称，是战略规划与战术计划的统一；狭义的人力资源规划，是进行企业内部的人力资源需求预测和供给预测，进行良好的人力资源平衡。

人力资源需求预测的方法有经理人员判断法、德尔菲法、工作负荷预测法、生产力预测法、趋势分析法、比例分析法等。

人力资源供给预测的方法主要有管理者目录、技能目录、接班人计划等。

人力资源平衡措施：在企业内部供需相等时，不采取行动；如果人力资源过剩，要采取诸如限制雇用、鼓励辞职、减少工作时间或工作量等措施；如果人力资源短缺，要首先想到诸如现有人员的加班加点、雇用临时工等招聘的替代方案能否解决问题，在这些措施仍不能解决问题时再考虑去招聘。

完善企业人力资源管理制度体系的构成，制订具体人力资源制度规划的程序。实施人力资源规划，应该注意建立人力资源信息系统、控制人力资源供应状况以及人力资源的合理利用。

■ 知识巩固

1. 人力资源规划都包括哪些内容？
2. 人力资源需求预测的方法有哪些？
3. 人力资源供给预测的方法有哪些？
4. 在企业出现人力资源缺口时可以马上就去招聘吗？为什么？
5. 制订具体人力资源规划的程序是什么？

✲ 案例讨论

人力资源计划的编制

三天前白经理才调任人力资源部，虽然他进入这家专门从事垃圾再生的企业已经有三年了，但是，面对桌上的那一大堆文件、报表，他还是有点晕头转向。李副总竟直接委派他在10天内拟出一份公司5年的人力资源计划。

其实白经理已经把这任务仔细看过好几遍了，他觉得要编制好这计划，必须考虑下列各项关键因素：

首先，公司共有生产与维修工人825人，行政和文秘性白领职员143人，基层与中层管理干部79人，工程技术人员38人，销售人员23人。

其次，据统计，近5年来员工的平均离职率为4%，情况较稳定。不过，不同类的员工的离职率并不一样，生产工人离职率高达8%，而技术和管理干部的离职率则只有3%。

最后，按照既定的扩产计划，白领职员和销售员要新增10%～15%，工程技术人员要增加5%～6%，中基层干部不增也不减，而生产与维修的蓝领工人要增加5%。

有一点特殊情况要考虑：最近本地政府颁发一项政策，要求当地企业招收新员工时优先照顾妇女和下岗职工。公司一直未曾有意地排斥妇女和下岗职工，只要他们来申请，就会按照同一种标准进行选拔，并无歧视，但也没有特殊照顾。如今的事实却是，只有一位女销售员，中基层管理干部除了两名是女性外，其余也都是男的，工程师里有三名是女职工，蓝领工人中约有11%是妇女或下岗职工，而且都集中在最底层的劳动岗位。

白经理还有7天就得交出计划，计划要包括各类干部和员工的人数、从外界招收的各类人员的人数以及贯彻政府有关照顾妇女与下岗人员政策的计划。

此外，公司刚开发出几种有吸引力的新产品，所以预计公司销售额5年内会翻一番，他还得提出一项应变计划以应付这种快速增长。

讨论：

（1）白经理在编制这项计划时要考虑哪些情况和因素？

（2）白经理该制订一项什么样的招工方案？

（3）在预测公司人力资源需求时，白经理能采用哪些计算技术？

▲ 实训设计

企业组织架构设置。

1. 能力培养目标

（1）企业结构设计。

（2）业务部门设置。

（3）工作岗位设置。

2. 实训内容和要求

（1）学生5～8人分组组成实训团队，推选一人为组长负责协调事宜。

（2）各实训团队商量成立模拟公司，要求有公司名称，如“××有限责任公司”或“××股份有限公司”，准备公司介绍材料，明确公司所从事业务范围。

（3）为模拟公司进行企业组织结构设计，明确采用直线制、职能制、直线职能制、事业部制或超事业部制中的哪一类型，画出结构图；确定公司各部门及其业务。

（4）根据各部门业务，确定部门工作岗位和职数。

（5）撰写公司简介，内容包含组织结构、业务范围、部门设置、岗位设置和职数等。

3. 实训教学学时安排

课内3学时，课外视情况而定。教师事先通知学生进行课外分组，并预先查找相关资料。

4. 考核内容与方法

（1）考核内容：

项目	考核点	考核目标
实训准备	1. 材料准备 2. 资料准备	考查学生对实训目的和基本原理的认识程度和对实训方案的计划能力
实训过程	1. 参加实训的出勤和守纪情况 2. 实训过程中的程序规范情况 3. 实训过程中的协作精神 4. 实训过程中的工作态度 5. 突发事件应急处理能力	着重考查学生的工作态度、基本操作技能、严谨治学态度、团结协作精神
实训结果	1. 实训方案的结构合理性 2. 实训方案的完整性、系统性 3. 实训方案的创新性 4. 实训报告的格式规范程度 5. 实训结果的信度和效度	考查学生对典型案例或现象的处理和分析能力；对专业知识的综合运用能力；解决问题的能力；表达能力

（2）考核方法。实训成绩采用等级计分制：优（90～100分）、良（80～89分）、中（70～79分）、及格（60～69分）、60分以下为不及格。其中，实训准备占10%，实训过程占20%，实训成果为设计报告。

（3）设计报告考核内容：组织协调10%、资料收集15%、公司组织结构20%、公司部门设置25%、公司岗位设置25%、出勤情况5%。

学习情境三　岗位分析与工作设计

◆ 知识目标

- 了解岗位分析的信息来源、收集资料的人员及分析的内容
- 认识岗位分析的作用、过程，了解工作说明书的编写要求
- 理解岗位分析的含义、基本术语以及各种定量和定性的岗位分析方法
- 掌握工作说明书的编写方法

◈ 技能目标

- 能够运用恰当的岗位分析方法有效地收集和整理相关资料和信息，完成工作说明书的编写工作

工作分析是各项人力资源管理工作的一项基础性工作，一个企业是否进行了工作分析及工作分析质量的好坏，都对人力资源管理的各环节具有重要的影响。工作设计是通过满足员工与工作的需求来提高工作绩效的一种管理方法。因此，工作设计是否得当，对激发员工的工作动机、增加员工的满意度以及提高生产率，都有重大的影响。工作说明书是工作分析的成果，是通过对工作信息的收集、分析和综合形成的书面文件。本学习情境将带领大家学习如何做好岗位分析，进行工作设计，以及如何编写工作说明书。

任务一　做好岗位分析

◉ 任务情境

如何消除岗位分析中员工的恐惧心理

刚从某外企跳槽到一家民营企业当人力资源经理的陆经理，很快就发现该企业的管理有些混乱，员工职责不清，工作流程也不科学。她希望进行岗位分析，重新安排组织架构。

一听是外企的管理做法，老板马上点头答应，还很配合地做了宣传和动员工作。陆经理和岗位分析小组的成员，积极筹备一番后开始行动。不料，员工的反应和态度很令人出乎意料。

"我们部门可是最忙的部门了，我一个人就要干 3 个人的活。"

“我每天都要加班到9点以后才回去，你们可别再给我加工作量了。”

多方了解后，陆经理才知道，她的前任也做过岗位分析，不但做了岗位分析，还立即根据分析结果进行了大调整：不但裁撤了大量的人员和岗位，还对员工的工作量做了调整，几乎每个人都被分配了更多工作。有了前车之鉴，大家忙不迭地夸大自己的工作量，生怕岗位分析把自己“分析掉了”。

❖ 任务分析

岗位分析是人力资源管理的基础工作，适当调整岗位分析的作用，不仅仅是核定人力资源成本，明确员工各自的岗位职责和工作范围，也是为了制订合理的员工培训、发展规划，为员工提供科学的职业生涯发展咨询，这些都对员工有很大益处。但是，在岗位分析后马上进行大规模的人事调整，裁员、增加工作量，会让员工对岗位分析产生误会，并把岗位分析简单地认为裁员增效的前奏。这样当再次进行岗位分析时，员工的抵触情绪就会很强。然而，岗位分析之后也不能没有下文，如果这样，员工就会怀疑岗位分析的作用和意义，下次再做时他们会根本不在乎。因此，岗位分析后的调整应该适度和有用。

⊙ 知识精讲

一、岗位分析的含义

工作分析有广义和狭义之分。广义的工作分析包括组织分析、机构分析和岗位分析三个层次，而狭义的工作分析就是指岗位分析，我们重点讨论的就是岗位分析。

（一）有关岗位的基本概念

岗位分析中涉及的几个主要概念有任务、职责、职位、岗位、工作簇/工作序列、职业等，清晰地界定并准确地把握这些概念的含义是十分重要的，这样可以避免许多在执行岗位分析时由于不理解基本概念而出现的错误。

1．几个概念的基本含义

每个概念的具体定义与例子如表3－1所示。

表3－1　岗位分析的基本概念

概念	定义	例子
任务	为了达到某种目的所从事的一系列活动，可以由一个或多个不可再分解的工作要素组成	工人加工工件；打字员打印一份文件；销售员拜访一个客户
职责	一系列相关的任务就可以组成一项职责，它是一个人在本职工作中所承担的若干项任务组成的活动与责任	某编辑部主任多项职责中的一项为定期对编辑部员工进行培训，包括设计培训内容、编写培训资料、选择培训方法、实施培训、培训反馈

续表

概念	定义	例子
职位	满足一个人满负荷工作量的一项或多项职责的集合。这个含义主要表现为三个特征：一是职位的饱和性；二是该职位上的工作内容可能是同一项，也可能是几个不同职责的集合；三是职位和人是一一对应的	某仓储公司共30人，因为公司小没有单独设立人力资源部门，所以办公室主任的全部职责有三项：本单位的人事调配；文书管理；日常行政事务
岗位	一个组织内完全相同的职位构成岗位。这就存在两种可能，一是一个职位就是一个岗位，二是多个职位形成一个岗位，一个岗位上可能是一个人，也可能是多个人	某公司人力资源经理下属三个岗位——人员招聘与培训员、薪酬与保险员、员工关系与考核员，职责不同，一人一岗
工作簇/工作序列	一个组织内工作性质相关的一系列岗位就组成了一个工作簇或工作序列	通常一个企业内部可以分为四种工作序列：生产序列；研发序列；管理序列；营销序列
职业	职业是一个跨组织的概念，是指在不同组织、不同时间从事相似活动的一系列工作的总称	教师是一个职业，但又存在于不同的大学、中学、小学及幼儿园等组织之中

在企业实际工作中存在着许多对“岗位”这一概念认识上的误区，经常出现所谓一人身兼数“岗”的状况。在正常的岗位设置下，一般不应长期存在一人多岗的现象，而只存在一人一岗或多人一岗的情况。所谓长期一人多岗，事实上是错误地把每项职责理解为一个岗位，从而误认为一个人身兼数“岗”。

职位有可能是相同的，若一个职位一个职位说明书，也就是一个人对应一个说明书，就会造成不必要的雷同；而一个组织内岗位是绝不相同的，因此，岗位就成为岗位分析的对象，即一个岗位一个说明书。

2. **相互关系**

岗位分析所涉及的一些概念存在着包含与被包含的关系。一系列相关的任务组成一项工作职责，满足一个人工作量的若干职责就构成了一个职位，相同的职位又形成了岗位，而相关的一系列岗位又构成工作簇或工作序列，如图3-1所示。

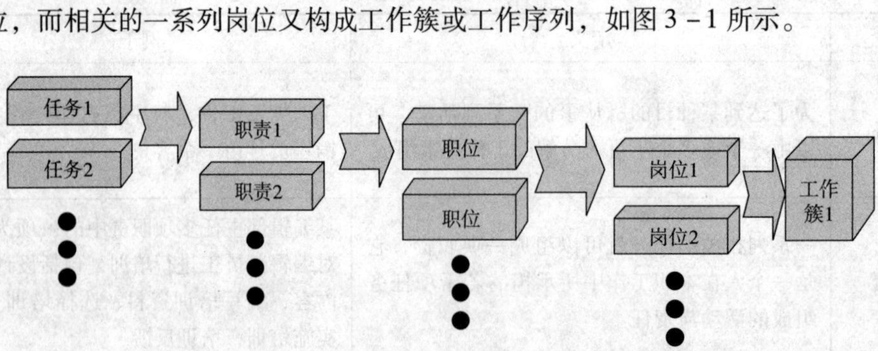

图3-1 岗位分析基本概念的相互关系

3. **岗位分析的含义**

岗位分析是指全面了解一项岗位的管理活动，就是对该岗位的工作内容、任职资格条件及相关工作关系等进行描述和研究的过程，即制定岗位说明和岗位规范的系统过程。岗位分析的一个标志性结果，就是给每一个岗位制定一份翔实而合理的岗位说明书。

在企业工作分析实践中，总会有人坚持认为自己身兼数岗，而且长期如此，但从岗位的饱和性上可以看出，一个人从事一个岗位就已经饱和了，怎么能长期任职一个以上的岗位呢？所谓“身兼数岗”，一是有可能把岗位中的某项工作当作了单个的岗位，二是某些“岗位”不饱和，这时就需要把这些“岗位”重新整合为一个岗位，必要时可以重新命名。

（二）岗位体系

一个组织的岗位体系如图 3－2 所示。

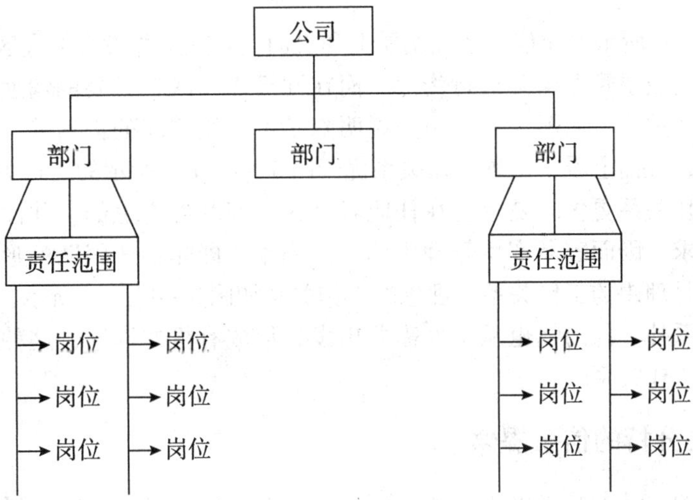

图 3　2　岗位体系

那么，岗位之间存在着什么样的关系呢？岗位关系表现为两种方式，一是表面上的岗位关系，二是实质上的岗位关系。

1. **表面上的岗位关系**

表面上的岗位关系就是一个组织岗位设置所直接反映出来的岗位之间的关系，主要有两个方面——上下级关系和同级关系，如图 3　3 所示。

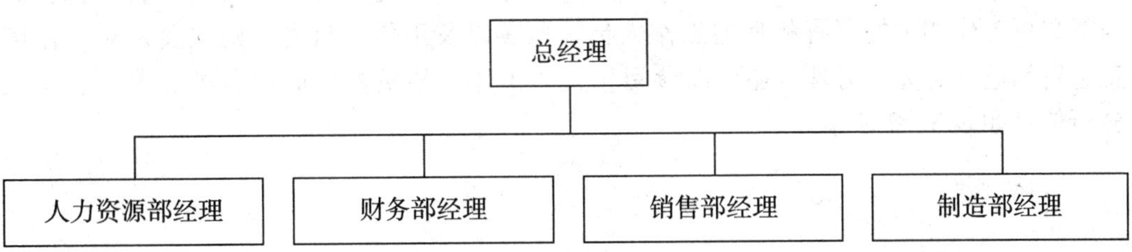

图 3－3　表面上的岗位关系

2. 实质上的岗位关系

在表面上的岗位关系下不同的企业管理会形成不同的实质上的岗位关系，主要有三种情况，如图3-4所示。

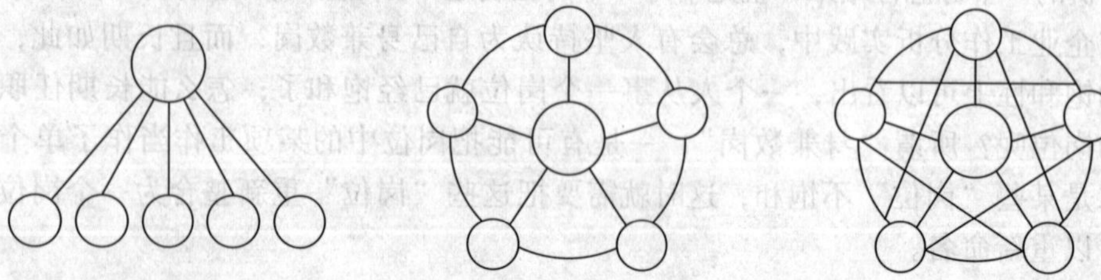

（a）僵硬的工作关系　　（b）有限的工作关系　　（c）有机的工作关系

图3-4　实质上的岗位关系

图3-4（a）所示的岗位关系在实质上和表面上看起来并没有多大区别，每一个任职者都只和其上级主管发生并进行沟通，而在同级之间缺乏必要的沟通，这显然不是一种理想的工作关系。而图3-4（b）说明除了上下级之间的沟通外，同级之间也存在着一些沟通，表面上看，这种工作关系优于图3-4（a）所示的工作关系，但实际上这种有限的工作关系更多的是建立在任职者个人喜好基础之上的，并没有严格地遵循工作本身的要求，因而容易产生管理中的一大困难，即非正式团队的形成，所以这种工作关系也不是理想的工作关系。理想的工作关系如图3-4（c）所示，所有岗位之间除了上下级关系外，各岗位也从工作需要出发，形成有机的沟通，这种理想的工作关系叫作有机的工作关系。

二、岗位分析的信息提供

岗位分析的质量主要取决于三个方面：一是工作信息提供者的选择；二是适当的分析方法的选择；三是合理的分析步骤的设计。其中，第一方面中，工作信息的提供者即岗位分析的主体选择决定了所收集信息的真实性，而人力资源管理专业人员要对各主体提出信息资料的规范性要求。

（一）岗位分析所需的资料

岗位分析所需要信息的类型和范围，取决于岗位分析的目的、岗位分析的时间约束和预算约束等因素。资料的连贯性、精确性、可接受性，是选择资料来源的决定性因素。因此，相关工作的工作专家、工作执行者和管理监督者是主要的资料来源，而与待分析工作相关的下属和其他工作人员、顾客以及工作分析者，则主要是对工作信息进行筛选和补充，另外，还可以参阅相关的工作分析资料、职业分类辞典等。岗位分析信息如表3-2所示。

表 3-2　岗位分析信息

一、工作活动	三、工作条件
1. 工作任务的描述 工作任务是如何完成的 为什么要执行这项任务 什么时候执行这项任务 2. 与其他工作和设备的关系 3. 进行工作的程序 4. 承担这项工作所需要的行为 5. 动作与工作的要求	1. 人身工作环境 在高温、灰尘和有毒环境中工作 工作是在室内还是在户外 2. 组织的各种有关情况 3. 社会背景 4. 工作进度安排 5. 激励（财务和非财务的）
二、工作中使用的机器、工具、设备和辅助设施	四、对员工的要求
1. 使用的机器、工具、设备和辅助设施的清单 2. 应用上述各项加工处理的材料 3. 应用上述各项生产的产品 4. 应用上述各项完成的服务	1. 与当前工作有关的特征要求 2. 特定的技能 3. 特定的教育和训练背景 4. 与当前工作相关的工作经验 5. 身体特征 6. 工作态度

工作分析所需要获得的有关资料有以下几条：

（1）工作活动资料，即各项工作实际发生的活动类型，如清洗、打字等。

（2）人类行为资料，指与个人工作有关的人类行为资料，如体能消耗情况、行走距离长短、写作能力等。

（3）工作器具资料，指工作中所使用的机器、工具、设备以及辅助设施情况。

（4）绩效标准，即用数量或质量来反映的各种可以用来评价工作成绩的标准。

（5）相关条件，指工作环境、工作进度、组织行为规范以及各种财务性和非财务性奖励措施。

（6）人员条件，指与工作相关的知识、技能以及个人特征等，包括学历和训练背景、工作经验、性格、兴趣和身体特征等。

（二）岗位分析的主体

决定岗位分析信息质量的还有一个重要因素，就是向谁来获得这些信息，即岗位分析主体的选择。收集岗位分析信息的工作，通常由实际承担工作的人员、工作承担人员的直接上级主管以及人力资源管理专家来共同进行。

1. 利用不同主体的顺序

通常的做法：首先，由人力资源管理专家（人力资源管理者、工作分析专家或咨询人员等）观察和分析正在进行的工作。其次，编写出一份岗位说明书和一份岗位规范，员工及其直接上级主管也要参与此项工作，例如，可能会要求主管人员填写问卷，在问卷中列举出其下属的主要工作活动。最后，由承担工作的员工及其上级主管来审查和修改岗位分析人员所编写的反映他们工作活动和职责的那些结论性描述。这样，岗位分析活动就需要由人力资源管理专家、组织的主管人员和普通员工三方共同合作完成。

2. **不同主体的优劣**

实际工作的任职人员、该岗位的直接主管和外部人力资源管理专家这三方主体，在提供岗位分析信息时各有优缺点，所以应综合利用，但应以岗位主管为主。这三者的优缺点如表3－3所示。

表3－3　岗位分析主体的优缺点

岗位分析主体	优点	缺点
任职人员	对工作最熟悉 信息收集的速度快 能提高他们对岗位分析结果带来的任何工作改变的接受程度	收集信息的标准化程度和工作职责的完整性都比较差 如果负担不平均，会使那些被要求收集工作分析信息的员工产生抵触 倾向于夸大他们工作的责任和重要性
岗位直接主管	对所要分析的工作包括它的无形方面具有全面而深入的了解 收集信息的速度较快 能较公正地表达意见	需要首先对主管人员开展工作分析的培训 对主管人员来说在时间上是一个沉重的负担，进而可能影响信息的客观性
外部人力资源管理专家	最客观公正，保持信息的一致性 所收集信息的专业性和规范性有保证	成本太高 可能会因对组织的情况缺乏了解而忽略工作中某些无形的方面

无论是选择收集岗位分析信息的方法，还是选择负责收集信息的主体，都受多种因素影响，包括需要分析的岗位的特点和复杂性，任职者对外部分析人员的接受程度，以及分析的最终目的。其中，最重要的是考虑岗位分析的目的。另外，对收集信息的人员的选择，要比对收集信息方法的选择更重要。

三、岗位分析的程序

实施岗位分析要有计划、有步骤地进行，而且在针对不同类型的企业进行分析时，所采用的程序有可能也会不同。

（一）岗位分析流程图

不同类型的组织可能采用不完全相同的岗位分析程序，影响因素有很多，比如组织的业务类型、不同的岗位分析目的、不同岗位分析方法的选择等，但无论哪种岗位分析，其程序的基本要素都是相同的，都要先从确定岗位分析目的出发，选择适当的岗位分析工具，收集并分析、整理工作信息，制定岗位说明书并检验评价，如图3－5所示。

1. **准备阶段**

（1）确认岗位分析的目的，即确定所取得的工作资料到底用来干什么，解决什么管理问题。确定岗位分析的目的，对于选择分析法、确定分析的规模及信息收集的范

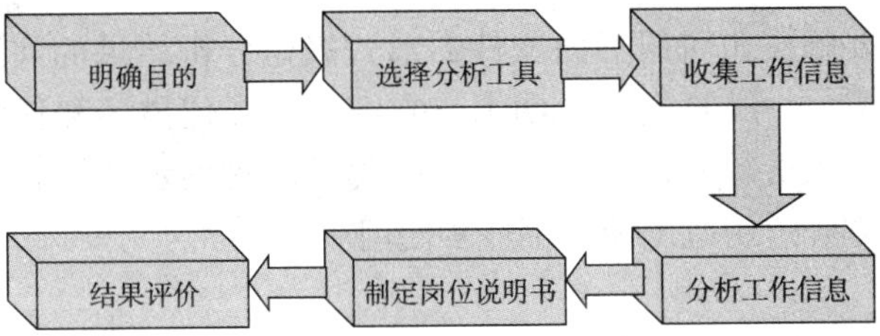

图 3-5　岗位分析流程

围等有重要意义。

（2）限定所要收集的信息类型和收集方法，以节约时间、精力和费用。

（3）选择被分析的岗位，即选择有代表性、典型性的岗位进行分析还是对全部岗位进行分析。

（4）建立岗位分析小组。分配进行分析活动的责任和权限，以保证分析活动协调。

（5）制定岗位分析规范。规范主要包括岗位分析的规范用语、岗位分析活动的进度、岗位分析活动的层次、岗位分析活动的经费。当岗位分析活动规模很大时，应注意分批分期有阶段地进行。

（6）做好必要的准备，通过宣讲岗位分析活动的目的，求得岗位信息提供者的合作，以获得真实、可靠的信息。

现代组织的岗位分析活动量很大，一般要提供有关岗位的整体信息，因此，准备阶段的工作就显得非常重要了。

2. 设计阶段

这一阶段主要是考虑如何进行分析活动，包括下列几项内容：

（1）选择信息来源。信息的来源包括工作执行者、管理监督者、顾客、岗位分析人员、相关的岗位分析资料、职业分类辞典信息文件等。选择信息来源应注意以下几点：不同层次的信息提供者提供的信息存在不同程度的差别；岗位分析人员应站在公正的角度收集不同信息，不要事先存有偏见；使用各种职业信息文件时，要结合实际，不可照抄照搬。

（2）选择岗位分析人员。岗位分析人员应具有一定的经验和学历，同时应保证分析人员进行活动的独立性。

（3）选择收集信息的方法，即根据所分析企业的实际情况以及各种分析方法的优劣选择适合的分析方法。

3. 收集、分析、综合阶段

岗位信息的收集、分析、综合阶段是岗位分析的核心阶段，包括以下三个相关的活动：

（1）按选定的方法和程序收集信息。

（2）对各种工作因素进行分析，主要包括信息描述、信息分类和信息评价。

（3）综合活动，即对所获得的分类信息进行解释、转换和组织，使之成为可供使用的条文。

具体来讲，对岗位信息的分析应包括以下内容：岗位名称分析、岗位内容分析、岗位环境分析、岗位执行人员必备条件分析等。

4. **结果表达阶段**

在此阶段，主要解决如何用书面文件的形式表达分析结果的问题。分析结果的表达形式可以分为两类：一类是岗位说明书，它综合了岗位描述和任职者说明两部分内容，涵盖工作性质和人员特性两个方面；另一类是心理图示法，它侧重于分析任职者的具体特性，这种方式适用范围窄，不经常使用。

5. **运用阶段**

在此阶段，核心问题在于如何促进岗位分析结果的使用。它包括两个方面的具体活动：制作各种具体应用文件，如提供录用文件、考核标准、培训内容等；培训岗位分析结果的使用者，增强管理活动的科学性和规范性。

6. **反馈调整阶段**

此项活动是贯穿于全部岗位分析过程的。组织的生产经营是不断变化的，这些变化会直接或间接地引起组织分工协作体制发生相应的调整。在调整过程中，一些原有的岗位会消失，一些新的岗位会产生，而且原有岗位的性质、内涵、外延也会发生变化，因此，及时对岗位分析文件进行调整和修订，就成为必然。另外，岗位分析文件的适用性只有通过反馈才能得到确认，并要根据反馈来修改其中不适应的部分。

（二）一般组织的岗位分析步骤

岗位分析的过程要解决好两个方面的问题：一是岗位分析的操作程序；二是这些操作程序与组织人事管理活动的关系。

四、定性的工作分析方法

定性的工作分析方法主要包括访谈法、问卷法、观察法、典型事例法、工作日志法和实验法等。

（一）访谈法

访谈法是指工作分析者与工作承担者进行面对面的谈话，以获得与工作分析有关信息资料的方法。一般来说，正在承担某一工作的员工对这项工作的内容和他的任职资格是最有发言权的，因此，与工作的承担者面谈能够有效地收集工作分析的信息。它是一种被广泛应用的、以确定工作任务和责任为目的的工作分析方法。

1. **访谈法的类型**

访谈法可以细分为个别员工访谈法、集体员工访谈法和工作主管面谈法三种类型。个别员工访谈法适用于各个员工的工作有明显差别、工作分析的时间比较充分的情况。

集体员工访谈法适用于多员工从事同样工作的情况，能够以一种快速而代价相对小的方式了解工作内容和职责等方面的信息。

工作主管面谈法是同一个或多个主管面谈的方法，因为主管对于工作内容有相当的了解。即使采用集体员工访谈法，也要有承担这项工作的上级主管在场，如果主管当时不在场，事后要单独与主管面谈，听一听他们对被分析的工作中所包含的任务和职责持有何种看法。这样既能节约工作分析的时间，又能保证信息的可靠性。

2. **访谈法的优缺点**

访谈法的优点：首先，访谈法可以发现一些在其他情况下不能了解的工作活动和行为。通过访谈，可以发现组织结构图上看不到的、不易观察但在实际中发生的重要工作活动和信息交流。例如，销售人员与销售主管的信息交流、脑外科专家的工作等。其次，通过访谈可以有效地沟通，增强理解。在访谈时，可以向员工解释工作分析的重要性，也能够让员工把工作中的不满释放出来，可以发现通常情况下管理者不太重视的一些看法和观点。最后，访谈法是一种相对简单而高效的信息收集方法，能够被广泛使用。

访谈法的缺点：一方面，这种方法收集的信息有被扭曲的可能。工作分析常常是调整薪酬的前奏，员工容易把工作分析看成变相的绩效考核。因此，任职者在访谈中会有意或者无意地夸大工作职责与难度；另一方面，为了获得有效、可靠的信息，要求工作分析人员具有较高的谈话技巧，而大规模的访谈本身就是耗时和成本较高的一项活动。

3．访谈的主要内容

访谈的主要内容包括工作的总体目标，监督职责，工作责任，对教育、经验、技能等的要求等。

为了得到工作分析所需要的信息，其典型问题主要表现为：你做哪些工作？主要职责是什么？如何完成？在哪些地点工作？工作需要怎样的学历背景、经验、技能条件等专业资格？基本的绩效标准是什么？工作的安全和卫生状况如何？

4．访谈法的注意事项

首先，要取得被分析工作的员工的直接主管的支持。这便于找到最了解工作内容、最能客观描述该项工作职责的员工。

其次，要创造良好的访谈氛围，注意谈话的技巧。要尊重被访谈者，语言恰当、态度真诚；营造良好、愉快的氛围，使被访谈人感到轻松愉快；注意对被访谈人的启发、引导，但要避免发表自己的个人观点和看法。

再次，访谈前要预先准备好相关问题和访谈记录表。在访谈过程中，关键的问题要先发问，次要的问题放在后面；访谈记录表要有足够的空白处，以便于被访谈者在最后对各个问题进行补充时能做好充分的记录。

最后，访谈时要注意修正偏差。这需要对和多个同职者访谈所收集到的资料进行对比并加以校正。此外，访谈结束后，应该与被访谈者的直接主管面谈，以便于从不同角度核实信息，补充内容。

（二）问卷法

问卷法是由工作分析人员根据工作内容拟定一套切实可行、科学、内容丰富的调查问卷，然后由任职者填写的一种工作信息收集方法。

1．问卷的类型

问卷可以分为结构化问卷、开放式问卷和混合型问卷三种类型。

结构化问卷对某项工作的任务、职责等进行大量描述，提供问题的选项，由任职者判断是非或者选择正确的内容。

开放式问卷不提供任何问题的选项，要求任职者自行回答，容易产生与访谈法类似的问题。

混合型问卷是介于结构化问卷和开放式问卷之间的一种问卷，也是工作分析中最常使用的问卷类型。

2. 问卷法的优缺点

问卷法的优点：能够从众多员工那里迅速得到信息，节省时间和人力，费用低；员工填写工作信息的时间较为宽裕，不会影响工作；适用于在短时间内对大量人员进行调查的情形；结构化问卷所得到的结果可由计算机处理，便于统计分析。

问卷法的缺点：问卷的设计是一项费力、耗时的工作，成本较高；问卷法主要是单向沟通，可能出现部分所提的问题员工不能理解的情况；有可能出现填写者不认真填写的现象，影响调查的质量。

（三）观察法

观察法是工作分析人员观察所需要分析的员工工作过程、行为、内容、特点、性质、工具、环境并用文字或图表的形式记录下来，然后进行分析和归纳总结的一种信息收集方法。

1. 观察法的适用范围

（1）被观察者的工作应相对稳定。在一定的时间内，工作内容、程序、对工作人员的要求不会发生明显的变化。

（2）观察法适用于大量标准化的、周期较短的、以体力劳动为主的工作，不适用于以脑力劳动为主的工作。例如，流水线上作业工人的工作很容易通过观察法来获取工作分析信息；但是，如律师、公司经理等的工作通过观察法就难以准确获得信息。

（3）任职者有可能从事一些只是偶然发生但是非常重要的工作活动，这时观察法也会失效。例如，对偶尔从事急救工作的护士，就难以利用观察法获得全面的信息。

2. 观察法的使用原则

（1）观察前要有详细的观察提纲和行为标准。

（2）观察人员尽可能不要引起被观察者的注意，不要干扰被观察者的工作。

（3）在观察中，要注意对同种工作的不同任职者在不同时期进行观察。观察多个任职者的工作情形可以纠正对单个任职人员观察所造成的偏差；在不同的时间对任职者进行观察，能把诸如疲劳等因素都考虑进去。

（4）观察法通常与访谈法结合使用。工作分析人员可以在任职者工作期间观察并记录他们的工作活动，然后与任职者进行面谈。

（四）典型事例法

典型事例法是指对实际工作中任职者特别有效或者无效的行为进行简短的描述，通过积累、汇总和分类，得到实际工作对员工的要求的一种信息收集方法。典型事例记录包括以下几个方面的内容：①记录导致事件发生的原因和背景；②记录员工特别有效或多余的行为；③记录关键行为的后果；④记录员工自己能否支配或控制上述后果。

典型事例法能够直接描述工作者在工作中的具体活动，因此，可以解释工作的动态性质。但是，收集归纳典型事例并进行分类，需要耗费大量时间；由于描述的是典型事例，很难对通常的工作行为形成总体概念。

（五）工作日志法

工作日志法指工作分析人员要求任职者逐日按时间顺序记载所有的工作活动及花费的时间，以了解实际工作状况的一种信息收集方法。

这种方法运用得好，可以充分了解工作，有助于主管对员工的了解；逐日或在工作活动后及时记录，可以避免遗漏；可以收集到最详尽的数据。但是，在记录过程中，任职者可能会夸张或隐藏某些活动，这会加重任职者的负担，干扰员工工作。因此，在实际工作中，工作日志法很少单独使用，而更适合与访谈法结合使用。

（六）实验法

实验法是指主试人控制一些变量，以引起其他变量的变化从而收集工作信息的一种方法。实验法分为实验室实验法和现场实验法。企业常用的是现场实验法。

实验法中要坚持以下原则：①尽可能地让被试验者配合工作；②严格控制各种变量；③设计要严密；④变量变化要符合实际情况；⑤不能伤害被试验者。

五、定量的工作分析方法

有些工作分析不适合用定性的分析方法，特别是在确定岗位的薪酬和待遇高低的时候，必须采用定量工作分析方法。

（一）职位分析问卷法

职位分析问卷法（Position Analysis Questionnaire，PAQ），是 1972 年由麦考密克（E. J. McCormick）提出的一种结构严谨的工作分析问卷法，职位分析问卷本身由工作分析人员来填写，同时要求工作分析人员本人对被分析的职位相当熟悉。

1. 职位分析问卷的构成

职位分析问卷由 194 个项目构成，其中，187 项被用来分析完成工作过程中员工活动的特征，7 项涉及薪酬问题。这些项目可分为 6 个主要方面。

（1）信息来源：工人从哪里以及如何获得执行工作所需要的信息。例如，如何获得文字和视觉信息。

（2）智力过程：执行工作所涉及的推理、决策、计划和信息处理活动。例如，解决问题的推理难度。

（3）工作产出：工人执行工作时所使用的身体活动、工具以及方法。例如，使用键盘式仪器、装配线。

（4）人际关系：执行工作所需要的与他人的关系。例如，指导他人与公众、顾客接触。

（5）工作环境：执行工作的物理环境和社会背景。例如，是否在高温环境或内部其他人员冲突的环境下工作。

（6）其他职位特征：与工作相关的其他活动、条件或特征。例如，工作时间安排、报酬方法、职务要求等。

2. 职位分析问卷法的使用

在使用职位分析问卷法时，职务分析人员要依据 6 个计分标准对每个工作元素进行衡量，即使用程度、工作所需时间、对各部门及部门内各单元的适用性、对工作的重要程度、发生的可能性、特殊计分。

职位分析问卷法将工作按照 5 个基本领域排序并提供一种量化的分数顺序或顺序轮廓，这 5 个基本领域是：①具有决策、沟通与社交能力；②执行技术工作的能力；③身体灵活度；④操作设备与器具的技能；⑤处理资料的能力。

3. 职位分析问卷法的优缺点

优点：职位分析问卷法对工作进行了等级划分，对于每一项工作分配一个量化的分数，可以利用职位分析问卷法得到的结果对工作进行对比，确定哪种工作更具有挑战性，从而建立每一个或每一类工作的薪酬标准。

缺点：没有对职务的特殊工作活动进行描述，因此，职务中行为的共同之处就使任务之间的差异变得模糊了。职位分析问卷法对工作分析人员要求高，时间成本大，非常烦琐。

（二）管理职位描述问卷法

管理职位描述问卷法（Management Position Description Questionnaire，MPDQ）是1976年由托诺（W. W. Tornow）和平托（P. R. Pinto）提出的一种结构化的方法，它以工作为基础，是专为管理职位设计的一种工作分析方法。它与职位分析问卷法非常相似，包括与管理者的主要职责密切相关的208项问题。这种问卷由管理人员自己填写，也是采用6个标准对每个项目进行评分。这208项问题可以被划分为以下13个类别：①产品、市场和财务战略计划；②与组织其他部门和人事管理工作的协调；③内部业务控制；④产品和服务责任；⑤公共与客户关系；⑥高层次的咨询指导；⑦行动的自主性；⑧财务审批权；⑨雇员服务；⑩监督；⑪复杂性和压力；⑫重要财务责任；⑬广泛的人事责任。

管理职位描述问卷适法用于不同组织内部管理层以上的工作分析，它被用来决定那些被提名进入管理职位的人员是否需要培训，用来评价和确定管理工作的报酬率，以及对工作进行归类。但是，此法受工作及工作技术的限制，灵活性较差，耗时较长。

（三）功能性工作分析法

功能性工作分析法（Functional Job Analysis，FJA）的主要分析方向集中于工作本身，最早起源于美国培训与就业服务中心的职业分类系统。它以工作者应发挥的职责为核心，对工作的每项任务都进行详细分析，对工作内容的描述非常全面、具体。

工作过程是指员工在工作过程中与人、事、信息打交道的过程。因此，任何功能的工作都离不开人、事、信息这三个基本要素。

改进的功能性工作分析法是在上述工作分析的基础上进行扩充，即除了采用信息、人和事三项要素来分析工作外，还补充了完成工作所需要的教育程度，并指出了绩效标准和训练要求。

任务二　进行工作设计

◉ 任务情境

工作分析的前期准备

新吉公司是一家IT（信息技术）企业，2001年研发出一种新型网络信号接收卡并投入批量生产。产品推出后，异常火爆，2002年实现销售收入5000万元。2003年销售形势与2002年相比，大有上升之势。由于业务的发展，公司领导决定在行政部、市场部、企业发展部招聘一批员工。

为了使招聘工作更有针对性，使新员工更加符合现任岗位要求，人力资源管理部决定对上述三种岗位进行详细分析，并为此拟出一份工作分析计划书。

新吉公司工作分析计划书

为了提高企业人力资源管理工作的有效性和可靠性，有效地在下季度实施企业招聘计划，同时为了能够圆满完成今年的薪酬政策、激励政策和培训政策的调整工作，使人力资源管理职务适应企业的发展趋势，特计划在2010年3月对企业某些部门重新进行工作分析，具体计划如下：

1. 进行工作分析的职务

（1）行政部行政文员。

（2）市场部销售经理。

（3）企业发展部公共关系经理。

2. 工作分析样本

出于职务经验、职务完整性及其他相关因素的考虑，计划选取各部门以下员工作为工作分析样本：

（1）行政部行政文员张静芳。

（2）市场部销售经理王思雨。

（3）企业发展部公共关系经理程唯震。

3. 工作分析方法的选择

由于各样本的职务性质不同，特采用不同的工作分析方法。

（1）行政部行政文员：问卷调查法、观察法、参与法相结合。

（2）市场部销售经理：问卷调查法、面谈法相结合。

（3）企业发展部公共关系经理：问卷调查法、面谈法、职务表演法相结合。

4. 工作分析的步骤及时间安排

3月10日：召集相关人员进行座谈，宣传并解释工作分析的目的、意义、作用及注意事项。

3月11日至3月12日：工作分析小组成员分别进行工作分析设计。

3月13日：小组成员对工作分析设计方案进行讨论和修改。

3月14日至3月15日：小组成员分别具体实施工作分析方案，收集职务信息。

3月16日：小组成员分别进行职务信息分析。

3月17日：小组成员分别编写职务描述和职务资格要求初稿。

3月18日：小组成员对信息分析和编写的文件初稿进行相互讨论。

3月19日：针对职务描述和职务资格要求与相关部门经理进行讨论。

3月20日：召集相关人员进行座谈，对职务描述和职务资格要求进行最终定稿。

续

5．工作分析小组构成 组　长：张鹏（常务副总经理）。 副组长：王建（人力资源部经理）。 成　员：赵庆（人力资源部招聘专员）； 刘需（人力资源部薪酬专员）。

❖ 任务分析

对员工而言，工作不仅仅是其谋生的手段，它更多的是实现其个人价值的首要途径。在这个多元化的信息社会，人们有理由对占据人生重要位置的工作有更多的要求，拥有一份合意的工作也是每个人所向往的。由于个体差异，员工在做不同的工作时会表现出基于能力、兴趣及性格等方面的差异，因而表现出不同的绩效和努力程度；而且随着企业的发展以及员工自身的进步，先前合意的工作也可能慢慢变得不再具有诱惑力甚至变得不再适合，这就要求对员工的工作进行调整和再设计。因此，工作设计贯穿于企业人力资源管理和员工激励的始终。

⊙ 知识精讲

一、工作设计的概念与内容

所谓工作设计，就是为了有效地达到组织的目标，提高工作效率，对工作内容、工作职能、工作关系等方面进行变革和设计。工作设计主要解决的问题是组织向其员工分配工作任务和职责的方式。

工作设计与岗位分析的关系十分紧密。如前所述，岗位分析的主要目的是对各项工作的任务、责任、性质以及工作人员的条件予以分析研究；工作设计的主要目的则是说明工作如何做以及如何使工作者在工作中得到满足。工作设计所涉及的内容包括工作内容和方法设计、工作职能和工作之间的关系设计等。工作设计在人力资源管理中具有十分重要的意义。

工作设计主要包括以下几个方面的内容：

（1）工作内容，包括确定工作的一般性质的问题，具有多样性、自主性、复杂性或常规性、整体性等特征。

（2）工作职能，也就是做每种工作的基本要求和方法，包括工作责任、工作权限、工作方法、工作协调和信息沟通等。

（3）工作关系。工作关系是指工作中人与人之间的关系，包括上下级之间的关系、同事之间的关系、个体与群体之间的关系等。

（4）工作绩效。工作绩效是指工作的成绩与效果的高低。它包括工作任务完成所需达到的具体标准（如产品的产量、质量、效率等）以及员工对工作的感受与反应（如满意程度、出勤率、离职率等）。

（5）对工作结果的反馈。工作结果的反馈是指任职者从工作本身所获得的直接反馈以及从上级、下级或同事那里获得的对工作结果的间接反馈等。

二、工作设计的作用

工作设计之所以在当代社会引起人们的高度重视，主要是因为其具有以下几个方面的重要作用：

（1）工作设计改变了工人和工作之间的基本关系。对于这个问题，科学管理者是这样处理的：把工作的物质要求与工人的生活特征相结合，然后剔除那些不符合要求的人。行为科学家进入工业领域后，他们试图通过改进对工人的挑选和培训来完善这个过程。然而，与科学管理者一样，他们把重点放在工作上，职务被看作不可变的固定物。而工作设计打破了这个传统观念，它是建立在这样的假设基础上的，即工作本身对员工的激励、满意和生产率有着强烈的影响。

（2）工作设计推进工作的积极态度。工作设计不是试图改变工作态度，而是假定在工作得到适当的设计后积极的态度就会随之而来。

（3）工作设计使职责分明。良好的工作设计可以减少员工的辞职、旷工及怠工现象。

（4）工作设计有利于改善人际关系，直接影响员工的工作满足感。

（5）工作设计重新赋予工作以乐趣。工作设计直接影响员工的生理与心理健康，一些诸如腰腿病、耳聋、高血压、心脏病等职业病，都与工作设计有着密切的关系。

三、工作设计的原则

工作设计是十分重要的科学管理技术，好的工作设计是好工作的先决条件。现代工作设计十分强调工作、生活质量的改进，力求做到人与工作的完美配合，在提高工作效率的同时保证工人有较高的工作满意度。为此，工作设计立足于工作本身内在特性的改进，增强工作本身的内在吸引力，相当大地改变了工作活动的性质、功能、人员关系与反馈方面的特性。根据工作设计的基本目的与要求，好的工作设计应该符合以下三条原则：

1. 效率原则

工作设计应使工作活动具有更高的输出效率，有效地提高工作效率。它通过工作的良好设计，使组织成员更好地明确工作的职责与分工范畴，形成良好的工作协调与合作关系，提高组织活动的有序性、均衡性与连续性，创设符合职工个体特性的工作活动模式，促进职工充分发挥其能力。工作的简单化与专门化曾被视为提高工作效率最有效的法宝。确实，工作的简单化与专门化设计，有助于职工较快地提高工作的熟练程度，迅速掌握工作方法，形成工作经验，也有助于职工发挥劳动特长。但专业化程度如果太高，就会导致工作的单调乏味，令人生厌，反而会造成工作效率降低。

2. 工作、生活质量原则

工作设计应符合职工对工作、生活质量的要求。工作、生活质量体现了职工与工作中各个方面之间的关系好坏，反映了职工的生理与心理需要在工作中得到满足的程度。工作、生活质量的提高，可使职工对工作产生更为满意与向往的心情，增强员工的归属感，并由此形成良好的组织氛围，提高组织的活动效能。在工作设计中，应注意考虑的工作、生活质量要素，包括工作的挑战性和吸引力、工作的自主性与自由度、工作的多样化与丰富化、合理的工作负荷与节奏、安全舒适的工作环境、工作中个人需要的适度满足以及上下左右之间良好的工作关系等。

3. **系统化设计原则**

工作设计是一项复杂的系统工程，应充分考虑工作中各有关方面的影响，包括组织体系、工艺技术、管理方式、工作者、工作环境等，努力寻求各方面因素的最佳结合，使其在工作系统中构成良好的协调关系。

四、工作设计的方法

研究表明，有5种基本方法与工作设计有关。下面将讨论这5种方法，并且考查每一种方法对工作设计的影响。

1. **激励型工作设计法**

激励型工作设计法在组织行为学和管理学文献中可以找到其深厚的理论基础。它所强调的是可能会对工作承担者的心理价值以及激励潜力产生影响的那些工作特征，并且它把态度变量（比如满意度、内在激励、工作参与）以及像出勤、绩效这样的行为变量看成工作设计的最重要结果。激励型工作设计方法所提出的设计方案往往强调通过工作扩大化、工作丰富化等方式来临时提高工作的复杂性，它同时强调要围绕社会技术系统来进行工作的构建。与此相对应，一项对213种不同工作所进行的研究发现，工作的激励特征与这些工作对工作承担者的智力要求是正相关的。激励法的例子之一是赫茨伯格的双因素理论。这种理论指出，相对于工资报酬这些工作的外部特征而言，个人在更大程度上是受到像工作内容这类有意义性的内部工作特征激励的。

激励型工作设计法，通常倾向于强调提高工作的激励潜力。工作扩大化、工作丰富化以及自我管理工作团队等管理实践，都可以在激励型工作设计法中找到自己的渊源。尽管针对这些工作设计方法所进行的大多数研究都表明它们提高了员工的满意度和绩效水平，但是它们却并非总是能够带来绩效数量的增加的。

2. **机械型工作设计法**

机械型工作设计法源于古典工业工程学，它强调要找到一种能够使效率达到最大化的最简单方式来构建工作。在大多数情况下，这通常包括降低工作的复杂程度从而提高人的效率——也就是说，让工作变得尽量简单，从而使任何人只要经过快速培训就能够很容易地完成它。这种方法强调按照任务专门化、技能简单化以及重复性的基本思路来进行工作设计。

3. **生物型工作设计法**

生物型工作设计法主要源于生理机械学（也就是对身体运动进行研究的科学）、工程心理学和职业医学，它通常被说成人类工程学。人类工程学所关注的是个体心理特征与物理工作环境之间的交互。这种方法的目标是以人体工作的方式为中心来对物理工作环境进行结构性安排，从而将工人的身体紧张程度降到最低。因此，它对身体疲劳度、痛苦以及健康、抱怨等方面的问题十分关注。

4. **知觉运动型工作设计法**

知觉运动型工作设计法源于对人性因素进行阐述的文献。生物型工作设计法所注重的是人的身体能力和身体局限，而知觉运动型工作设计法所注重的是人类的心理能力和心理局限。这种工作设计法的目标，是通过采取一定的方法来确保工作的要求不会超过人的心理能力和心理界限。这种方法通常通过降低工作对信息加工的要求来改善工作的可靠性、安全性以及使用者的反应性。在进行工作设计时，工作设计者首先看能力最差的工人所能达到的能力水平，然后按照使具有这种能力水平的人也能够完成的方式来确定工作的要求。与机械型工作设计法类似，这种方法一般也能起到降低工作的认知要求这样一种效果。

5. **工作设计的社会技术方法**

社会技术方法的实质，是设计工作时应该考虑到工作技术体系和相伴随的社会体系两个方面。根据这个概念，雇主应该通过对整个工作场所进行整体或系统的观察来设计工作（包括物理环境和社会环境）。因为很少有工作涉及同样的技术要求和社会环境，所以社会技术方法是因情景而设定的。社会技术方法尤其要求工作设计者仔细地考虑员工在这个社会技术体系中的职责、所要完成任务的本质和工作小组的自主权。在理想的情况下，社会技术方法把组织的技术需要与决策中所涉及的员工的社会需要结合起来。

工作设计的社会技术方法已被许多国家采用。以自我管理工作小组或团体为基础的现代工作设计，通常是以社会技术方法为基础的。

总而言之，在进行工作设计的时候，理解仅使用一种工作设计方法所可能产生的内在优缺点是非常重要的。管理者如果希望按照某种能够使得任职者和组织的各种积极结果都达到最大化的方式来进行工作设计，他们就需要对这些不同的工作设计方法有充分的认识，理解与每一种方法相联系的成本和收益，在它们之间进行适当的平衡，从而为组织谋求一种竞争优势。

五、工作设计的形式

1. **工作扩大化**

工作扩大化是使员工有更多的工作可做。通常这种新工作同员工原先所做的工作非常相似。这种工作设计能提高工作效率，是因为不必要把产品从一个人手中传给另一个人从而节约时间。此外，由于完成的是整个工作产品，而不是在一个大件上单单从事某一项工作，这样在心理上员工也可以得到安慰。该方法通过增加某一工作的工作内容，使员工的工作内容增加，要求员工掌握更多的知识和技能，从而提高员工的工作兴趣。

一些研究者报告，工作扩大化的主要好处是提高了员工的工作满意度和工作质量。IBM 报告，工作扩大化导致工资支出和设备检查支出的增加，但因质量改进，职工满意度提高而抵销了这些费用。美国梅泰格（Maytag）公司声称，实行工作扩大化提高了产品质量，降低了劳务成本，工人满意度提高，生产管理变得更有灵活性。

工作扩大化的途径主要有两个：“纵向工作装载”和“横向工作装载”。“装载”是指将某种任务和要求纳入工作职位的结构。“纵向工作装载”扩大一个工作职位，是指增加需要更多责任、更多权力、更多裁量权或更多自主权的任务或职责。“横向工作装载”是指增加属于同阶层责任的工作内容，以及目前包含在工作职位中的权力。

2. **工作轮换**

工作轮换法是为减轻对工作的厌烦感而把员工从一个岗位换到另一个岗位的方法。这样做有四个好处：一是相比日复一日地重复同样的工作，这种方法更能使员工保持对工作的兴趣；二是为员工提供了一个个人行为适应总体工作流程的前景；三是个人增加了对自己最终成果的认识；四是使员工从原先只能做一项工作的专业人员转变为能做许多工作的多面手。这种方法并不改变工作设计本身，而只是使员工定期从一个工作转到另一个工作。这样，使得员工具有更强的适应能力。员工从事一个新的工作，往往具有新鲜感，能激励自己做出更大的努力。日本的企业广泛地实行工作轮换制度，对于管理人员的培养发挥了很大的作用。

3. **工作专业化**

工作专业化也叫“充实工作内容”。充实工作内容是对工作内容和责任层次基本的改变，旨在向工人提供更具挑战性的工作。它是对工作责任的垂直深化。它通过动作和时间研究，将工作分解为若干个很小的单一化、标准化及专业化的操作内容与操作程序，并对员工进行培训和适当的激励，以达到提高生产效率的目的。工作专业化设计方法的核心，是充分体现效率的要求。它的特点是：

（1）由于将工作分解为许多简单的高度专业化的操作单元，可以最大限度地提高员工的操作效率。

（2）由于对员工的技术要求低，既可以利用廉价的劳动力，也可以节省培训费用，以利于员工在不同岗位之间轮换。

（3）具有标准化的工序和操作规程，便于管理部门对员工生产数量和质量进行控制，保证生产均衡和工作任务的完成，而不考虑员工对这种方法的反应。因此，工作专业化所带来的高效率，有可能被员工的不满和厌烦情绪所造成的旷工或辞职所抵消。

4. **工作丰富化**

工作丰富化是以员工为中心的工作再设计，它是一个将公司的使命与职工对工作的满意程度联系起来的概念。它的理论基础是赫茨伯格的双因素理论。它鼓励员工参与对其工作的再设计，这对组织和员工都有益。工作设计中，员工可以提出对工作进行某种改变的建议，以使他们的工作更让人满意，但是，他们还必须说明这些改变是如何更有利于实现整体目标的。运用这一方法，可使每个员工的贡献都得到认可，与此同时，也强调组织使命的有效完成。

工作丰富化与工作扩大化的根本区别在于，后者是扩大工作的范围，而前者是将工作深化，以改变工作的内容。

工作丰富化的核心是体现激励因素的作用，因此，实现工作丰富化的条件包括以下几个方面：

（1）增加员工责任。不仅要增加员工生产的责任，还要增加其控制产品质量，保持生产的计划性、连续性及节奏性的责任，使员工感到自己是有责任完成一个完整工作的一个小小的组成部分。同时，增加员工责任意味着降低管理控制程度。

（2）赋予员工一定的工作自主权和自由度，给员工充分表现自己的机会。员工感到工作成果依靠他的努力和控制，从而成败与其个人职责息息相关时，工作就对员工有了重要的意义。实现这一良好工作心理状态的主要方法，是给予员工工作自主权。同时，工作自主权的大小也是人们选择职业的一个重要考虑因素。

（3）反馈。将有关员工工作绩效的数据及时地反馈给员工。了解员工工作绩效是形成工作满足感的重要因素，如果一个员工看不到自己的劳动成果，就很难得到高层次的满足感。反馈可以来自工作本身，也可以来自管理者、同事或顾客等。例如，销售人员可以从设备的正常运转以及生产管理人员和设备操作人员那里得到反馈。

（4）考核。报酬与奖励决定于员工实现工作目标的程度。

（5）培训。要为员工提供学习的机会，以满足员工成长和发展的需要。

（6）成就。提高员工的责任心和决策的自主权，可以提高其工作的成就感。工作丰富化的工作设计方法与常规性、单一性的工作设计方法相比，虽然要增加一定的培训费用、工资以及完善或扩充工作设施的费用，但却提高了对员工的激励作用和员工的工作满意程度，进而有利于提高员工生产效率与产品质量，以及降低员工离职率和缺勤率，从而带来积极影响。况且，企业培训费用的支出，本身就是对提高人力资源素质的一种不可缺少的投资。

若一位管理者希望通过增加工作的多样性、完整性、重要性、自主性、反馈性以丰富工作的内容，则他可以采取以下5个步骤：

（1）确定自然的工作单元。这意味着尽可能让集体工作构成一个完整而有意义的整体。工作单元可以根据地理位置产品或生产线、业务或顾客来划分。

（2）合并任务。即尽可能地把独立的和不同的工作合成一个整体。

（3）建立和顾客之间的联系。这意味着使生产者和其产品的使用者（其他生产部门、顾客、销售团体等）相联系。这样可以让生产者知道产品被判断的标准。

（4）直接分派任务，即尽可能地给生产者计划、参与、控制自己工作的权力。这样，不需要经过其他部门专门培训，生产者的控制能力就会获得提高。这种控制能力也意味着给生产者计划工作、控制存货、预算资金和质量控制的权责。

（5）公开信息反馈渠道。这意味着尽可能地给生产者更多的有关生产结果的信息，如成本、产量、质量、组织结构、消费者的抱怨等。

任务三　编写工作说明书

◉ 任务情境

“招聘专员”工作说明书

职务名称：招聘专员。

所属部门：人力资源部。

直接上级职务：人力资源部经理。

职务代码：XL－HR－021。

工资等级：9～13。

1. 职务说明

（1）工作目的。为企业招聘优秀、合适的人才。

（2）工作要点。①制订和执行企业的招聘计划；②制定、完善和监督执行企业的招聘制度；③安排应聘人员的面试工作。

（3）工作要求。认真负责、有计划性、热情周到。

（4）工作责任。①根据企业发展情况，提出人员招聘计划；②执行企业招聘计划；③制定、完善和监督执行企业的招聘制度；④制定面试工作流程；⑤安排应聘人员的面试工作；⑥应聘人员材料管理；⑦应聘人员材料、证件的鉴别；⑧负责建立企业人才库；⑨完成直属上司交代的所有工作任务。

（5）衡量标准。①上交的报表和报告的时效性和建设性；②工作档案的完整性；③应聘人员材料的完整性。

（6）工作难点。如何提供详尽的工作报告。

（7）工作禁忌。工作粗心，留有首尾，不能有效地向应聘者介绍企业的情况。

（8）职业发展道路。招聘经理、人力资源部经理。

2. **任职资格**

（1）生理要求。①年龄：23～35 岁。②性别：不限。③身高：女性，1.55～1.70 米；男性，1.60～1.85 米。④体重：与身高成比例，在合理的范围内。⑤听力：正常。⑥视力：矫正视力正常。⑦健康状况：无残疾、无传染病。⑧外貌：无畸形，出众更佳。⑨声音：普通话发音标准、语音和语速正常。

（2）知识和技能要求。①学历要求：本科，大专以上需从事专业工作 3 年以上。②工作经验：3 年以上大型企业工作经验。③专业背景要求：曾从事人事招聘工作 2 年以上。④英文水平：达到国家四级水平。⑤计算机：熟练使用办公软件。

（3）特殊才能要求。①语言表达能力：能够准确、清晰、生动地向应聘者介绍企业情况，并准确、巧妙地解答应聘者提出的各种问题。②文字表述能力：能够准确、快速地将希望表达的内容用文字表述出来，对文字描述有一定的敏感度。③观察能力：能够很快地把握应聘者的心理。④逻辑处理能力：能够将多项并行的事务安排得井井有条。

（4）综合素质。①有良好的职业道德，能够保守企业人事秘密；②独立工作能力强，能够独立完成布置招聘会场、接待应聘人员、应聘者非智力因素评价等事务；③工作认真细心，能认真保管好各类招聘相关材料；④有较好的公关能力，能准确地把握同行业的招聘情况。

（5）其他要求。①能够随时准备出差；②不可请 1 个月以上的假期。

❖ 任务分析

企业为配合组织快速发展的需要，要明确规范组织的职位内容，强化部门沟通效率，提高管理绩效，并就组织中的特定职位设计工作说明书，作为建构兼具组织职称与薪资奖励规划的完善的人力资源管理制度的参考依据。这是一份相当完整、系统的工作说明书，抓住了主干部分，即岗位要求和任职资格，从“事”和“人”两方面对“招聘专员”进行了详细描述。

⊙ 知识精讲

一、工作说明书的内容

工作说明书是关于工作是什么以及工作任职者应该具备什么资格的一种书面文件。整体来讲，其包括工作描述和工作规范两个部分。工作说明书的编写没有一个固定的模式，但大多数工作说明书包括工作标识、工作综述、工作联系、工作职责、工作权限、工作绩效标准、工作条件、工作规范等方面的内容。

（一）工作标识

工作标识是关于职位的基本信息，该部分包括工作名称、工作地点、工作关系和其他识别标识等内容，其中，工作说明书的工作标识部分如表3－4所示。

表3－4　工作说明书的工作标识部分

工作编号		工作名称	办公室主任
所属部门	办公室	直接上级	经理
工资等级	7	工资范围	6000～7000元
辖员人数	4～10人	定员人数	1
工作性质	公务管理	分析人员	
分析日期		批准人	

1．工作名称

工作名称是工作标识中最重要的项目，指一组在重要程度上相同的职位总称。工作名称通过几个词来定义，从而指出工作大致领域和工作性质，以便与其他工作进行区别。因此，工作名称应该较准确地反映该项工作的职责，并指明其在组织中的位置关系。

2．工作地点

工作地点是指工作所在的实际位置。对于一般公司，可以用工作所在的部门、分部门、工作小组的名称来定义，但对于一些特定岗位，如邮递公司服务派送员、不同路线的巡逻警察等，则需要找出其在组织中的工作地点特征标识。

3．工作关系

工作关系表明了组织中的权力链条，并为员工职业发展提供了职位晋升路线。该项内容主要包括所属工作部门、直接上级岗位、直接下级岗位、所辖人数等。

4．其他识别标识

其他识别标识主要包括工作在组织中的编码、撰写人、审核人、薪酬等级等，主要是为了便于管理和提供特殊的类属信息。

（二）工作综述

工作综述又叫工作概述，它描述工作的总体性质，对工作内容和工作目的进行归纳，列出其主要功能或活动，用以回答这个岗位为什么存在。

例如，材料供应经理的工作综述为“为生产线所需要的材料进行经济采购，并对其运输、保管和发送分配活动进行管理”；人力资源经理的工作综述是“综合管理公司人力资源、行政和总务，协调各部门的关系，对公司运营状况进行常规分析，主持各种计划与规章制度的编制并负责监督实施，同时，负有管理、指导和培训本部门员工的责任，担任公司高层的人事顾问和员工职业发展顾问”。

（三）工作联系

工作联系说明工作承担者与组织内外的其他人之间的联系情况。这里以人力资源经理为例进行说明。

所受监督：负责员工关系的副总裁。

所施监督：人力资源部职员、考试管理员、劳资关系员、一位秘书。

工作合作对象：所有部门经理和行政管理人员。

接触的公司外部人员：就业机构、管理人员代理招聘机构、工会代表、政府就业办公室以及各种公司客户等。

（四）工作职责

工作职责包括工作的内容、承担的责任。与工作综述相比，它提供了工作职责的细节描述，包括所有的主要职能和要求。在工作说明书中，每项工作的主要职责都应该列出来，并分别用一两句话对每项任务加以描述。主要包括：①日常工作；②上级分配任务的质量和数量；③与组织内外部人员的关系（包括建议、培训等）；④对经营记录、利润等的责任；⑤与上下级的权责关系；⑥所要使用的设备与机器。

工作职责描述常常用动词开头，如接受、执行、负责、建立、装配等。所有的关于工作职责描述的句子，按照工作的重要性和发生频率高低以及时间序列，被逻辑地整理在一起。

（五）工作权限

工作权限是组织根据某项职位的工作目标与责任，赋予该职位的决策范围、层级与控制力度，主要表现为对人、财、物的控制权、处置权、决策权、建议权等。例如，工作承担者有权批准购买材料金额最多5000元；具有事假批准权；有权建议提高工资水平；有权进行面试、雇用新员工等。

（六）工作绩效标准

工作绩效标准说明企业期望雇员在执行工作说明书中的每一项任务时所达到的标准是什么样的。设定工作绩效标准不是一件容易的事情。大多数的管理人员意识到，仅仅告诉下属“要尽最大努力工作”并不能保证雇员发挥最大的工作绩效，而是要明确提出满意的标准。例如，财务会计的工作绩效标准如下：

（1）对同一个工作日内收到的发票要在当天过账。

（2）对于收到的所有收据，都必须在收到收据的第二天前送交负责的部门经理签字认可。

（3）平均每月发生记账失误不得超过三次。

（4）每月的第三个工作日结束时必须平衡总账。

（七）工作条件

工作说明书要列明工作中所包含的一般工作条件，即工作的物理环境，例如，噪声水平、危险因素、温度、湿度等。工作的物理环境是通过对工作环境测定而确定的。工作环境测定又称劳动环境测定，通常情况下重点关注的是劳动环境中各种有害因素和不良环境条件的测定。这对于分析工作对人体造成危害与不舒适的研究具有决定性作用，也是劳动安全保障的重要依据。

（八）工作规范

工作规范是指在某一特定工作岗位取得良好绩效所需要的体力、智力、技能、经验以及其他个人特征，即任职资格。它显示了什么样的人可以被雇用来从事此项工作，对于招募来的人应当进行哪些方面的素质测试等。工作规范说明的是对承担这项工作的员工，在教育、经验和其他特征方面的最低要求。

二、工作说明书的编写要求

工作说明书在企业管理中的地位极为重要，不但可以帮助任职者了解其工作，明确责任范围，还可以为管理者的某些重要决策提供参考。编写工作说明书的过程要完整、系统，最终形成的工作说明书要清晰、具体、简单扼要，具有实用性。

1. 完整

编写工作说明书的程序要完整，即工作说明书的编写一般要经过任职者自述、主管领导审定、专家撰写主要职位描述、人力资源部门及其他部门工作人员协助完成其他工作描述这样一个流程。

2. 清晰简单

工作说明书应能够清楚地说明职位的工作情况、性质和范围，任职者的资格，应把所有重要的工作关系都包括进去，不能与其他职位的工作说明书混淆。描述要准确，语言要精练，不能模棱两可，要把工作所有的基本要求都包括进去，且篇幅不宜过长。成功的工作说明书能够使新的任职者通过阅读工作说明书对这项工作有一个清晰的认识。通常情况下，组织中较低级职位的任务最为具体，较高级职位处理一些涉及面更广的问题。

3. 实用

工作说明书要让大家都能够理解和认识各项工作职责内容。任职者通过阅读工作说明书，能够非常清楚自己的工作内容、权限、工作关系、要实现的绩效标准、需要具备的技能素质等，而无须询问他人或者阅读其他资料。因此，工作说明书不仅要明确任务和考核标准、清晰表达任职资格、表明各项职责等，还要尽量避免选用最专业化的词汇，当遇到技术性的问题时，应尽量使用较为通俗的语言。

4. 格式统一

文件格式要统一，可以采取表格形式，也可以选择叙述形式。可参照典型工作说明书编写样本。

三、工作说明书范例

某出版社合作室主任工作说明书如表 3－5 所示。

表 3－5　　某出版社合作室主任工作说明书

职务名称	国际合作室主任	所属部门	国际合作室
直接上级	主管行政副社长	在岗人数	1
工作概要	负责出版社版权贸易、对外交流、国际书展以及有关选题的策划，督促国际合作及本室科员的日常工作		
工作任务	1. 负责出版社版权输入和输出贸易 （1）负责与国外出版社联系，进行版权合同洽谈，监督合同履行以及付款结算、版税支付。 （2）向策划编辑推荐国外的优秀选题。 （3）督促本室人员向国外出版社索要最新书目、样书和寄送本社最新书目、样书。 （4）督促本室人员协助发行科做好本社图书的海外发行工作。 2. 负责本社的对外交流 （1）接待外宾并负责翻译。 （2）与国外合作伙伴联系、制定国外合作伙伴条款，同国外出版社建立稳固的合作关系。 （3）安排办理本社因公出国人员的手续。 （4）起草有关国际合作报告，参加有关国际书展和国际合作会议，负责翻译并做好记录。 （5）走访国内有关办事处。 3. 与其他部门一起负责本社的国际书展 （1）与国外有关机构联系，做会议安排，准备谈判有关材料，配合谈判。 （2）为社领导的国外访问作行程安排，安排社领导参加书展活动。 （3）负责编排书展中英文书目，与其他部门一起组织相关活动。 4. 督促本室科员的日常工作 （1）确保本室工作人员勤奋诚实。 （2）确立本室工作日志。 （3）监督本室科员的其他工作。 5. 参与有关选题的策划工作		
工作职责	（1）监督本室科员的日常工作，确保工作及时、高效。 （2）负责出版社版权的输入输出贸易，确保任务的完成，监督合同的有效履行，维护本社利益。 （3）安排国际书展，负责书展各项活动的顺利开展，展示本社形象，促进合作。 （4）确保版权联系及时，不因本方原因延误版权输入输出工作		
任职条件	1. 基本条件 （1）性别：不限。 （2）年龄：23 岁以上。 （3）教育程度：双学士、硕士以上（含双学士、硕士）。 （4）专业：复合型的专业背景、外语专业背景。 （5）上岗适应期：3 个月。 （6）培训需求：一周的出版业务和外事工作培训。 2. 专业知识 以外语为基础，具有综合知识。		

续表

任职条件	3. 基本技能 (1) 熟练的外语听、说、读、写、译能力。 (2) 熟练运用计算机网络。 (3) 国际人际交往能力。 (4) 知识产权等方面的法律知识和其他学科的综合知识。 4. 工作态度和品行 (1) 责任心强。 (2) 开拓创新思维强。 (3) 耐心细致。 5. 身体条件 健康的体魄、积极的心态

生产部经理的工作说明书如表3－6所示。

表3－6　　生产部经理工作说明书

职务名称	生产部经理	部门	生产部
职务代码	0031	工作地点	公司办公大楼
在 职 者		编写日期	
工作关系	间接上级：总经理。 直接上级：生产副总经理。 直接下级：生产部副经理、机电班班长、灭菌组组长、车间主任、生产部统计员及制水员等。 内部联系：生产副总经理、总经理、各职能部门负责人。 外部联系：政府相关部门、社会相关人士		
工作概要	在总经理、生产副总经理领导下，负责生产调度和生产管理		
工作职责	1. 生产管理 (1) 全面负责产品的生产、计划和组织协调工作，拟定生产结构调整报告。 (2) 编制公司年、季、月生产计划并监督实施，按期上报生产进度表。 (3) 负责配合品质部贯彻执行公司的质量、计量制度和程序，并监督检查实施情况。 (4) 负责审批本部门低值易耗品、机电用品、工位器具、工装等的领用申请。 (5) 负责生产设备的购置申请。 (6) 负责生产车间的现场管理，优化资源配置。 (7) 负责生产部的内部协调，保证生产正常进行。 (8) 负责车间安全生产制度的制定并监督执行。 (9) 负责相关管理。 2. 内部管理 (1) 负责本部门相关规章制度的制定和执行。 (2) 在办公室协助下组织本部门员工的招募、培训、考核和奖励工作，拟定产品工资定额。 (3) 负责本部门与其他部门的协调与沟通。		

续表

工作条件和环境	3. 负责下属的培养 4. 生产副总经理和总经理交办的其他事项 （1）大部分时间在公司办公楼和生产车间现场工作，极少有外出要求。 （2）因工作需要配备计算机一台、固定电话一部
调任、晋升和培训机会	本职位为公司中层管理职位，可能调任其他相关职位或晋升为生产副总经理、总经理。在公司外部有工商管理培训的机会
生产部经理的工作规范	年龄：50 岁以下。 性别：不限。 学历：本科（或同等学力）以上。 专业或相关培训：无菌医疗器械、工商管理专业及相关培训。 工作经验：从事医疗器械企业生产管理工作 5 年以上
体能要求	（1）身体健康，体力充沛，行动敏捷。 （2）无严重疾病和传染病
知识与技能	（1）具备本公司产品生产专业技术知识及相关知识。 （2）善于激励员工，调动员工积极性。 （3）熟悉 ISO9000 认证体系与 CMDC（中国医疗器械质量认证中心）、CE（一种安全认证）、CMP 标准。 （4）熟悉本公司产品生产流程、各类产品生产工艺及产品使用特性。 （5）具备生产管理专业知识及相关经验。 （6）有较强的计划、控制和协调能力。 （7）有良好的沟通能力。 （8）有独立工作的能力
其他特性	（1）对企业忠诚，敬业，乐于奉献。 （2）严谨求实，责任心强，注重细节。 （3）有吃苦耐劳、精益求精的精神。 （4）有强烈的进取和创新精神

▲ 知识小结

岗位分析是对组织中某个特定工作职务的目的、任务、职权、隶属关系、工作条件、任职资格等相关信息进行收集与分析，以便对该职务的工作作出明确的规定并确定完成该工作所需要的行为、条件、人员的过程。尽管不同的组织进行岗位分析的内容千差万别，但是，岗位分析的主要内容还是相同的。

工作设计是为了有效地达到组织目标，提高工作效率，对工作内容、工作职能、工作关系等方面进行变革和设计的过程。工作设计主要解决的问题是组织向其员工分配工作任务和职责的方式。工作设计是通过满足员工与工作的需求来提高工作绩效的一种管理方法。

工作说明书包括工作描述和工作规范两个部分。工作说明书的编写没有一个固定的模式，但大多数工作说明书包括工作标识、工作综述、工作联系、工作职责、工作权限、工作绩效标准、工作条件、工作规范等方面的内容。编写工作说明书的过程要完整、系统，最终形成的工作说明书要清晰、简单扼要，具有实用性，格式要统一。

■ 知识巩固

1. 什么是岗位分析？岗位分析的主要内容有哪些？
2. 简述岗位分析的主要过程。
3. 岗位分析的方法主要有哪些？各有何优缺点？
4. 如何编写工作说明书？
5. 工作设计的内容和作用有哪些？
6. 在工作设计时，需考虑哪些因素？
7. 简述工作设计的方法。
8. 工作分析、工作设计的形式有哪些？
9. 工作说明书主要包括哪些内容？
10. 工作说明书的编写要求是什么？

✲ 案例讨论

工作职责分歧

一个机床操作工把大量的液体洒在机床周围的地板上。车间主任让机床操作工把洒掉的液体清除干净，机床操作工拒绝执行，理由是职务描述书里并不包括清扫工作。但服务工同样拒绝，他的理由是职务描述书中没有这一类工作。车间主任威胁说要把他解雇，因为这名服务工是分配到车间来做杂务的临时工。服务工勉强同意，但是干完后立即向公司投诉。他的理由是其职务描述书中并不包括这一类工作，清扫工作是勤杂工的职责。

有关人员看了投诉后，审阅了这三类人员的职务描述书：机床操作工、服务工和勤杂工。机床操作工的工作说明书规定：机床操作工有责任保持机床的清洁，使之处于可操作状态，但并未提及清扫地板的工作。服务工的工作说明书规定：服务工有责任以各种方式协助机床操作工，如领取原料和工具，随叫随到，即时服务，但也没有包括清扫工作。勤杂工的工作说明书中确实包含了各种形式的清扫工作，但是他的工作时间是正常工人下班后。

讨论：

（1）对于服务工的投诉，你认为该如何解决？为什么？

（2）如何防止类似意见分歧的情况重复发生？

（3）你认为该公司在管理上有什么需要改进之处？

◬ 实训设计

工作岗位分析。

1. 能力培养目标

（1）制作岗位说明书。

（2）制作任职资格说明书。

2. 实训内容和要求

（1）学生继续以第一次分组组成的实训团队进行实训，并且以第一次成立的模拟公司名称为实训团队名称（以后实训团队都按此名称）。

（2）各实训团队对模拟公司设立的各部门各工作岗位进行分析并制定岗位说明书，要求格式规范统一。

（3）根据工作岗位分析，为每个工作岗位制定任职资格说明书，要求格式规范统一。

3. 实训教学学时安排

课内 3 学时，课外视情况而定。教师事先通知学生课外预先查找相关资料。

4. 考核内容与方法

（1）考核内容：

项目	考核点	考核目标
实训准备	1. 材料准备； 2. 资料准备	对实训目的和基本原理的认识程度，对实训方案的计划能力
实训过程	1. 参加实训的出勤和守纪情况； 2. 实训过程中的程序规范情况； 3. 实训过程中的协作精神； 4. 实训过程中的工作态度； 5. 突发事件应急处理能力	着重考查学生的工作态度、基本操作技能、严谨治学态度、团结协作精神
实训结果	1. 实训方案的结构合理性； 2. 实训方案的完整性、系统性； 3. 实训方案的创新性； 4. 实训报告的格式规范程度； 5. 实训结果的信度和效度	考查学生对典型案例或现象的处理和分析能力；对专业知识的综合运用能力；解决问题的能力；表达能力

（2）考核方法。实训成绩采用等级计分制：优（90～100 分）、良（80～89 分）、中（70～79 分）、及格（60～69 分）、60 分以下为不及格。其中，实训准备占 10%，实训过程占 20%，设计结果占 70%，实训成果为设计报告。

（3）设计报告考核内容。组织协调 10%、资料收集 15%、岗位说明书格式 10%、任职资格说明书格式 10%、岗位说明书内容 25%、任职资格说明书内容 25%、出勤情况 5%。

学习情境四　招聘与甄选员工

◆ 知识目标

- 了解员工招聘的意义、过程和评价
- 认识员工内部、外部招聘的特点
- 理解员工招聘的渠道和方式
- 掌握员工甄选与测试的方法

◈ 技能目标

- 通过认识员工招聘过程，掌握员工招聘的方法和程序

员工招聘的实质，就是让潜在的合格人员对本企业的相关职位产生兴趣并且前来应聘这些职位。企业的职位空缺不可能完全通过内部供给解决。企业人员因各种主观和自然的原因退出工作岗位，是不可抗拒的规律，这必然需要企业从外部不断补充人员。员工甄选就是为了确保企业发展所需的高质量人力资源而进行的一项重要工作。企业必须做好人力资源规划，并且要与企业其他计划有效地衔接和协调起来，这样企业才能够得到长足的发展。本学习情境将带领大家学习如何组织员工招聘、选择外部招聘的渠道、甄选与录用员工，以及如何评估招聘活动。

任务一　组织员工招聘

◉ 任务情境

微软公司的员工招聘

微软公司是一个知识密集型的企业，它的持续成长依赖于一个稳定的充满智慧和激情的员工队伍。正如公司的一位高级副总裁指出的一样："你不可能使用低水平的编程员编制出伟大的计算机程序。"1989 年，公司的工资单上共有 4000 名员工。到 1992 年，公司员工人数超过了 1 万人。发现和选聘最优秀的人才，是微软公司的首要任务。当比尔·盖茨被问到他过去几年为公司所做的最重要的事时，他回答说："我聘用了一批精明强干的人。"

微软公司是如何发现和选聘人员的？微软负责招聘的人每年要访问 130 多所大学。申请者在汇集到西雅图郊外的公司总部前，可能已在校园内接受了多次考察。到总部后，他们要花 1 天时间与公司中从各部门来的至少 4 位考官进行面谈。面谈侧重于考

察应聘者的创造力与解决问题的能力，而不是具体的程序编制知识。而且，微软公司的薪金较低，并且通常每周要工作60～80个小时。因此，公司寻找的是那些重视价值实现而不是报酬多少的人。当然，了解情况的应聘者都知道，公司为表现卓越的员工提供的股票期权，已经使这些人中的2000余人成为百万富翁。

❖ 任务分析

招聘工作直接关系到企业人力资源的形成，有效的招聘工作不仅可以提高员工素质、改善人员结构，也可以为组织注入新的管理思想，为组织增添新的活力，甚至可能给企业带来技术、管理上的重大革新。因此，员工招聘是人力资源管理的基础性工作。微软公司的成功在很大程度上是人才甄选与录用的成功。对组织而言，优秀的员工是企业发展壮大的基础；对组织的人力资源部门而言，发现并把有潜质的员工招聘和录用到本企业来，是其基本任务。

⊙ 知识精讲

员工招聘是指组织为了发展的需要，根据工作分析和人力资源规划的数量和质量要求，寻找、吸引那些有能力又有兴趣到本企业任职的人，并从中选出合适的人予以录用的过程。

一、招聘的主要方式

组织中员工招聘可以分为内部征召与外部招聘两种方式。

（一）内部征召

内部征召是指吸引现在正在组织中任职的员工填补组织空缺职位。当企业内部职位发生空缺或企业业务发展需要增加人员时，采用内部晋升选拔的方式有利于调动企业内部人员的积极性，给职工以更多的发展机会。由于是从内部人员中招聘，企业对之了解，可减少招聘风险，费用也低。据有关资料表明，70%左右的美国公司采用以内部选拔为主的招聘政策。内部征召主要有以下三种方法：

1. 公告法

公告法是在公开的场合公布有关职位空缺和招聘等内容告示，包括资格要求、工作名称、工作内容的简单描述和薪资等级等内容，保证使信息传递给组织中的每个成员，吸引组织中有资格和有意愿的人员去应聘的一种内部征召方法。这种方式可以激发员工的工作积极性和奋发向上的精神。

2. 推荐法

推荐法是组织内部或外部人员根据组织需要的岗位介绍推荐其在该组织内所熟悉的合适人员，供用人部门的直线主管人员和人力资源部门进行考核与选择的一种内部征召方法。因为推荐者本人对被推荐者比较熟悉，对空缺职位的要求也比较了解，同时，被推荐者对本组织的文化、现状等也熟悉，所以成功的可能性比较大。采用推荐法需注意的一个问题就是要任人唯贤，而不能任人唯亲。

3. 人事记录法

当组织内部提供的职位是基层管理职位时，管理人员倾向于自己挑选将来准备向管理层选拔的候选人，在这种情况下，通常不用公告的方式，而采用人事记录法。对员工资料档案进行分析，可以了解员工的工作经历、知识结构、培训情况和业绩，同时，还可以进一步发现哪些人有进一步培训的潜力，以及哪些人已经具备从事现有空缺职位工作的背景要求。

（二）外部招聘

外部招聘是指从组织外部寻找、吸引求职者来填补空缺职位的过程。在以下情况下，组织需要从外部招聘人员：

（1）组织的规模急剧扩张。在组织的发展期，由于要建立跨国公司或分公司等组织机构形式以适应组织发展，这时需要引入大量员工。

（2）业务范围扩大。组织由于多元化发展战略的需要或扩张产品线的需要而向外招聘员工。

（3）组织变革的需要。组织的发展受到发展周期的影响，会出现活力不足或体制、文化僵化等问题。特别是高层管理者无法推动组织变革时，需要从外部引入高级人才来解决问题。例如，IBM 在全球范围内招聘 CEO（首席执行官），郭士纳的到来使 IBM 重获新生。

组织需要从外部招聘员工，特别是当组织需要大量人员补充时。外部招聘的主要方式有自荐、经人引荐、广告招募、猎头公司和网络招聘等，我们将在后面的章节进一步论述。

（三）内部招聘与外部招聘的优缺点

内部招聘与外部招聘各有其优缺点（见表4－1），组织应该根据实际情况选择合适的招聘方式。

表4－1　　内部招聘和外部招聘的优缺点

招聘方式	优点	缺点
内部招聘	（1）比较了解候选人的长处和弱点。 （2）被提升的组织内成员对组织的历史和发展比较了解。 （3）可以借此激励被提升的人更加努力地提高自身工作水平。 （4）可以激励组织内其他成员的士气，使其有一个良好的工作情绪。 （5）使组织对成员的培训投资取得回报	（1）当组织内部对未来主管人员的供需缺口较大且内部人才储备无法满足需要时，坚持从内部提升，会使组织既失去获得一流人才的机会，又让不称职者占据主管位置。 （2）容易造成“近亲繁殖”。 （3）提升的数量有限，容易挫伤没有得到提升的人的积极性
外部招聘	（1）较广泛的人才来源。 （2）避免“近亲繁殖”，可以给组织带来新思想，防止僵化。 （3）避免组织内部那些没有得到提升的人的积极性受挫，避免组织内部成员间的不团结。 （4）可以节省对主管人员的培训费用	（1）如果组织内有胜任的人未被选用，而从外部招聘，会使他感到不公平，容易使其产生与应聘者不合作的态度。 （2）应聘者对组织需要有一个了解的过程。 （3）容易被应聘者的表面现象（如学历、资历等）所蒙蔽，而无法清楚地了解其真实能力

二、招聘的过程

员工招聘的第一个前提是人力资源规划。人们通过招聘环节了解企业，并决定是否为其服务；从企业的角度来看，只有对招聘环节进行有效的设计和良好的管理，才能以较低的招聘成本获得高质量的员工。员工招聘录用的一般程序如图4－1所示。

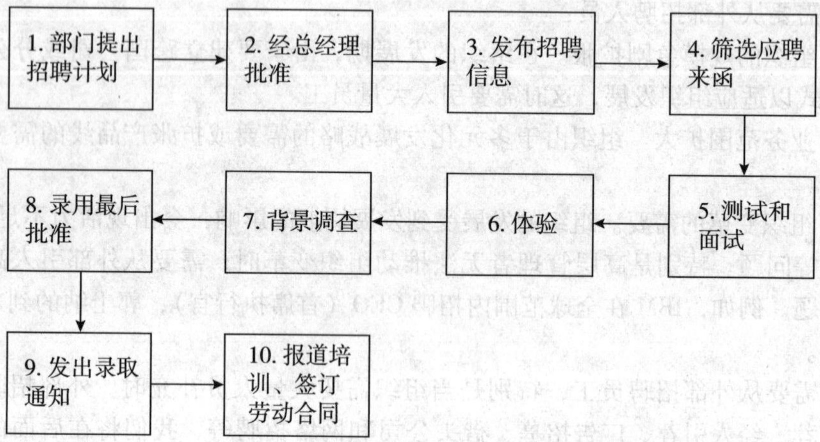

图4－1 员工招聘录用一般程序

1. 制订招聘计划

员工的招聘需求是根据企业的人力资源规划和用人部门的增员申请确定的，它是保证人力资源的长期战略与用人单位实际需要的有机统一。招聘计划的编制是建立在人力资源规划和职务分析两项工作基础之上的，为实现一定的战略目标服务，需要从招聘的职位、部门、数量、类型等多方面进行规范管理，同时需要考虑企业中各职位的责任和所需要的资质、要求。在制订招聘计划的基础上，还需要制订相应的执行方案，具体包括招聘人员的分工、招聘对象的来源、招聘的方法与测试的部门、招聘的预算等。

2. 发布招聘信息

发布招聘信息的目的是吸引足够数量的应聘者以供筛选。在信息发布后，就会有应聘者前来应聘，但如果在信息发布的环节上没有吸引足够多的应聘者前来应聘，企业就无法展开正常的招聘工作，这就需要对这个环节进行管理，我们可以借助“招聘收益金字塔”这个工具来确定某个岗位需要吸引多少应聘者才能产生足够合格的员工。一般而言，经过层层的筛选后留下的应聘者数量越多，招聘到合格员工的可能性越大，反之越小。根据企业过去的经验，如果企业想最终招聘到1名合格的销售人员，至少需要有20个人递交求职申请表，而且需要有比20个人多得多的人知道发布的招聘信息，这就需要我们对该过程进行管理，以确保招聘信息发布的成功。

3. 应聘者申请和资格审查

这个环节主要包括求职申请表的设计、资格的审查和资格的确定三部分。

求职申请表的设计在后面有具体的说明。关于工作申请资格，一种策略是把申请的资格设定得比较高，申请人少，组织再花费较多的时间与精力仔细挑选，这种策略往往应用于重要岗位的人员招聘；另一种策略是把申请资格设得比较低，组织有更多选择余地，招聘的成本也低，如果组织缺乏足够的招聘费用且同时招聘的工作岗位不很重要，就可以采取这种策略。

在审查求职申请表时，要估计背景材料的可信程度，注意应聘者以往经历中所任职务、知识、技能与应聘岗位间的关系。此外，要分析其离职的原因和求职的动机。对于频繁离职、高职低求、高薪低就的应聘者要有记录，以便在面试时加以了解。资格审查要有一定的剔除机制的作用。

4. 员工甄选

员工的甄选录用是指从对应聘者的资格审查开始，经过用人部门与人力资源部门共同的初选、面试、测试、体检、个人资料审核，到人员录用的过程。人员甄选是招聘工作中关键的一步，也是招聘工作中技术性最强的一步，因而其难度也是最大的。人员的甄选、录用是一个复杂的过程，其质量取决于该过程中每一环节的工作质量，因此，必须做好每一步工作，选择最恰当的方法，以使每一步工作都更富有成效。

首先，我们要通过初步的筛选和面试剔除求职材料不实和根据经验与岗位要求明显不合格者。其次，合格的员工应包括技能和心理两部分能力，我们根据测试结果剔除心理健康程度和能力明显不合格者，或按一定比例淘汰低分值者。再次，要根据具体岗位需求剔除明显不匹配者。匹配分析贯穿于测试的全过程，我们不仅看重“选优”，更强调人职匹配。最后，我们还要求员工的身体状态符合岗位要求。

5. 人员录用过程

录用决策包括发出录用通知、签订劳动合同以及试用期的管理等。在录用决定作出后，应马上通知应聘者。对未被录取的应聘者，应本着坦率、诚恳、善意的原则发出拒绝录用信。劳动合同的签订和试用期的管理是一个复杂的过程。员工进入组织前，需要与组织签订合同，以起到对员工与组织双方共同约束与保障的作用。合同的内容包括试用的职位、期限、报酬与福利、在试用期应接受的培训以及对双方承担的义务和享受的权利，以及变更、解除和终止合同的条件、违约责任、劳动争议处理等约定。合同签订后具有法律效力，双方都要遵守。

员工进入组织后，组织要为其安排合适的职位，一般来说，员工职位是按照招聘的要求和应聘者的意愿来安排的。试用是对员工能力与潜力、个人品质和心理素质的进一步考核。

员工的正式录用即通常所称的“转正”，是指试用期满且试用合格的员工正式成为该组织的成员的过程。员工能否被录用，关键在于试用部门对其考核的结果如何，组织对试用员工应坚持公平、择优录取的原则。在正式录用的过程中，用人部门与人力资源部门应完成以下主要工作：员工试用期的考核鉴定；根据考核情况作出正式录用决策；与员工签订正式的雇用合同；给员工提供相应的待遇；制订员工发展计划；为员工提供必要的帮助与咨询等。

6. **招聘过程应遵守的原则**

招聘工作很容易出现失误，而出现失误会损害组织的声誉，因此，应该遵守以下原则：

第一，申请书和个人简历必须按照规定的时间递交给招聘部门，以免丢失。

第二，每个申请人在招聘过程中的某些重要活动（如来公司见面）必须按时记录。

第三，组织应该及时对申请者的工作申请作出书面的答复，否则会给申请人留下该组织工作不力或傲慢的印象。

第四，申请人和雇主关于就业条件的讨价还价应该以公布的招聘规定为依据，并及时记录。如果同一个申请人在不同的时间或不同部门得到的待遇、许诺相差很大，必然会出现混乱局面。

第五，没有接受组织提供的雇用条件的申请者的有关材料，应该保存一段时间。

三、工作申请表的设计与使用

应聘者在获取招聘信息后，可向招聘单位提出应聘申请。应聘申请有两种方式：一是应聘者通过信函向招聘单位提出申请；二是直接填写招聘单位的求职申请表。

1. **工作申请表的内容设计**

工作申请表没有固定的格式，其内容的设计要根据工作岗位的内容而定，设计时还要注意有关的法律和政策。例如，有的国家规定种族、性别、年龄、肤色、宗教等不得列入表内。求职申请表所应反映的信息如下：

（1）个人情况：姓名、年龄、性别、婚姻、地址及电话等。

（2）工作经历：目前的任职单位及地址，现任职务、工资，以往的工作简历及离职原因。

（3）教育与培训情况：本人最高学历、学位，所接受过的培训。

（4）生活及个人健康情况：包括家庭成员，同本企业员工是否有亲属关系，健康情况需医生证明。

2. **工作申请表的用途**

一旦企业吸引来一批工作申请者，企业就开始进入筛选过程了。对企业而言，工作申请表是挑选过程的第一步。通过工作申请表，雇主能比较准确地了解候选人的历史资料，包括教育、工作经历和个人爱好等信息。

通过一张填写完整的工作申请表，可以了解到以下几个方面的信息：

（1）可以对一些客观的问题加以判断。例如，申请人是否具备该职位所需要的工作经历和教育背景。

（2）可以对申请人过去的成长与进步情况加以评价。

（3）可以从申请人过去的工作记录中了解该申请者的工作稳定性，是否频繁地更换工作，更换工作的原因是什么。

（4）可以运用申请表中的资料判断哪些候选人更适合该项工作。

任务二 选择外部招聘的渠道

◉ 任务情境

某电力企业外部招聘选拔案例

正处于筹建后期的某大型发电企业，开始实施人力资源的配置计划，为招聘、选拔到适合的人才，企业决定引入外部咨询机构的服务。该企业从咨询行业经验、招聘选拔项目经验以及咨询顾问团队等方面对外部咨询机构进行了筛选比较，最终选择了具有丰富的电力系统招聘、培训等咨询服务经验的咨询公司，希望咨询公司运用专业化的招聘流程与评价技术，为企业选拔出既符合招聘职位知识、技能要求，又适合企业文化、能够在企业中相对稳定工作的人力资源。而且，要求在招聘与选拔流程、评价方法中都体现出公开、公正、公平与竞争的原则。

与企业该项目负责人以及高层领导充分沟通、确认企业招聘需求的各个细节后，咨询公司为客户设计了招聘选拔项目方案，将招聘职位按照职位工作职责和任职资格的相似性归纳为三类，围绕三个职位类别展开招聘选拔，并将项目划分为收集应聘申请表、初步筛选、笔试、面试四个主要阶段。

1. 应聘申请表收集阶段

咨询顾问分析了招聘职位要求以及外部符合招聘条件的人力资源分布特征，将招聘范围界定在全国具备一定规模的火力发电企业。前期在企业外部网站上发布招聘信息，并通过电厂现有职工在行业内进一步宣传企业的招聘用人信息，招聘信息在电力行业内引起很大的反响，企业收到的应聘申请表数量是要招聘人数的200倍。充足的求职者信息，为下面几个阶段筛选出高质量的应聘者奠定了良好的基础。

2. 初步筛选阶段

考虑到各种选拔方式的效度与成本，咨询公司设计了基本资料筛选、专业知识与能力素质笔试以及结构化面试三个选拔阶段。基本资料筛选以任职资格和客户所需要的核心技能为依据，确定基本资料筛选的初步标准，排除明显不符合职位要求的求职者。咨询顾问组织招聘职位所在业务部门的技术管理者，对应聘者的工作经验、教育程度进行初步判断，按比例初选出符合筛选条件的基本资料，进入下一阶段的笔试选拔。

3. 笔试阶段

笔试选拔是对应聘人员专业知识、技能、能力素质、性格特征的考察。咨询公司就专业知识与技能的测评内容、试题类型、分值分配、难度要求提出建议，企业组织电力行业的专家完成笔试中专业知识技能的测试。而应聘者能力素质与性格特征测试，采用北京××人事技术研究所的人才招聘能力素质测评软件以及性格特征测试工具进行。咨询公司依据三类职位特征分别设计了测评试卷、权重比例。

4. 面试阶段

面试是通过与应聘者面对面的交谈，进一步了解应聘者工作经验、工作业绩、工作动机、发展潜力、与企业文化等因素的适应度以及其应聘资料的真实性的，是企业招聘选拔的一个重要评价手段。北京××人事技术研究所将面试设计为个人述职和结构化面试两个部分，由咨询公司招聘面试专家、企业人力资源部和招聘职位的上级业务经理组成的面试评价小组，分别从经验、基本素质、潜力、解决问题能力、文化适应度以及专业技术水平等不同的角度，对应聘者进行判断与评价。从面试试题内容、试题顺序、面试评分标准等方面对整个面试活动进行标准化设计，充分体现了招聘选拔公平、公正的基本原则。经面试评价小组进行定量和定性的综合评价与判定，可以选拔出胜任招聘职位的人选和基本胜任人选。

❖ 任务分析

招聘选拔的全程注重向应聘者传递人性化的组织文化和人力资源管理理念，在招聘选拔工作流程设计和细节考虑上，要体现出对候选人的尊重，保证招聘选拔的客观性和公平性，以获得应聘者的认可。在与应聘者交流的过程中，80%以上的应聘者表示“整个招聘程序、面试内容和面试考官专业水准”给他们留下了“极为深刻的印象”，使得他们深信来到企业后能够有更广阔的发展平台和人性化的管理模式，“将能够大有作为”。

该企业招聘工作小组的有关领导对双方合作的招聘选拔项目也十分满意，认为双方的合作非常注重合作内容的沟通，制定了详尽的甄选程序和甄选标准，招聘选拔工作小组角色、职责清楚、明确，无论是甄选过程还是甄选结果，都达到了本次招聘甄选的目的，成功地挑选到出了符合招聘职位要求的优秀人员以及基本胜任招聘职位的后备人选。而且，该企业招聘职位业务部门经理人员参与了基本资料筛选、专业知识命题以及面试甄选工作，并在其中扮演重要角色，这不仅是对业务部门经理人员人力资源管理技能的一次提升，使业务部门经理人员从科学甄选、配置的深度思考人员任用的问题，扩大了人力资源管理的影响力，而且有助于推动今后企业各项人力资源管理工作的顺利开展。

⊙ 知识精讲

一、外部候选人的供给预测

（一）影响外部人力资源供给的主要因素

企业外部人力资源预测主要是预测未来几年外部劳动力市场的供给情况，它不仅要调查整个国家的人口政策及人口现状和组织所在地域的人力资源供给状况，而且要调查同行业或同地区其他企业对人力资源的需求情况、劳动力市场发育程度、社会就业意识和人们的择业心理偏好等因素。一般来说，影响人力资源供给的因素主要包括以下几个方面。

1. 外部影响因素

全国性因素：

（1）预期经济增长，最主要的是企业所在行业的经济增长情况，如果预期所在行业经济增长率将提高，那么其他相关企业对相关人力资源的需求会增加，企业的相关人力资源会减少。

（2）该行业全国范围内的人才供需状况、全国范围内该职业从业人员的薪酬水平和差异。

（3）全国相关专业的大学毕业生人数及分配情况、各类学校的毕业生规模与结构。

（4）教育制度变革而产生的影响，如延长学制、改革教学内容等对员工供给产生的影响。

（5）国家关于该类职业在就业方面的政策和法规。

地域性因素：

（1）公司所在地的人力资源整体现状，包括人口密度；当地的就业水平、就业观念；尤其是有效的人力资源情况，如企业需要哪一类型的人才，这一类型人才的市场供给情况如何，其他企业对这一类型人才的需求情况如何。

（2）企业所在地对人才的吸引程度。例如，企业所在地的居住环境怎么样（住房、交通、生活条件等），企业所在地的地域文化怎么样，在企业所在地工作是否具有安全感，企业所在地是否对各类人才具有包容性等。

（3）企业自身的吸引程度。例如，企业薪酬对人才的吸引程度怎样，企业能够提供的各种福利对人才的吸引程度如何，员工在企业工作发展前景如何，企业目标是否与员工个人发展目标相统一。

2．内部影响因素

（1）企业自身的形象。

（2）企业的招聘预算。

（3）企业的政策。

3．人口变革及其他相关因素

例如，进入就业大军的年轻人人数的变化就影响着劳动力的外部供给。劳动力结构也会在其性别方面发生变化。劳动力的外部供给还会受到社会—地理因素的影响。例如，在英国的某些地区，旧的行业迅速萧条，大量有技能的劳动力可供选择。这促使许多实业家将生意迁移到此类地区。还有其他一些因素，包括高质量的运输系统和接近产品市场等，促使企业作出将生产转移到劳动力供给充足的地区的决定。

（二）外部人力资源供给预测法

招聘和录用新员工对企业来说是必不可少的。无论是由于生产规模的扩大还是由于劳动力的自然减员，企业都要从劳动力市场上获得必要的劳动力。因此，对外部劳动力市场进行预测，将对企业制订人力资源战略产生直接的影响。

外部人力资源供给预测有市场调查预测法和相关因素预测法两种方法。

1．市场调查预测法

市场调查预测法是企业人力资源管理人员组织或亲自参与市场调查，运用科学的知识和手段，系统、客观、有目的地收集、整理、分析与劳动力市场有关的信息，在此基础上预测劳动力市场未来发展趋势的一种方法。这种方法强调数据的客观性，因此在一定程度上能减少主观性和片面性。

(1) 市场调查程序。市场调查是一个过程，从明确调查的目的和任务开始，到最终获得有效的市场信息并写出调研报告为止，一般要经过以下几个阶段：①确定问题和预测目标（这一阶段是调查目标的识别阶段）；②制订市场调查计划；③收集信息；④整理、分析信息；⑤得出结论，预测未来劳动力市场发展趋势。

(2) 调查方案。主要的调查方案有以下几种：①普查是一种全面性的调查，如人口普查，每家每户都要调查。对市场进行的这种调查，一般只在小范围内如人口和户数不多的小城镇进行。②抽样调查。如果调查的对象数量多、区域广，要进行普查耗资大而且时间长，实际上行不通。在这种情况下，就要采用抽样调查方法，所需要的市场信息是根据抽样调查的数据，通过数理统计推断原理进行加工整理推断后得到的。③典型调查。选择一部分有代表性的调查对象进行调查，并以其结果代表整体的情况。其优点是节省人力、物力和时间，缺点是难以挑选有代表性的典型。

(3) 调查方法。主要的调查方法有以下几种：①文献查阅法。通过查阅各类经济信息报刊、市场行情资料以及产品目录大全等文献资料，就可以了解市场的一般情况。②询问法。询问法是一种对调查对象进行询问或要求对方填写询问表以取得答案的方法。这种方法可以是直接的面谈，要求被调查者一一回答问题，调查者做好记录工作。③实验法。这种方法把市场调查看作一次试验，通过试验摸清影响市场状态的各种因素的变化情况。这种方法是否能达到预期目的，取决于能否较好地将其他非调查因素固定或真正地消除掉。④直接观察法。这是依靠有经验的市场调查或研究人员对市场的直接观察效果来判断市场状况的方法。这种方法的优点是简单、直观、方便，缺点是观察的范围有限且容易掺入观察者的主观看法。⑤根据企业自身积累的资料进行调查。这种方法是通过对企业历年积累的统计资料进行精密的统计分析，找出生产、销售等方面的趋势，然后同全行业甚至整个国民经济联系起来进行思考分析。通过这种调查方法得到的统计资料是十分有效的。⑥会议调查法。通过各式各样的会议收集市场信息，也是市场调查一种行之有效的方法。

2. 相关因素预测法

相关因素预测法是通过调查与分析，找出影响劳动力市场供给的各种因素，分析这些因素对劳动力市场变化的影响程度，预测未来劳动力市场发展趋势的一种方法。

利用相关因素法预测劳动力市场供给情况时，因为影响因素很多，所以通常只对主要因素进行分析，其中，经常分析的因素是组织因素和劳动生产率。

(1) 组织因素。企业战略和人力资源规划为人力资源预测奠定了基础。在供给预测中，这一点很明显，因为相关因素分析预测关键的第一步，就是分析劳动力数量对供给的影响。例如，对企业来说，适当的组织因素可能是员工的人数和管理水平。

要使组织因素对预测有意义，至少要满足两个条件：第一，组织因素应该与组织的基本特征直接相关，以便人们根据这一因素来制订组织计划；第二，所选因素的变化必须与所需员工数量变化成比例。

在某些行业，特别是在劳动力数量与产量不成比例的行业，选择合适的组织因素可能有些困难。例如，在航空运输业，机场满负荷流动时所需要的导航人员和地勤人员与没有飞机起落时并不相等。此外，某些公司可能生产多种产品，一些需要投入较多的劳动力，而其他的则需要较少的劳动力。因此，必须分别对不同的产品或不同的人力资源进行预测。若企业组织因素与劳动力数量之间的关系是确定的，则预测者的任务就是找出过去的劳动力数量与过去的组织因素水平之间的数量关系。

（2）劳动生产率。要准确地预测人员供给，就必须要知道劳动生产率的变化和组织因素的变化。这些变化之所以重要，是因为对某一年劳动力供给的预测，必须能反映预计的该年劳动生产率以及对商品或服务的需求情况。

相关因素预测法可以确定劳动生产率的变化趋势以及针对变化趋势所做的相应调整。例如，要确定过去5年平均每年劳动生产率的变化情况，必须收集该期间的产量和劳动力数量数据。根据以上数据，就可以算出平均每年的生产率变化和组织因素的变化情况，并据此来预测下一年的变化。

相关因素预测法是一种经验预测法，为了提高其预测的精确度，有时在此基础上需要进行定量预测，如线性回归预测等。

二、广告招聘

广告是企业常用的一种招聘方法，其形式有登报作招聘广告，或在电视、广播、杂志甚至网络和户外作招聘广告，从而吸引求职者。广告的内容一般包括招聘职位、招聘条件、招聘方式及其他说明。广告必须符合有关法律规定，例如，我国劳动法就明文规定在就业上不得有歧视。广告招聘的特点是信息面大、影响广，传播速度快，可吸引较多的应聘者，又由于在广告中已简略介绍了企业的情况，可以使应聘者事先有所了解，因此可以减少应聘的盲目性。广告招聘应力求吸引应聘者，因此，在广告设计上要遵循“AIDA原则”。“AIDA原则”可以概括为所谓的“注意—兴趣—愿望—行动”四原则，其中，“A”代表广告要吸引人的注意；“I”是要发展应聘者对职位的兴趣，这种兴趣既要来自广告语的生动，又要从职位本身挖掘，如工作的挑战性、收入、地理位置等；“D”是要激起求职者申请空缺职位的愿望，这需要与求职者的需求紧密联系在一起，如职位的满足感、发展的机会、合作的气氛等；最后的“A”代表广告要有让人马上采取行动的力量。不同的广告媒介各有其优缺点，如表4-2所示。

表4-2　不同广告媒介的优缺点

媒介方式	优势	缺陷
报纸	1. 时效性强，传播迅速。 2. 版面灵活，便于分类，方便求职者阅读，可以保存。 3. 有专门的人才市场报。 4. 适用于在某个特定地区招聘一些短期内就需要补充上空缺职位的企业	1. 有效时间短。 2. 注意力差。 3. 单调呆板。 4. 要求受众具备一定的文化水平
杂志	1. 印刷精美。 2. 可反复阅读，有效期长。 3. 广告效果容易测定。 4. 专业杂志可以将信息传递到特定的领域	1. 周期性长，灵活性差。 2. 篇幅较小，广告运用受到限制，难以在短期内收到招聘效果。 3. 制作复杂，成本较高

续表

媒介方式	优势	缺陷
广播电视	1. 迅速及时，覆盖面广。 2. 灵活性好，受众广泛。 3. 广播广告制作费用低廉，播出价格便宜。 4. 能够更好地让那些不是很积极的求职者了解到招聘信息	1. 难以传播抽象信息。 2. 信息稍纵即逝，无法保留。 3. 广播广告有声无形，影响效果。 4. 电视广告制作复杂，成本较高
互联网	1. 广告制作效果好。 2. 信息容量大，传递速度快。 3. 能统计浏览人数。 4. 可单独也可集中发布招聘信息	1. 信息过量，容易被忽略。 2. 普及性差，影响招聘效果

三、就业服务机构

社会上有各种就业服务机构，其中有人事部门开办的人才交流中心、劳动部门开办的职业介绍机构，还有一些私营的职业介绍机构。这些中介机构都是用人单位和求职者之间的桥梁，为用人单位推荐人才，为求职者推荐工作，同时也举办各种形式的人才交流会、洽谈会等。

1. 借助就业服务机构招聘的情况

一般来说，企业在以下三种情况下会愿意借助就业服务机构的力量来完成招聘工作：一是企业没有自己的人力资源管理部门，不能较快地进行人员招聘活动；二是某些特定职位需要立即有人填补；三是企业发现自己招聘有困难，比如招聘对象是目前仍在别的组织中工作的人，他们可能不太方便直接同组织当前的竞争对手接触，这种情况下就可以通过就业服务机构来解决人员招聘问题。

2. 就业服务机构招募的特点

利用就业服务机构招募要支付一定的费用，但这种方法简单、快捷，组织可以马上找到所需的人才，与由组织自己组织招聘活动所投入的人、财、物相比较，招募成本相差不大，而且效果更好。但要注意选择信誉好，应聘者资料齐全、详细的就业服务机构，同时要对招募到的人员做进一步的测试，以确定是否录用。

3. 利用就业服务机构招募要注意的问题

企业要借助就业服务机构招募人才，首先，要选择一家好的就业服务机构，目前市场上的就业服务机构良莠不齐，选择一家正规合法、声望好、有实力的就业服务机构是最重要的；其次，必须提供一份精确而完整的工作说明，这有利于就业服务机构找到合适的人员；最后，要参与、监督就业服务机构的工作，比如限定他们使用的甄选技术和方法，定期检查那些被就业服务机构接受或拒绝的候选人资料，以及时发现他们工作不合意的地方。根据美国的经验，通过就业服务机构帮助获得的求职者，主要是蓝领工人或低层次的管理者，很难获得专业技术人员和高级人才。从我国现实来看，也明显存在这样的问题。

四、人员推荐与申请人自荐

1. 人员推荐

人员推荐一般是指由本企业员工或关系单位主管推荐，这种方法在缺乏某种技术人员的企业中十分有效。美国微软公司30%的开发人员是通过员工推荐招聘的。这种招聘方式的优点：因为是熟人推荐，所以招聘、应聘双方在事先已有所了解，可以节约招聘程序和费用。推荐者通常会认为被推荐者的素质与他们自己有关，只有在保证其不会给自己带来坏的影响时才会主动推荐。因此，罗宾斯认为，人员推荐是所有招聘方式中最好的一种。缺点：由于是熟人推荐，有时会碍于情面而影响招聘水平。如果此类录用人员过度，容易在企业内部形成裙带关系，给管理带来困难。

为保证人员推荐作为组织招聘的一项常规工作顺利开展，应建立完善的人员推荐机制和奖励机制，使人员推荐工作规范化，避免操作过程的随意化和人情化，使人员推荐工作更公平、公正、规范、有效。

2. 申请人自荐

申请人自荐是一种没有通过预约就进入组织的人事部门或招聘现场的应聘方式，职位申请者就是自荐的应聘者。一般来说，一些大型的、知名度高的组织或公司，常常会有许多这样的自荐者。在所有的外部招聘来源中，自荐的招聘成本最低，但是，应聘者虽然不都是不合格的，但其素质一般不会很高。对于自荐者，组织应礼貌接待，最好让人力资源部门安排简单的面谈。对于其询问信，应给予礼貌而及时的答复，这不仅是对自荐者的尊重，而且有利于树立组织的声誉，也便于组织今后开展业务。

五、网络招聘

网络招聘也被称为电子招聘，是指通过技术手段的运用，帮助企业完成招聘的过程，即企业通过公司自己的网站、第三方招聘网站等机构，使用简历数据库或搜索引擎等工具来完成招聘的过程。

网络招聘一般有以下几种渠道：

（1）注册成为人才网站的会员，在人才网站上发布招聘信息，收集求职者的信息资料，这是目前大多数企业在网上招聘的方式。因为人才网站上资料全，日访问量高，所以企业通过这种途径往往能较快招聘到合适的人才。同时，由于人才网站收费较低，很多企业往往会同时在几家网站注册会员，这样可以收到众多求职者的资料，可挑选的余地较大。

（2）在企业自己的主页或网站上发布招聘信息。很多企业在自己的站点上发布招聘信息，以吸引来访人员加入。

（3）在某些专业的网站发布招聘信息。专业网站往往能聚集某一行业的精英，在这样的网站发布招聘信息，效果往往更好。

（4）在特定的网站上发布招聘广告。有些公司会选择在一些浏览量很大的网站发布招聘广告。

（5）利用搜索引擎搜索相关专业网站及网页，发现可用人才。

（6）通过网络猎头公司搜索人才。专业的网络猎头公司利用互联网可将其触角伸得更深、更远，可搜寻的范围更加广阔。

（7）在论坛、聊天室里发现、挖掘出色人才。

网络招聘具有覆盖面广，方便、快捷、时效性强，成本低和针对性强等优势，但也存在信息真实度低、应用范围狭窄与基础环境薄弱以及信息处理难度大和网络招聘成功率较低等问题。

六、校园招聘

社会上有经验的员工数量有限，而且获取这些人才的成本往往比较高，因此，越来越多的企业瞄准了校园这个大市场。一些大公司还会对新进入公司的大学生采用评价中心技术进行评价，进而选出发展潜力大的优秀者予以重点培养。

1. 校园招聘的方式

（1）企业直接派招聘人员到校园公开招聘。

（2）由企业有针对性地邀请部分大学生在毕业前（大约提前半年）到企业实习，参加企业的部分工作，企业的部门主管直接进行考察，了解学生的能力、素质、实际操作能力等。

（3）由企业和学校联手培养人才。

2. 校园招聘的优点与缺点

校园招聘的优点：①企业通过校园招聘可以招聘到足够数量的高素质人才，而且刚毕业的学生学习愿望和学习能力较强，可塑性很强。②与具有多年工作经验的人相比，刚毕业的学生薪酬较低。③新招聘的青年人进入企业，会给企业注入活力与新鲜血液。

校园招聘的不足：①学生往往有过于理想化的期待，对于自身能力也有不现实的估计，容易对工作和企业产生不满。②由于学生缺乏经验，企业投入的培训成本高。③学生常有眼高手低、对工作期望值过高的缺点，因此一年内跳槽的概率高，造成招聘成本高。④如果培养、任用不当，学生可能会不认可企业的文化和价值观，从而影响企业的团队建设。

为了提高校园征召的质量和效率，企业可以在以下几个方面做工作：①根据企业空缺职位情况选择学校及学生群体；②与学校学生工作部门建立长期联系，为宣传企业，可以组织学生到企业实践，尽早相互了解，使他们在毕业时把本企业当作首选目标；③为优秀人才设立奖学金，设立的奖学金一般要针对企业所要获得的目标人才群体；④让企业形象经常出现在校园，让学生知道企业、了解企业，如赠送一些带有企业标识的纪念品和公共设施；⑤一旦决定录用就与学生签订协议，协议要明确双方的责任，尤其是违约的责任，并且要适当做好准备，留有备选名单，以便替换；⑥对学生感兴趣的问题做好准备。

七、猎头公司

猎头公司是指专门为企业招聘中级或高级管理人员或重要的专门人员的私人就业服务机构。这种中、高级人才工作稳定，待遇较高，很少主动进入人才市场，因此，运用公开的招聘方法难以吸引他们。而猎头公司拥有自己的人才数据库，并经常主动去发现和寻找人才，还能够在整个搜寻和甄选过程中保守秘密。因此，如果企业要征召一些核心员工，猎头公司的帮助是必不可少的。但猎头公司服务费相对较高，一般是招聘职位年薪的1/4 ~1/3。

企业在确定与猎头公司合作时，应该注意以下几个问题：

第一，选择猎头公司时要对其资质进行考察，尽量与背景和声望较好的公司合作。

第二，在与猎头公司合作时，要在开始时约定好双方的责任和义务，并就一些容易发生争议的问题达成共识，如费用、支付方式、时限、保证期承诺、后续责任等。

第三，要让猎头公司充分了解企业对候选人的要求并说明理由。

第四，猎头公司所推荐的人与其原来工作的公司应该已经解除聘用关系，特别是企业的技术开发人员。

八、临时性雇员

聘用临时工是企业从外部招聘员工的一种特殊形式。聘用临时工可以减少企业的福利开支，而且临时工的用工形式比较灵活。企业在不需要员工的时候，可以随时与临时工解除劳动关系。产品季节性比较强的或临时开展专项业务的企业，采取临时招聘比较合适。

任务三　甄选与录用员工

◉ 任务情境

招兵买马之误

某公司总经理把生产部门的经理于欣和人力资源部门经理田建华叫到办公室，商量在生产部门设立一个处理人事事务的职位，主要负责生产部与人力资源部的协调工作。最后，总经理希望通过外部招聘的方式寻找人才。

在走出总经理的办公室后，人力资源部经理田建华开始了一系列工作，在招聘渠道的选择上，他设计了两种方案：一种在本行业专业媒体中做专业人员招聘，费用为3500元，好处是对口的人才比例会高些，招聘成本低；不利条件是企业宣传力度小。另一种为在大众媒体上做招聘，费用为8500元，好处是企业影响力度很大；不利条件是非专业人才的比例很高，前期筛选工作量大，招聘成本高。他初步选用第一种方案。总经理看过招聘计划后，认为公司处于初期发展阶段，不应放过任何一个宣传企业的机会，于是选择了第二种方案。

在一周的时间里，人力资源部共收到了800份简历。人力资源部经理田建华和人力资源部的人员在800份简历中筛出70份有效简历，经筛选后，留下5人。于是他来到生产部门经理于欣的办公室，将此5人的简历交给了于欣，并让于欣直接约见面试。

生产部门经理于欣经过筛选后，认为可从两人中作出选择：李楚和王智勇。两人资料如下：

李楚，男，企业管理学士学位，32 岁，有 8 年一般人事管理及生产经验，在此之前的两份工作均有良好表现，可录用。

王智勇，男，企业管理学士学位，32 岁，7 年人事管理和生产经验，以前曾在两个单位工作过，第一位主管评价很好，没有第二位主管的评价资料，可录用。

从以上资料可以看出，李楚和王智勇的基本资料相当。但值得注意的是，王智勇没有上一个公司主管的评价。公司通知两人一周后等待通知，在此期间，李楚静待佳音；而王智勇打过几次电话给人力资源部经理田建华，第一次表示感谢，第二次表示非常想得到这份工作。

生产部门经理于欣反复思考后，来到人力资源部经理室，与田建华商谈何人可录用，田建华说："于经理，显然你我对王智勇的面谈表现都有很好的印象，人嘛，有点圆滑，但我想我会很容易与他共事的，相信在以后的工作中不会出现大的问题。"于欣说："既然他将与你共事，当然由你作出最后的决定。"于是，最后决定录用王智勇。

王智勇来到公司工作了 6 个月，在工作期间，经观察，发现王智勇的工作不如期望得好，指定的工作他经常不能按时完成，有时甚至表现出不胜任其工作的行为，这引起了管理层的抱怨，显然他不适合此职位，必须予以处理。

❖ 任务分析

在人员招聘与录用过程中，招聘人员将会遇到各种各样的问题，这需要招聘人员具备公正的态度及相应的知识和技能，以在招聘过程中避免各种误区，保证所招人员符合组织的要求，否则不仅不利于组织的发展，也不利于员工个人的职业生涯发展。在此案例中，因招聘人员的个人原因而导致的错误应当避免。企业招聘工作的逐步正规化，才能使企业整体人力资源管理有更大的提升。招聘人员在企业人力资源形成中的作用好比"伯乐"，只有当好"伯乐"，才会有众多"良才"聚集到企业，才能形成优秀的员工队伍，才能使企业在竞争的市场条件下占据优势。

⊙ 知识精讲

一、人员甄选的重要性

人员甄选是指用人单位在招募工作完成之后，根据用人条件和用人标准，选用适当的方法和手段，对应聘者进行审查和筛选的过程。招聘中的人员甄选，是指综合利用心理学、管理学和人才学等学科的理论、方法和技术，对候选人的任职资格和其对工作的胜任程度进行系统、客观的测量、评价和判断，从而作出录用决策的过程。候选人的任职资格和对工作的胜任程度，主要包括与工作相关的知识和技能、能力水平及倾向、个性特点和行为特征、职业发展取向、工作经验等。对企业来说，人员甄选在招聘过程中占据核心地位。那么，为什么人员甄选工作这么重要呢？

1. 选择适合组织需要的人员

通过各种人员测评方法对候选人进行甄选和评价，可以了解一个人的能力、个性特点、工作风格等与工作相关的各方面素质，得出一些诊断性的信息，从而分析该候选人是否能够胜任工作。这样可以使企业找到符合职位要求的人，有效地避免雇用不符合任职资格的人，降低由于雇用不胜任的人员而带来的人事风险。

2. 减少培训费用

有效的甄选工作可以使进入企业的人员素质更符合空缺职位的要求，从而减少培训工作的投入。而且，当人员素质低于职位要求时，企业支付的工资就可能大于该员工为企业创造的实际价值，反之，招进来的人员的素质如果远远高于工作所需，那企业是很难留住人才的。人员与工作的匹配会带来组织的稳定，减少人员流失所造成的其他成本耗费，如新一轮招聘的费用、培训费等。

3. 为人员的预测与发展奠定基础

招聘员工时不仅要看到他目前的特点和职位适应情况，更要根据人与环境的变化预测他未来发展的可能性。人员甄选技术不仅可以了解候选人当前的素质状况，为目前的人职匹配提供信息，而且可以提供候选人未来发展可能性的信息。这样就可以根据一个人的未来发展潜能制订职业发展规划，并提供适当的培训与提高的机会。

二、甄选与测试方法

组织选拔过程中会采取一些测试方法来对应聘者的知识、技能和能力进行测评，这对于某些工作岗位和技能来说是一种有效的评估方法。测试方法有很多种，包括面试、心理测验试、情景模拟测试。评价中心法是一种常用于中高层管理者的甄选手段。这些甄选与测试应聘者的方法，共同的特点是标准的测试内容、标准的测试方法和标准的评估体系。常见的测试方法有以下几种。

（一）面试

面试时供需双方正式的交谈，能使组织客观地了解应聘者的业务知识水平、外貌风度、工作经验、求职动机等信息，应聘者也能够了解到组织更全面的信息。与传统人事管理只注重知识掌握不同的是，现代人力资源管理更注重员工的实际能力与工作潜力。进一步的面试还可以帮助组织了解应聘者的语言表达能力、反应能力、个人修养、逻辑思维能力等，从而作出是否录用的判断与决策。而应聘者，则可以了解自己在组织中的发展前途，比较个人的期望与现实情况，以及组织提供的职位与个人的兴趣等。

面试程序包括面试前的准备、面试开始阶段、正式面试、结束面试四个环节。

1. 面试前的准备

（1）确定面试的目的。

（2）认真阅读应聘者的求职申请表，制定面试提纲。面试问话提纲应主要围绕要证实的疑点和问题，针对不同的对象有不同的侧重点。

（3）确定面试的时间、地点。

（4）制定面试评价表。

2. 面试开始阶段

面试开始时，面试者要努力创造一种和谐的面谈气氛，使面试双方建立一种信任、亲密的关系，消除应聘者的紧张和顾虑。常用的方法是寒暄、问候、微笑、放松的姿势。可先让对方简要介绍一下自己的情况，此时面试者注意力要高度集中，应注意倾听和观察。

3. **正式面试**

根据面试中所提出的问题，面试大体可分为结构式面试、非结构式面试和混合式面试三种。面试中最常用的是发问和聆听。发问的技巧有多种，面试中较多采用的是开放式的提问，让应聘者多讲，然后面试者注意聆听，因为面试的目的是了解应聘者，所以面试者不宜暴露自己的观点、情绪，最好不要让对方知道你的倾向。聆听时，可做一些澄清式或封闭式的提问，但不要随便打断对方的讲话，不要随声附和，整个提问可以先易后难，针对疑点逐一问出，以达到预期的目的。

4. **结束面试**

不论应聘者是否会被录用，面试均应在友好的气氛中结束。同时，面试者应立即整理面试记录并填写面试评价表，核对有关材料并作出总体评价意见。在总结评价时，对以下情况要特别注意：不能提供良好的离职理由；以前职务（或工资）高于应聘职务（或工资）；是否有过犯罪记录；家庭问题突出；经常变换工作等。

（二）心理测试

1. **职业能力倾向性测试**

职业能力倾向性测试包括一般能力测试、特殊能力测试和心理运动机能测试。

一般能力测试包括一般智力测试、语言能力测试、运算能力测试、空间感判断能力测试、逻辑归纳能力测试和推理判断能力测试等。它测试的是应聘者的基本能力和素质，而不是专门技能和专业知识。一般能力测试的目的是了解应聘者的素质，以及其是否有能力学习工作所需要的知识和技能。特殊能力测试，指对那些特殊职业所需要能力的测试。测试的目的是选择那些具有从事某项职业的特殊潜能，并且能在很少或不经特殊培训下就从事某种职业的人才。心理运动机能测试，包括心理运动力如爆发力强度以及身体能力如四肢协调、速度控制等的测试，这方面的测试可以通过体格检查或借助各种测试仪器进行。

通常情况下，对基层操作人员的能力测试主要集中在某一个特定技能或某几方面的技能。工作级别越高，对于员工的能力要求就越高，所以有时要通过综合能力测试来考察员工的素质。

2. **性格和兴趣测试**

研究表明，工作业绩不仅取决于员工的专业知识和能力，还与他的心理状态、个性特征和人际交往能力等密切相关。性格测试可以分为两大类，一类是自陈式测试，就是向被测试者提出一组有关个人行为、态度方面的问题，应聘者根据自己的实际情况回答，测试者根据回答和标准进行比较，从而判断应聘者的性格。自陈式测试量表主要有卡特尔 16 种人格因素测验（16PF）、爱德华个人爱好测验（EPSS）、艾森克人格问卷（EPQ）以及 YG 性格测验等。另一类是投射式测试，就是向被测试者提供一些刺激物或设置一些刺激情境，主要采用图片测试，让他们在不受限制的条件下自由地作出反应，测试者通过分析反应的结果来探知应聘者个体内在隐蔽的行为或潜意识的深层态度、冲动和动机，常见的有罗夏墨迹测验、主题统觉测验和句子完成式测验等。

3. **智商与情商测试**

智商（IQ）测试主要是对应聘者的数字和语言能力进行测试，常见的有韦克斯勒成人智力量表、瑞文智力量表等。人们对智商很熟悉，但很多智商不高而情商很高的人却取得了成功，这说明情商很重要。情绪智商即情商（EQ），是20世纪90年代由美国心理学家提出的概念，他们研究发现，人的情商对成功与否起到关键作用。情商主要衡量一个人对自己情绪的认知和调控能力，主要包括五方面内容，即自我意识、控制情绪、自我激励、认知他人的情绪和社会适应性。一个高智商者可能成为某方面的专家，而高情商者却具备综合平衡能力，可能成为杰出的管理者。情商是组织领导人所必须具备的基本能力，可以将之作为选拔录用的补充性依据。

4. **价值观测试**

评价工作价值观对人员选拔十分重要。一些求职者由于某些特殊的原因而去应聘与其工作价值观完全不符的职业或职位。他们对所追求的职业可能并不满意，这不仅降低了其工作的积极性和热情，而且会直接影响到工作绩效，甚至会影响到组织的声誉。价值观测试主要针对道德方面，如诚实、质量和服务意识等价值观作测试。通过价值观测试，可以深入了解应聘者的价值观取向。

5. **职业兴趣测试**

职业兴趣测试揭示了人们想做什么不想做什么。如果当前的工作与其兴趣不符，就可能无法保证其全身心地投入工作，因为工作本身并不能给他带来乐趣，做这个工作的原因可能只是生活或社会其他因素。一个以本职业为乐并全身心投入的人，与一个对本职业毫无兴趣的人相比较，结果是不言而喻的。如果能根据应聘者的职业兴趣进行人职合理匹配，则可以最大限度地发挥人的潜力，保证工作的圆满完成。例如，把一个愿意做会计的人安排到营销部门显然是不合适的。霍兰德（John Holland）的职业兴趣测试把人的兴趣分为六种类型——实际型、研究型、社交型、传统型、企业型和艺术型，分别对应不同的职业。

（三）情景模拟测试

情景模拟测试是一种测评人才的活动、方法、形式、技术和程序的方法。这种方法由一系列按照待考评维度的特点和要求精心设计的测试、操演和练习组成，目的是诱发被考评者在选定的待考评方面表现出有关行为而供评价。这些活动除包括心理测试以及与常规的笔试和面试形式相同的测评方法外，主要的典型活动都是工作情景模拟测试，如“公文处理模拟测试”“无领导小组讨论”和“企业决策模拟竞赛”等。这是一种常用于中高层管理者的甄选手段。

情景模拟测试是指根据被试者可能担任的职务，编制一套与该职务实际情况相似的测试项目，将被试者安排在模拟的、逼真的工作环境，要求被试者处理可能出现的各种问题，用多种方法来测评其心理素质、潜在能力的一系列方法，具体包括公文处理、与人谈话、无领导小组讨论、角色扮演以及即席发言等。

三、背景调查与身体检查

（一）背景调查

在整个招聘选拔过程中，所有的信息都是从应聘者那里直接获得的，如审阅应聘者自己提供的简历，与应聘者面谈，在各种人才测评活动中观察应聘者的表现等。在选拔人员时，关键的是判断应聘者对该项工作的胜任力，同时，获取应聘者的其他一些背景信息，如姓名、地址、电话号码、受教育程度、受到的相关培训、专业程度或者在相关行业的经历，以及应聘者的个人兴趣爱好等。背景调查就是对应聘者与工作有关的一些背景信息进行查证，以确定其任职资格。通过背景调查，一方面可以发现应聘者过去是否有不良记录，另一方面可以对应聘者的诚实性进行考察。

背景调查的主要内容有教育背景资料、过去的工作经历、过去的不良记录、职业方面的进展等。

1. 教育背景资料

教育背景资料可以提供关于受教育程度、教育类型、所学科目等方面的信息。在教育类型中，最理想的情况是应聘者受到了综合的教育，既掌握一定的理工科方面的知识，这可以说明应聘者对科技方面的内容有一定的爱好，同时，又要有些"软件"方面如文史方面的熏陶，这样的应聘者才会是一个具有广泛兴趣的比较完善的人。同样，还应该留心应聘者所学科目。分数较高的科目是集中在那些具有实际价值的课程还是那些抽象推理的课程，可以据此判断应聘者更适合的工作类型。

2. 过去的工作经历

背景调查的另一个重要方面，就是对应聘者过去的工作经历进行调查。过去的工作经历调查侧重了解的是受聘时间、职位和职责、离职原因、薪酬等问题。因为在工作经历中可以查找到与应聘职位相关的工作经验，应聘者有更多的相关经验，无疑可以更快地适应工作职位的要求。想要知道应聘者是否有与应聘职位相关的工作经验，不能只注意简历上所注明的各种工作头衔，更重要的是要看在每一个岗位上应聘者具体负责什么样的工作，看应聘者在原公司的哪个部门工作，向谁负责，接触什么产品，做什么项目，获得过什么样的成果，取得了什么样的业绩，除了名义上所做的那份工作还参与了什么工作，等等。根据应聘者提供的这些信息，和对应聘者所接触的产品、从事的项目或是服务过的公司的了解，来判断应聘者是否曾经将这些工作做得出色。

3. 过去的不良记录

主要调查应聘者过去是否有违法犯罪或者违纪等不良行为。尽管我们相信一个人过去犯过错误会改过自新，但这些信息仍然要引起注意。在进行背景调查时，要注意从各个不同的信息渠道验证信息，不要只听信一个被调查者或者一个渠道来源的信息，必要时可以委托专业的调查机构进行调查。

4. 职业方面的进展

通常情况下，了解应聘者在过去的职业生涯中取得过哪些进展，是很重要的。因为一个一直进步很快的人很可能在今后的工作中仍然保持这种状态。这可以说明他具有较好的自我激励措施、魄力和能力。

这里所指的事业进展，不是那种随时间推移带来的例行的升迁，而是应聘者总结性介绍自己以往取得的事业进展中每一次进步之间的相互联系。例如，从应聘者关于事业进展的介绍中可以看出应聘者所受的教育使他能够有之后的工作经历，而他在工作中的表现也证实了他所受到的教育水平。而且，随着应聘者所承担职责的不断加大，他不断接受更富有挑战性的任务，可以由此判断出他的整个职业发展正呈现出一个向上的走势。

（二）身体检查

通过前面各个环节选拔的成功求职者，最后一步是体检。组织管理人员不仅要知道申请人与工作有关的身体方面的能力及表现，而且要知道其以前的身体状态。对员工进行体检有些是法律的规定，根据《中华人民共和国宪法》和其他法律法规，企业有权安排相关的应聘者去相关医院做相关检查，如饮食行业人员身体检查合格才能上岗。身体检查是企业获得员工健康状态信息的重要途径，能为员工的健康保险、职业病防治等提供依据。

四、录用原则

组织在招聘过程中对人员的录用原则要充分体现组织的人才观，组织要获得有效的人力资源，需要遵守以下原则：

1. 因事择人原则

因事择人原则强调人员录用必须根据组织人力资源规划中的人员供需计划，满足组织中的实际人员需要，而不是根据领导意志或个人的喜好随意进行人员的招聘和录用。并且，在招聘过程中，要对空缺岗位的特点和所需任职者的资质条件很清楚，这样才能实现人岗匹配，做到因材施用、因事择人。

2. 任人唯贤，知人善用

在招聘过程中，要以组织的全局为重，做到任人唯贤，杜绝任人唯亲。录用人才时应做到有德有才，破格使用；有德无才，培养使用；无德无才，绝对不用。同时，要对应聘者进行客观、公正的评价，录用时要充分考虑每个应聘者的能力、性格、知识、技能，做到知人善用，发挥每个应聘者的才能。

3. 公平竞争，择优录取

对待竞争者，应该做到公平对待，不得人为地制造各种不平等的限制。同时，也要树立竞争的原则，通过严格的考试、筛选程序，科学地决定最适合组织的录用人选。

4. 严爱相济，指导帮助

在试用期间，管理者必须为其制定工作标准与绩效目标，对其进行必要的考核，可以从以下几个方面进行：能力及能力的提高，工作绩效、行为模式及行为模式的改进等；对试用的员工在生活上应当给予更多的关怀，尽可能地帮助员工解决后顾之忧，在工作上要指导、帮助员工取得进步，用情感吸引他们留在组织；同时，在法律上保证员工享受应有的权利。这些有利于员工更加积极努力地、长期稳定地为组织工作。

5. 能力与岗位匹配

一般而言，任用一个知识、经验、技能和素质水平都远高于工作要求的候选人未必是好事，因为录取后其要求过高，流动的可能性也会增大。员工能力与岗位相匹配是最佳的组合。

6. 工作动机优先原则

在合格人选的工作能力基本相同时，候选人希望获得这一职位的动机强度是决策的一个基本点。研究表明，员工的工作绩效一般取决于个体的能力和积极性两个方面。例如，两个人的基本能力近似相同而积极性不同时，其工作绩效也会有明显不同。

任务四　评估招聘活动

◉ 任务情境

如何评估招聘的有效性

2006 年 12 月，一家 IT 公司人力资源部进行了用人部门人才需求调查，共得到 35 个岗位需求，公司通过中华英才网和当地报纸发布了招聘信息，共收到简历 520 份，通过简历筛选，按照 6∶1 的比例选定了 210 个求职者进行笔试，按照 3∶1 的比例选定了 105 个求职者进行面试和心理测试，历时 25 天，共录取了 29 名合格的求职者，但最终只有 24 名求职者最后来公司报到并签订了劳动合同，这 24 名新员工在 2007 年年底的绩效考评中，23 名为优秀，1 名为良好。

❖ 任务分析

组织的运行需要一定的人力资源作保证，而组织开展招聘工作，正是因为职位有缺口或需要实现一定的资源更替。因此，组织招聘工作成效的最直接体现，就是空缺职位填补数量、及时性以及新招聘员工与组织、职位的匹配性等，一般认为，通过招聘行为使得组织的职位缺口越小，空缺职位得到填补越及时，新招聘的员工与组织的职位、文化、制度越匹配，招聘工作就越有效。

⊙ 知识精讲

一、招聘评估的作用和内容

对招聘工作进行评估，是人员招聘过程中不可缺少的重要阶段。招聘评估一般包括对成本的评估和对录用人员的评估。

（一）招聘评估的作用

（1）有利于为组织节省开支。

（2）对录用员工数量的评估是对招聘工作的有效性进行检验的一个重要方面。

（3）对录用员工质量的评估是对员工的工作绩效、行为、实际能力、工作潜力的评估，它是对招聘的工作成果与方法进行有效性检验的另一个重要方面。

（二）招聘结果评估

招聘结果评估即招聘工作中的各项支出评估。人员招聘的总成本包括有形成本和无形成本两方面。目前组织的招聘成本评估，因为间接成本与无形成本在实际工作中很难计量，人们常常把它们略去不计。但是，在总体上评估人员招聘成本的时候应当包括它们，这样才能对企业的招聘工作作出客观、公正的评价。

1. **成本效益评估**

（1）招聘成本

招聘成本分为招聘总成本和招聘单位成本。招聘总成本是人力资源的获取成本，招聘单位成本是招聘总成本与实际录用人数之比。

招聘总成本＝招聘直接成本＋招聘间接费用

招聘直接成本＝招募费用＋选拔费用＋录用员工的家庭和工作安置费用＋其他费用（差旅与招待费用）

招聘间接费用＝内部提升费用＋工作流动费用

招聘单位成本＝招聘总成本/实际录用人数

人员招聘的直接成本核算就是对应招聘预算中的相关项目列出招聘的实际支出，然后加以计算和评估。人员招聘的直接成本，是直接的费用支出，因此，其可以以货币单位加以核算。

其他成本估计是指对人员招聘的间接成本和无形成本进行估计。这两部分招聘成本都不是直接的费用支出，因此只能估算。但在具体估算中，这两部分招聘成本又有所不同。对于招聘的间接成本来说，它们是有形的支出，可以换算成时间加以估计。人员招聘的无形成本，只能结合劳动力市场的情况来进行一种大致的估计。

组织在评估人员招聘成本的时候，除了核算人员招聘的直接成本外，如果有条件，应当对人员招聘的间接成本和无形成本加以估计。特别是在招聘组织的高层人员或核心人才时，更要注意到招聘中的无形成本支出，以便规范组织人员招聘的成本行为，有效地控制人员招聘的总成本。

（2）成本效用评估

成本效用评估经常用到以下几个公式：

总成本效用＝录用人数/招聘总成本

招募成本效用＝应聘人数/招募期间的费用

选拔成本效用＝被选中人数/选拔期间的费用

人员录用效用＝正式录用的人数/录用期间的费用

（3）招聘收益—成本比

评估招聘收益—成本比的公式：

招聘收益—成本比＝所有新员工为组织创造的总价值/招聘总成本

2. **录用人员评估**

录用人员评估是指根据招聘计划对录用人员的质量和数量进行评价的过程。在大型招聘活动中，录用人员评估显得十分重要。如果录用人员不合格，那么招聘过程中所花的时间、精力、金钱就都浪费了；只有招聘到全部合格的人员，才能说全面完成了招聘任务。

（1）录用人员的数量评估

评估录用人员数量合理与否的标准有以下几个：①录用比。该比率越大，说明可供筛选者越少，实际录用员工的质量可能越低。②招聘完成比。该比率越小，说明招聘员工数量越不足；如果为100%，则意味着企业按计划招聘到了所有需要的员工。③

应聘比。该比率说明员工招聘的挑选余地和信息发布状况。该比率越大，说明组织的招聘信息发布越广、越有效，组织的挑选余地越大。一般来说，应聘者比率至少应当在200%以上。

（2）录用人员的质量评估

除了运用录用比和应聘比这两个数据来反映录用人员的质量外，还可以根据招聘的要求或工作分析中的要求对录用人员进行等级排列来确定其质量。

（三）招聘工作评估

招聘工作评估就是对招聘过程中的工作要项进行评估，它是判断招聘工作质量的另一个重要指标。具体来说，招聘工作评估包括征召工作评估和甄选工作评估两项工作。

1. 征召工作评估

人员征召工作的成果就是寻找或吸引到一定数量和质量的求职者。因此，对人员征召工作的评估主要有两方面的内容，即量的评估和质的评估。

对人员征召工作量的评估，一般利用三组数据作为评估指标，一是在一定时间内前来交谈询问的求职者人数，二是主动填写或递交求职材料的求职者人数，三是通过审查求职材料初步合格的求职者人数。通过这三组数据，便可计算出求职者数目与需招聘的新员工数目的比率。征召来的求职者越多，企业就越有可能成功。相反，如果前来应聘的求职者人数很少，那就可能无法完成招聘任务。此时，企业应及时找出原因，调整或改用其他有效的征召渠道和方法。

征召来的求职者不仅要有数量的要求，还要有一定的质量要求。对人员征召工作质量的评估一般采用的指标为在不同甄选阶段被选出的人数和最终被录用的人数两组数据。因为企业即使征召到许多求职者，但如果在甄选过程中被证明大多是不合格的，那么这次征召工作也可能是失败的。只有测验证明很多求职者是合格的，才能说明征召阶段的工作是成功的。

另外，在进行征召工作评估时，还应该考虑到其他易给人员征召带来不利影响的一些因素，分析这些影响因素对改进人员征召工作也有着重要的作用。例如，一些征召方法比另外一些征召方法更有效，这可能是因为这些方法所提供的有关招聘职位信息质量不同，也可能是因为征召方法本身对特定人群的影响不同。如果评估中发现征召工作效果上的差异是由所传递的信息质量不同引起的，那么就应致力于提供更完整的和更准确的信息。而如果效果差异是由于征召方法的不同，就应确认最可能有资格的求职者属于哪个层次，并把确认结果作为改善征召方法的依据。

2. 甄选工作评估

人员甄选工作的评估也有两个方面的内容，一是效率评估，二是正确率评估。效率评估主要看人员甄选工作的进度和每个阶段的产出率。人员甄选工作的进度越快，时间越短，新员工走上工作岗位就能越及时，发挥作用也就越快。而正确率的评估，主要是看测验方法的效度和信度，这是加强和改进人员甄选工作的重要依据。如果某种测验方法的信度和效度不高，那在甄选过程中就容易将优秀人才淘汰，而将不合格的人招进来。因此，企业不仅要在甄选前进行测验方法的效度和信度检验，选择效度和信度较高的测验方法，在甄选结束后还要对之进行评估，以便在以后的工作中改进或淘汰。

最后，在做完了这些工作后，就要撰写招聘总结了。招聘总结由招聘主要负责人撰写，并要真实地反映招聘的全过程，明确指出招聘成功之处和失败之处。

二、招聘方法的评估

对招聘方法的评估主要包括信度评估和效度评估两大类。信度和效度是任何一种测试方法都要涉及的基本问题，只有信度和效度达到一定水平的测试，其结果才能作为录用决策的依据。

（一）信度的评估方法

一个测验是否具有良好的信度，非常重要，因为它代表了测验的稳定性。但是，仅有好的信度，不能称之为一个好的测验。看一个测验的好坏，不仅要看其稳定性，还要看测验的内容是否与其目标一致，也就是说要看它的效度。对于不同功能的测验，其效度指标是不一样的。

评估信度的方法主要有四种：

（1）再测信度评估。它主要侧重考虑测评跨时间的一致性和稳定性。

（2）复本信度评估。复本信度又称等值性系数，它以两个测评复本（功能等值而题目及内容不同）来测评同一群体，然后求得在这两个测评上得分的相关分数。复本信度评估侧重考虑测评跨形式的一致性和等值性。

（3）内部一致性信度评估。内部一致性信度又称同质性信度，是指一个测评或分测评中各题目所测内容的一致性。同质性是保证只测评单一特质的必要条件。

（4）评分一致性信度评估。它主要是考虑评分者的误差。

（二）效度的评估方法

评估效度的方法主要有内容效度评估、构想效度评估、效标关联效度评估三种。

1. 内容效度评估

内容效度是指测评题目对预测的内容或行为范围取样的适宜性程度。它依赖于两个条件：测评内容范围明确和测评内容的取样具有代表性。考虑内容效度时，主要考虑所用的方法是否与所选测试的特性有关，如在招聘市场营销人员时，测试语言表达能力、聆听能力、沟通能力和自信心等内容的效度是较高的。内容效度多应用于知识测试与实际操作测试，而不适用于对能力和潜力的测试。

2. 构想效度评估

构想效度表示一个测评是否达到了对某一理论概念或特质的测量。在对员工测试时，是指对员工实施某种测试，然后将测试的结果与员工的实际工作绩效考核得分比较，如两者的相关系数很大，则说明效度很高。其特点是省时，可以尽快检验某测试方法的效度，但将其应用到人员的选拔测试时，可能会受到其他因素的影响而无法准确判断应聘者未来的工作潜力。例如，这种效度是根据现有员工测试得出的，而应聘者由于缺乏这种知识经验在测试中无法得到高分，从而被认为是没有潜力的，但经过一段时间的培训后其会成为称职的员工。

3. 效标关联效度评估

效标关联效度又称预测效度，是指一个测评对处于特定情境中的个体的行为进行预测的有效性，也就是对我们所感兴趣的行为能够预测到什么程度。在这里，被预测的行为是检验测评效度的标准，简称效标。在人员的选拔过程中，预测效度是考虑选拔方法是否有效的一个常用指标。我们可以把应聘者在选拔中得到的分数与他们被录取后的绩效分数相比较，两者的相关性越大，则说明所选的测试方法、选拔方法越有效，以后可据此来评估、预测应聘者的潜力；若相关性很小或不相关，则说明效果不大。

▲ 知识小结

员工招聘的意义：招聘工作不仅关系到企业的生存与发展，而且能为企业输入新生力量，带来新的活力，扩大企业的知名度，树立企业良好形象，更重要的是能不断为组织充实人力资源，提高企业核心竞争力。

员工招聘与录用工作是一个复杂、完整而又连续的程序化操作过程，包括员工招聘的意义、招聘的过程管理、工作申请表的设计与使用以及员工的甄选与录用过程。

组织中的员工招聘可以有多种形式，其主要形式可以分为内部征召和外部招聘两种方式。在员工的招聘与甄选中，可供使用的测试手段主要有面试、心理测试、情景模拟测试等。外部招聘的渠道选择包括广告招聘、就业服务机构招聘、猎头公司招聘、校园招聘、他人推荐、自我推荐和临时雇员招聘等。

■ 知识巩固

1. 员工招聘的主要渠道是什么？各自的优缺点是什么？
2. 员工甄选与测试的主要方式是什么？请举例说明。
3. 员工录用的原则是什么？
4. 情景模拟测试包括的内容有哪些？
5. 招聘评估包括的内容有哪些？
6. 简述员工招聘与甄选的过程。

✲ 案例讨论

此处只需要亚洲人

对人力资源管理者而言，这类事情无疑是一场噩梦。IBM 公司日本有限公司，即 IBM 公司在日本的分公司，在美国的一家以日本人为对象的杂志上所做的招募广告看来是有歧视性的。尽管 IBM 日本公司坚称他们从未要求自己的就业代理机构在筛选工作申请人的时候尽量关照亚洲人，而排斥白人和黑人，然而，某些歧视性行为看来确实已经发生了。

主要问题出在一家名为瑞克鲁特的日本就业代理机构上。瑞克鲁特公司在美国分公司的一位前职员声称，瑞克鲁特公司确实建立起一整套的正式制度来确保只有亚洲人才能被 IBM 日本公司所雇用。根据该公司的一位前职员递交给公平就业机会委员会的一份备忘录，瑞克鲁特公司的一位管理者把公司的政策描述为："IBM 的现行政策是——外国人——NO Good！白人、黑人——NO！但是，第二代的日本人或其他亚洲后裔——OK！"瑞克鲁特在美国的另外一家招募代理也存在类似的问题。比如，如果工作批号上注明"去见亚当姆"，这就意味着此工作只要男性；如果工作批号上注明"去同哈罗谈"，则意味着客户只想要日本工人。事情的败露起因于该公司的一位前职员向《旧金山新闻报》描述他们这种政策。

因此，公平就业机会委员会就介入了这件事情，结果更多的事情被揭露出来。这一事件使得日本公司和其他一些跨国公司真正理解了"身在罗马，就要像罗马人一样行事"这句古语的深刻内涵。在这里，这句话就意味着当你在一个国家经营业务时，最好遵守该国的法律规定。

讨论：

（1）你认为 IBM 日本公司应当对它所利用的独立就业服务机构的行为负责吗？

（2）一种看法认为，只要所雇用的人不是在美国本土工作，那么一家在美国招募去海外工作的人的企业就有权搞歧视，你认为这种看法是否正确？为什么？

（3）如果你是一家利用就业服务机构进行招募的企业人力资源管理人员，你将如何避免本案例中所遇到的问题？

▲ 实训设计

模拟招聘。

1. 能力培养目标

（1）制作招聘广告。

（2）安排招聘流程。

（3）现场面试招聘。

2. 实训内容和要求

（1）分组分工：学生继续以第一次分组组成的实训团队进行实训，并且以第一次成立的模拟公司名称为实训团队名称（以后实训都按此名称）。

（2）布置任务：要求各实训团队事先准备企业简介、招聘广告、招聘岗位的工作说明书、招聘表格等；要求各人准备中文简历等应聘资料。

（3）发布信息：由各实训团队代表进行招聘宣传，介绍企业，发布招聘信息，进行现场招聘。

（4）现场招聘：第一阶段，各组分为两部分，一部分同学扮演招聘人员，搭台进行招聘，另一部分同学出去应聘；第二阶段，角色互换，原先出去应聘的同学回来扮演招聘人员，而原先负责招聘的同学出去应聘。要求各组主考官精心组织，做好招聘记录；要求应聘同学认真填写招聘表格，沉着应聘。

（5）宣布结果：各招聘小组综合两个阶段的现场招聘情况，进行充分讨论，确定录用人员，当场宣布招聘结果。

（6）总结分析：各公司同学分别总结分析模拟招聘工作，派代表上台总结发言，并上交企业简介、招聘广告、招聘计划、拟聘岗位的工作说明书、招聘材料、应聘资料。

4. 实训教学学时安排

课内 3 学时，课外视情况而定。教师事先通知学生课外准备相关资料。

5. 考核内容与方法

(1) 考核内容：

项目	考核点	考核目标
实训准备	1. 材料准备； 2. 资料准备	对实训目的和基本原理的认识程度，对实训方案的计划能力
实训过程	1. 参加实训的出勤和守纪情况； 2. 实训过程中的程序规范情况； 3. 实训过程中的协作精神； 4. 实训过程中的工作态度； 5. 突发事件应急处理能力	着重考查学生的工作态度、基本操作技能、严谨治学态度、团结协作精神
实训结果	1. 实训方案的结构合理性； 2. 实训方案的完整性、系统性； 3. 实训方案的创新性； 4. 实训报告的格式规范程度； 5. 实训结果的信度和效度	考查学生对典型案例或现象的处理和分析能力；对专业知识的综合运用能力；解决问题的能力；表达能力

(2) 考核方法。分为小组考核和个人考核，采取百分制，小组考核占 60%，个人考核占 40%，总分 100 分。其中，小组考核内容包括组织协调 10%、资料收集 5%、企业介绍 5%、招聘广告 5%、招聘计划 10%、招聘表格 10%、岗位说明书 10%、招聘题目 5%、招聘发言 5%、面试主考官 10%、面试记录 5%、招聘总结 10%、总结发言 5%、出勤情况 5%。个人考核内容包括个人简历 50% 和应聘小结 50%。

学习情境五　培训与开发员工

♦ 知识目标

- 掌握培训需求分析的内容和培训效果评估方法
- 理解职业生涯路径的含义，熟悉职业生涯的路径
- 掌握职业发展的内涵与作用
- 理解管理人员开发的性质与目的
- 理解高级管理人员开发的目的、原则和重点

◈ 技能目标

- 能够运用员工职业发展阶段理论分析职业发展与规划的问题
- 掌握管理人员的培训方法，能够按照开发要点进行高级管理人员开发

员工培训能改善员工的工作业绩，最终实现企业整体绩效提升。企业在面临全球化、高质量、高效率的工作系统挑战时，员工培训显得尤为重要。为保证培训活动顺利实施，需要制订一个培训计划，以此来指导培训的具体实施。职业生涯规划可以增进员工的知识和能力，以满足企业目前和将来的工作需要。本学习情境将带领大家学习如何设计员工培训，实施员工培训，以及如何进行职业生涯规划。

任务一　设计员工培训

◉ 任务情境

王经理的苦恼①

H企业是一家以供电配电为主业、高度计划体制下的企业，自1999年8月根据上级供电局的要求对人员结构从年龄、学历层次上进行调整更新之后，该单位迫在眉睫的任务就是进一步提高员工的整体素质。前不久才上任的人力资源部王经理深感责任重大。与其说提高员工责任素质是当务之急，还不如说这是一项长期的、带有战略性的重要举措。王经理决定把他考虑的一套培训与开发计划送给单位领导吴所长过目，争取吴所长在领导班子工作会议上决定今年与明年的培训方案。

---

① 石金涛．培训与开发［M］．北京：中国人民大学出版社，2003：1－3．

这份培训计划送到吴所长手里后，吴所长立即召开了副所长、书记、副书记、工会主席、各部门负责人、团委书记联席会议，大家普遍认为，培训是必须的，但怎么培训，谁来培训和培训谁，却要慎重考虑……

有半数以上的与会者认为本年度的步伐太快，他们倒不怕没钱投入，所里经济效益非常好，而是怕投入大量经费收不到预期效果。再者，所里新上任的年轻干部、技术骨干平时忙得不可开交，而这些培训项目似乎太多太全，他们没有足够的时间来学习，培训不能冲击主业。毕竟，正常的工作已经繁重不堪了。而包括王经理在内的少部分与会者认为，“时间不够”只是借口，最根本的原因是思想认识不到位与学习动力不足，没有认识到培训对提高全所员工整体素质的重要性和对单位将来发展的意义，以及对个人的价值……另外，有人认为，这样的培训是“上面要求学”，主观愿望良好，实际很难推动……

总体而言，对于该计划，反对者甚众，支持者不多。王经理为自己的方案据理力争，力图说服众人，一时间会上争得不可开交。吴所长决定对此计划推迟讨论。

王经理苦等了 3 天，还没有得到有关领导对他的 3 年培训计划的反馈意见，不禁有些焦急。他想，自己在国外某大学进修管理学课程达 8 个月，又在上海交通大学学习了 EMBA（高级管理人员工商管理硕士）课程，为什么根据这些先进的教学计划、教学大纲与教材设置的培训课程得不到领导的支持呢？

王经理很苦恼，他期待着找出答案……

❖ 任务分析

员工培训能够提高员工的职业能力，从而提高企业整体绩效，同时满足员工自我价值的实现需要。因此，有越来越多的企业关注培训，关注培训效果。为了提高培训的有效性，必须进行有效的培训需求分析，确定培训的目标，制订合理的培训计划。

⊙ 知识精讲

一、员工培训的概念

员工培训是指企业通过各种方式使员工具备完成现在或者将来工作所需要的知识、技能并改变他们的工作态度，以改善员工在现有或将来职位上的工作业绩，最终实现企业整体绩效提升的一种计划性和连续性的活动。

从定义中我们可以看到：

（1）员工培训的内容包括知识、技能及工作态度等。有些企业在实践中常常只注重知识和技能的培训，而忽视工作态度的培训，这样的培训是不全面的。

（2）员工培训的目的是实现员工工作业绩的提升，从而提高企业的整体绩效。

（3）员工培训的主体是企业，也就是说，培训应当由企业来组织实施。

二、员工培训的意义

员工培训的重要意义，具体体现在以下几个方面：

1. **能提高员工的职业能力**

员工培训的直接目的就是发展员工的职业能力，使其更好地胜任现在的日常工作及未来的工作。培训使员工的工作能力提高，为其取得好的工作绩效提供了可能，也为员工提供了更多晋升和获取较高收入的机会。

2. **有利于企业获得竞争优势**

面对激烈的市场竞争，企业需要越来越多的高素质人才。员工培训就是要不断培训与开发高素质的人才，以获得竞争优势。

3. **有利于改善企业的工作质量**

工作质量包括生产过程质量、产品质量、客户服务质量等。员工培训使员工职业能力提高，将直接改善和提高企业工作质量。

4. **满足员工实现自我价值的需要**

在现代企业，员工工作更多的是满足“高级”的需要——自我价值实现的需要。培训能提高员工的知识水平和技能水平，使其适应或接受更具有挑战性的工作与任务，实现自我价值。培训不仅使员工在物质上得到满足，而且使员工得到精神上的满足，获得成就感。

三、员工培训的程序

培训是一项非常复杂的活动，为了保证它的实施，在实践中应该遵循一定的步骤。培训一般要经历培训前的准备、培训的实施、培训成果的转化、培训的评估和反馈四个步骤，如图 5－1 所示。

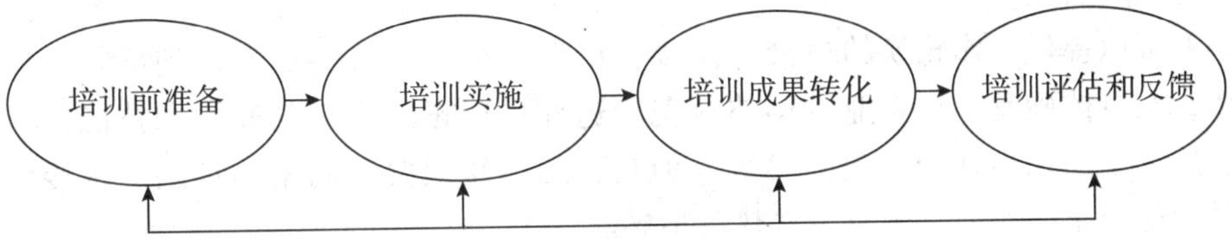

图 5－1　培训程序示意

培训是建立在培训需求分析的基础上的，因此在员工培训的准备阶段，最重要的内容是培训需求分析。为保证培训活动顺利实施，需要制订完整的培训计划，并依据培训计划进行培训的具体实施。员工在培训过程中所学到的内容，要应用到实际的工作中去，从而达到培训的目的，因此，培训成果的转移也很重要。培训结束后对培训效果进行评估，可以了解某一培训项目是否达到了原定的培训目标和要求，也可以了解受训者技能是否得到提高或受训者是否在培训后有所收获。

四、员工培训的主要方法

在实践中，人员培训的方法多种多样，内容十分丰富。培训方法选择恰当与否，对整个培训工作的实施有非常重要的影响。培训方法的选择要依据培训的内容、培训对象、培训目的以及培训费用等因素而定。按照培训的实施方式，可将培训方法划分成两大类：一是在职培训，二是脱产培训。

（一）在职培训

在职培训是指为使下级具备有效完成工作所需的知识、技能和态度，员工不离开工作岗位或工作场地而进行的培训。一般情况下，在职培训不需要另外购置培训设备，有时也不需要专职培训师，所以费用较低；同时，培训对象在学习期间身不离岗，继续从事本职工作，可以不影响生产。但正是因为受训者一边工作一边培训，所以培训过程容易受外界因素的干扰，容易产生培训中断影响培训效果的问题。另外，有一些操作技能规范的工作不适用于在职培训，比如司机、飞行员培训等。在职培训，主要包括以下几种方法：

1. 学徒培训

学徒培训是指在师傅的直接教导下，通过生产实践活动掌握生产技艺或业务技巧，从而成为新技术工人或专业人员的一种培训方式。学徒培训是员工培训非常有效的形式，特别是技术工种的技能开发，它将学校培训和工作中培训两者的优点结合为一体，效果更加突出。许多行业，如木匠、建筑、工艺品等，多采取学徒培训方法。这种方法能清楚地掌握培训进度，让培训对象集中注意力，很快适应工作要求。但学徒培训的效果受师傅的因素影响比较大，容易形成固定的工作思路，不利于创新。

2. 实地工作培训

这种培训方法是要员工亲自去做，从实地操作的过程中学习新事物，一边做一边学，然后由技术熟练的工人及主管提出评价及建议。这种方法类似于学徒培训，不同的是两者的关系不像学徒培训中师傅和徒弟的关系那样亲密。

3. 工作轮换

企业可以提供工作轮换的机会，让接受培训的员工有机会被安排到不同的部门实地工作，亲自体验及了解企业的整体情况。这样可以拓展员工的知识和技能，所以这种方法适用于通用型管理人员的培训。但是，工作轮换要有周密的计划，各接受部门对从其他部门来工作的员工应予以热情指导。

（二）脱产培训

脱产培训是指在专门的培训现场接受履行职务所必要的知识、技能和态度的培训。脱产培训的方法有很多，下面我们从传授知识、发展技能培训以及改变工作态度三个角度介绍脱产培训的主要方法。

1. 传授知识

传授知识的培训方法有讲授、视听教学、规划学习、计算机辅助教学、讨论会或研讨会。

（1）讲授。讲授是指在教室中由培训师讲解某些概念、知识及原理的最为基本也是应用最普遍的一种培训方式。讲授的优点主要是可以一次性将知识传输给许多人，节约时间、资金、人力及物力；缺点主要体现为受训者参与程度不大，很难实现双向沟通。

（2）视听教学。视听教学是在讲授的基础上，应用一些现代技术，将讲授或示范技术拍摄成幻灯片、影片或录音带，并加以详细解释，通过视听的官能刺激，给受训者留下深刻印象的一种培训方式。视听教学的优点，是可以通过图片、声音以及动画展示教学知识，有利于增强学生的学习兴趣，缺点是它的成本比较高。

（3）规划学习。规划学习除了阅读教材和参考资料外，还利用各种教学设备，如放映机、电视机、幻灯机等进行学习。员工可以根据自己的能力用分段方式吸收知识，因此更能体现因材施教的原则，但课程设计成本高。

（4）计算机辅助教学。因为计算机已广泛地为各大企业所采用，所以计算机辅助教学的软件也逐渐普遍地应用于各种培训。

（5）讨论会或研讨会。可以先由培训师综合介绍一些基本概念与原理，然后由培训师和受训者共同讨论、解答问题。这种方法的最大优势，是每个受训者都积极、主动地参与培训活动，有机会表达自己的意见，从而能提高受训者学习兴趣，使其从亲身参与中获得知识、技能和正确的行为方式。但因为讨论过程中容易偏离主题，所以对主持人要求比较高，同时，为了保证讨论效果，一般参与人数不能太多。

2. **发展技能培训**

发展技能培训的方法主要有工作模拟法、案例分析法、管理游戏等。

（1）工作模拟法。工作模拟法更侧重于对操作技能和敏捷反应的培训，它把受训者置于模拟的现实工作环境，让受训者反复操作装置，解决实际工作中可能出现的各种问题，为进入实际工作岗位打下基础。

（2）案例分析法。这种方法是针对某个特定的问题，向受训者展示真实性背景，提供大量背景材料，由受训者依据背景材料分析问题，提出解决问题的方法，从而提高受训者分析问题和解决实际问题的能力。这种方法对培训师的要求较高，要求培训师能够给受训者以启发，同时对于案例的适用性和典型性要求也较高。

（3）管理游戏。管理游戏已成为培训的重要方式，这种方法不仅让受训人员兴趣较高，还可间接传递企业哲学。一方面，要学会巧妙提问；另一方面，要善于组织小组讨论及大组分享。表演结束，表演者谈完感想后，由观看者给予赞赏性和建设性两方面的反馈，最后由培训师进行总结性辅导。

3. **改变态度的训练**

改变态度的训练方法主要包括角色扮演和感受训练两种方法。

（1）角色扮演。采用这种培训方法受训者能体验到所扮演角色的感受，能较深入地思考、分析不同角色所担当的任务与面对困难，同时经过换位思考，可以改正自己原先的态度与行为。这种培训方法多用于改善人际关系及处理冲突事件的培训。

（2）感受培训。感受培训方法是让受训者尽量自由讨论，通过群体内成员间的批评、赞扬或反馈，充分表露受训者的情绪和态度，从而使每位受训者都倾听别人对自己的反应，作出认识自我、了解他人的行为的。

任务二　实施员工培训

◉ 任务情境

海尔新员工培训“四部曲”

成功的大企业必然在企业新员工培训上有独到的见解。比如，新进员工离职率居高不下是不少企业的通病，而海尔集团每年招录上千名大学生，离职率却一直很低，原因就在于海尔采用了新员工培训“四部曲”以及员工企业文化培训。

第一步：端正心态。

海尔在新员工入职之初就确定好待遇和条件，让新员工心里有数。之后海尔会举行新老大学生见面会，通过互相交流，使新员工尽快客观了解海尔。同时，参加见面会的还包括人力资源中心和文化中心的主管领导，通过与新员工的面对面沟通，解决他们的疑问，企业领导并不回避海尔存在的问题，并且鼓励新员工去发现问题、提出问题，让新员工真正把心态端平放稳，认识到没有问题的企业是不存在的，企业就是在发现和解决问题的过程中得以发展的。

第二步：说出心里话。

海尔给新员工每人都发了“合理化建议卡”，员工有什么想法都可以提出来，包括制度、管理、工作、生活等任何方面。

对合理化的建议，海尔会立即采纳并实行，并且对提出人有一定的物质和精神奖励；而对不适用的建议，海尔也会给予积极回应，因为这会让员工知道自己的想法已经被考虑过，他们会有被尊重的感觉，也因此会更敢于说出自己的心里话。

第三步：培训归属感。

敢于说话是一件大喜事，但也仅是“对立式”地提出问题，有了问题可能就会产生不满、失落情绪，这其实是因为没有在观念上把问题当成自己的“家务事”，这时海尔会帮助员工转变观念，培养员工的归属感。

第四步：树立职业心。

当一个员工真正认同并融入企业后，就该引导员工树立职业心，让他们知道怎样去创造和实现自身的价值了。海尔对新员工的培训，除了开始的导入培训外，还有拆机实习、部门实习、市场实习等一系列的培训。

海尔花费近一年的时间来全面培训新员工，目的就是让员工真正成为海尔躯体上的一个健康细胞，与海尔同呼吸、共命运。

❖ 任务分析

海尔新员工培训之所以会成功，其中一点不可忽视的因素正是海尔建立起来的强大榜样原则。比如，17 小时将海外经理人的建议变成样机、砸冰箱事件、一台也生产事件、海尔小小神童开拓市场等，都给新员工留下了深刻印象，并建立起了他们向榜样学习的精神，在这样的前提下，企业凝聚力空前强大，员工流失不再是个严重的问题。

⊙ 知识精讲

一、制订培训计划

一般情况下，一个完整的培训计划应包括以下几方面内容：

1. 培训目标

培训目标就是培训活动的目的和预期成果，从受训者角度理解，就是指在培训活动结束之后应该掌握什么内容或应该达到什么水平。目标可以针对每一培训阶段设置，也可以面向整个培训计划设定。培训目标不仅对整个培训活动具有指导意义，而且是培训效果评估的一个重要依据。

具体的培训目标应当包括做什么、绩效水平和完成条件三个方面。

2. 培训对象和培训内容

培训对象是指哪些员工需要参加培训，培训内容是指应当开展什么样的培训项目，这两项内容是培训需求分析的结果。依据培训需求分析来确定系统而全面的课程计划，并选择合适的教科书和参考教材，必要情况下可以由企业的培训部门或培训公司专门编写教材。

详细的课程计划非常重要，应包括培训期间的各种课程及其先后顺序。它有助于保持培训课程的连贯性，而且有助于确保培训师和受训者了解课程目标。

3. 培训师

员工培训的成功与否，与培训师有着很大关系。企业应选择那些有教学愿望，表达能力强，有广博的理论知识、丰富的实践经验、扎实的培训技能、热情且受人尊敬的培训师。

培训师可以从企业外部聘请，也可以选用企业内部的。一般来讲，企业内部的培训师优势在于对企业情况较了解，培训的针对性较强，但创新思维不够；较使用企业内部培训师而言，外聘的培训师培训经验丰富，但由于缺乏对企业的深入了解，培训的针对性不强。现在，很多企业将这两种方法结合起来使用，对于企业中通用性内容的培训，由外部培训师承担；而专业性较强的培训，则从企业内部选择培训师。

4. 培训时间

培训时间的确定，一般要考虑两方面的因素：一是培训对象是否有足够的时间来学习，一般在培训对象业务繁忙时不安排培训；二是培训要及时，例如，培训时间应安排在新生产线引进之前。

5. 培训场地和设施

一方面，培训场地应具备交通便利、舒适、安静、独立而不受干扰，能为受训者提供足够的自由活动空间等特点。另一方面，培训场地的布置应注意一些细节，如检查空调系统以及临近房间、走廊和建筑物之外的噪声；场地的采光、灯光与培训的气氛应协调；桌椅高度适当，椅子最好有轮子，可旋转并便于移动等。

需要特别注意的是座位的安排，即应根据受训者与培训师之间预期交流的特点来布置座位。一般地，扇形座位安排对培训十分有效，不仅便于受训者从各角度进行观看，也便于受训者从倾听讲座转向分组实践，还便于教室里受训者之间的相互交流。当然，也可根据培训目的与方法来布置教室，例如，如果培训目的主要是获取知识且以讲座和视听演示为主要培训方法，那么传统教室的座位安排就比较合适。总之，选择和准备培训场所应以达到预期培训效果为目的。

6. 培训方法和预算

在具体的培训实践中有不同的培训方法可供选择，企业应根据自己的具体情况来选择合适的培训方法。

对培训费用作出预算是培训计划的重要内容，这样便于获取资金支持，保证培训的顺利实施。一般培训费用只计算直接发生的费用，如培训教材费、支付给培训师的授课费、培训使用的设备购置费等。

二、培训计划的实施

在培训计划的实施过程中，为了保证培训顺利完成，有必要加强培训日常管理。一般可从以下几个方面进行。

1. 出勤和纪律管理

员工对培训的认识，会影响员工参与培训的积极性。为了保证培训的效果，一般要进行出勤和纪律管理。常采用培训签到表来记录培训人员的出勤情况，并且要定期对培训人员的学习纪律进行检查。

2. 填写员工培训记录

培训记录一般记载员工培训的时间、内容、学时和培训成绩等。培训记录是培训需求分析的重要参考材料，同时是员工职业生涯规划的重要依据。

3. 培训激励制度

典型的培训激励制度有以下几种：

（1）培训成绩尾数处罚。依据培训考核结果，一般按照一定比例对培训成绩较差的受训人员予以处罚，具体可以采用直接罚款、扣除奖金或降低薪酬等级等方式。

（2）培训积分制。一般要按照一定思路进行：首先规定具体培训的得分系数，主要依据是培训课程的重要程度；然后规定得分要求，例如，员工全年培训得分不能低于多少，否则扣除部分年底奖金或不能获得晋升等。

（3）培训与职业生涯发展相结合。员工参加培训项目与员工职业生涯相结合，可以充分调动员工参与培训的积极性。

（4）与员工签订培训合同。与员工签订的培训合同，一般会对培训成果设计进行具体规定。这样一方面能激励员工积极参与培训，另一方面可以降低企业培训的风险。

三、培训成果的转化

培训的最终目的是改善员工的工作绩效从而提高企业的整体绩效，因此，员工在培训过程中所学到的知识和技能，必须运用到实际的工作中去，这样才能实现培训的目的。培训成果的转移是最重要的步骤，但也是最容易被忽视的步骤。

培训成果转化，又称培训成果迁移（转移），指受训者将在培训中所学到的知识、技能和行为应用到实际工作当中去的过程。那么，培训成果的转化会受到哪些因素的影响呢？如图5－2所示，培训成果转化受转化气氛、管理者的支持、同事的支持、运用所学技能的机会以及自我管理（动机、能力）等方面因素的影响。

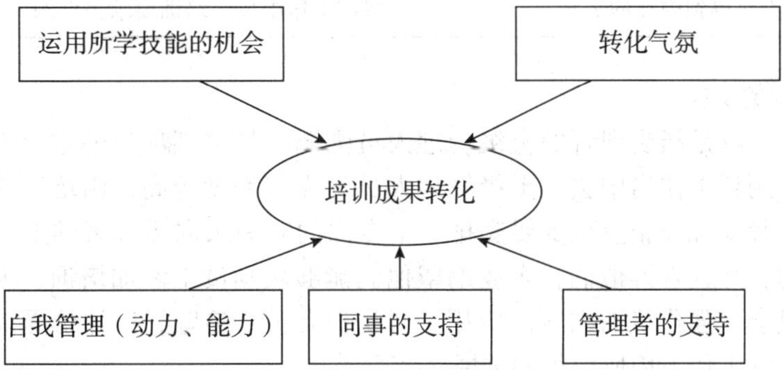

图5－2　培训成果转化的影响因素

1. 转化气氛

这里的转化气氛，是指受训者对于工作环境中所存在的有助于或有碍于把培训获得的知识或技能运用于实际工作之中的各种各样特征的看法。比如说刚刚接受完培训的员工，与他们的上级和其他同事一同讨论如何将他们在培训中所学到的知识或技能应用到实际工作当中去，这对受训者来说就是一种强化。研究表明，培训成果转化的气氛与员工在接受培训之后的技能以及人际行为的改变有着很强的关联性。有助于培训成果转化的积极氛围的特点及举例如表5－1所示。

表5－1　有助于培训成果转化的积极氛围的特点及举例

特点	举例
上级和同事鼓励受训者运用在培训中所学到的新技能以及行为，并且为他们确定目标	刚刚接受完培训的人员与他们的上级和其他同事，一同讨论如何将他们在培训中所学到的内容应用到实际工作中去
任务提示：受训者所从事的工作的特征推动受训者运用在培训中所学的新技能和行为	对刚刚接受完培训的人员的工作进行重新设计，以使他们能够将在培训中学到的技能运用到工作中
反馈结果：上级支持受训者将在培训中学习到的新技能和行为运用到工作中去	上级提醒刚刚接受完培训的人员将学到的新技能和行为运用到工作中
惩罚限制：不能让受训者因为运用了在培训中所学到的新技能和行为遭到失败而受到公开打击	当刚刚接受完培训的管理者在运用培训内容失败时，不要责备他们

续表

特点	举例
外在强化结果：受训者因为运用在培训中所学的新技能和行为而得到外在的奖励	刚刚接受完培训的人员如果能够成功地将培训内容加以应用，会得到加薪奖励
内在强化结果：受训者因为运用在培训中所学的新技能和行为而得到内在的奖励	刚刚接受完培训的人员的上级和其他同事，对那些在工作中按照培训要求去做的人员加以赞赏

2. 管理者的支持

管理者的支持是指受训者的上级管理人员强调参加培训项目的重要性，强调应当将培训内容运用到工作当中去。上级管理人员的支持程度越高，则培训成果越有可能得到转化。一般来说，企业至少要安排一个专门的时间来向受训者的上级管理人员解释培训的目的，并且告诉他们，企业期望他们能够鼓励员工参加培训、为受训者提供实际练习的机会、强化培训内容的应用、对受训者进行追踪，以评价受训者在将培训内容运用于实际工作方面所取得的进展。

3. 同事的支持

在受训者之间建立一种支持网络，会有助于强化培训成果的转化。所谓支持网络，是指由两个或两个以上的受训者自愿组成一个小群体，他们定期会面并讨论将培训中学到的技能转化到实际工作方面所取得的进展。这种会面既可以是面对面讨论的会议方式，也可以采取通过电子邮件来进行沟通的方式。通过这种交流，受训者可以彼此分享在将培训内容运用到工作方面所取得的成功经验。受训者还可以讨论如何对待将培训内容运用于实践而产生的不良环境等问题。

4. 运用所学技能的机会

运用所学技能的机会，是指受训者所得到的或受训者自己努力寻找的，能将在培训项目中所学到的新知识、新技能以及新行为付诸实施的机会。应用的机会受到工作环境和受训者动机两个方面的影响。应用在培训中所学技能的途径之一，是让受训者从事需要运用所学内容的工作。受训者的上级管理者，通常在决定这种工作安排时起着关键作用。应用的机会还受到受训者是否愿意承担个人责任的影响，即受他们是否愿意积极地寻找允许他们发挥新获得的那些技能的工作任务的影响。

5. 自我管理（动机、能力）

培训还应该让员工做好在工作中运用新技能和采取新行为时进行自主管理的准备。特别是在培训的进展过程中，应当让受训者有机会制订在工作中运用新技术和采取新行为的目标；确定在何种条件下可能无法达到既定的目标；列举运用新技能、采取新行为的积极与消极后果；监督整个新技能和新行为的应用过程。此外，受训者本人也应当明白，在运用培训内容的过程中总会遇到一些困难，这是不可避免的；恢复到原来固有的行为和技能模式，并不意味着就应该放弃培训中所学到的内容，而应当再去尝试。最后，同事或上级管理人员可能无法对受训者运用培训内容的行为给予奖励或提供反馈，因此，受训者需要创建自我奖励系统，并且要求同事和上级提供反馈，以坚持培训内容的运用。

要促使培训成果转化为生产力，必须制定一系列制度与措施，把培训与考核相结合、培训与使用相结合、培训与工作报偿相结合、培训与员工职业生涯规划相结合。

任务三　进行职业生涯规划

◉ 任务情境

看 Facebook（脸书）最赚钱的女高管如何做职业规划

雪莉·桑德伯格是社交网站“Facebook”的首席运营官，公司的“二把手”。在她加盟之初，“Facebook”还只是“看上去很美”，资金“有进无出”。但短短两年时间，她就让公司年收入达到数亿美元，成就了一个网络神话。而她本人，也以女性之身，令男性主导的硅谷文化受到冲击。Facebook 首次公开募股申请（IPO）文件披露，其首席运营官桑德伯格 2011 年的薪酬总额为 3080 万美元，超过她的老板扎克伯格。

桑德伯格之所以受人关注，不仅在于她的财富，更在于她的影响力。就在 Facebook 向 SEC（美国证券交易委员会）提交申请 IPO 文件的前两个小时，桑德伯格正在世界的另一端与比尔·盖茨等人一起出席世界经济论坛。在这个舞台上，桑德伯格所谈论的中心话题并不是 Facebook，而是全球女性。在她看来，女性必须承担起她们自己的职业责任，而不要总把失去工作归咎于男性。

在这方面，桑德伯格身体力行，用她的成功为女性的职业发展作出了表率。曾在谷歌与桑德伯格共事过的苏克辛德·辛格·卡西迪（Sukhinder Singh Cassidy）表示：“女性求职人往往会提问‘我能在家工作吗？我能在怀孕期间继续在公司工作吗’，而桑德伯格就是一个活生生的‘答案’。”

❖ 任务分析

桑德伯格之所以能够成功，除了她的天赋以及“伯乐”拉里·萨默斯的赏识外，更重要的是她有清晰的职业规划，这让她有能力应对职业生涯几个重要转折点的冲击——2000 年民主党输掉大选、2004 年结婚、2005 年成为母亲。桑德伯格称自己的职业规划基本上是“以 18 个月为单位”的，而且她会不断评估发展机会。

⊙ 知识精讲

一、职业发展的内涵

职业发展又称职业生涯，是一个人从首次参加工作开始一生中所有的工作活动与工作经历，是由一个人在一生中所担任的一连串工作职务构成的一个连续的过程，与组织关联密切。

职业发展具有两个层次的内涵。从狭义上来说，人具有自我实现的需要，企业员工都希望自己可以在工作中得到成长和发展，从而实现对自身提高的愿望和需求。从这种愿望和需求的角度出发，员工会按照自身目标制订不断成长和发展的职业计划，也就是职业发展。从广义上来说，企业通过提供满足员工在职业生涯上的愿望与需求的环境的同时，也可以实现企业组织的发展，即企业人力资源管理部门为协调和激励员工职业计划而作出的一系列发展行为。

职业发展管理则是组织和员工对职业生涯进行设计、规划、执行、评估和反馈的综合过程。对应于职业发展的两方面含义，职业发展管理包括两方面的内容：一是员工的职业发展自我期望与管理；二是组织、协助员工规划其职业生涯，并提供必要的教育培训机会，促进员工职业生涯愿望与需求的实现。一般来说，组织会对员工的职业生涯规划做出指导，员工也乐于在组织指导下制订其职业发展规划。

二、职业发展的作用

随着市场经济的发展，企业之间对于人才的竞争日趋激烈，终生雇用逐渐退出人们的视线，跳槽等行为日趋成为人力资源管理的重大风险。对员工留用的各种调查结果显示，职业发展是员工是否愿意留下来继续为公司效力的很重要的原因之一。

总的来说，职业发展具有如下重要作用：

1. 职业发展是建立和完善人力资源管理体系的重要措施

当前的人力资源管理体系是一个完整、系统的人力资源开发系统，具有以人力资本增值为核心的特征，良好的职业发展可以实现个人目标与企业目标、社会目标的统一，可以实现个人责任与企业责任、社会责任的统一，可以实现个人利益与企业利益、社会利益的统一。良好的职业发展，还能够有效促进企业人力资本的增值，有效提高企业人力资源管理的效率和效果。

2. 职业发展可以增加员工的工作满意度

随着市场经济的发展，越来越多的企业员工开始关心和重视自身的职业发展，以求在不同的经济发展状况下都能获得较高的工作、生活质量。企业组织的实践经验证明，只有重视员工职业发展并为员工的职业发展创造和提供相应的培训、轮岗等机会和条件，才能使员工的工作满意度增加，才能吸引人才和留住人才，否则，势必会引起员工不满，导致员工工作效率下降乃至人才流失等严重后果。

3. 职业发展可以使现代企业有效地使用人才

随着社会科技水平的提高和市场竞争的日趋激烈，企业面临着严重的挑战。如果企业能够有效地培养和调动员工迎接挑战，适应新的工作岗位要求，就能有效地抓住机遇，取得更好的发展。反之，不能有效使用人才的公司，势必会被市场淘汰。职业发展可以为员工提供成长和发展的机会，是现代企业培养人才较经济、较有效的方法之一。这是因为从人力资源管理角度出发，在实现同等效果的基础上，对原有员工的培训和提拔，比从外部招聘新员工成本要低得多，老员工本来就对公司内部运作流程等具有相当程度的了解，对于企业组织文化也有更高程度的认同，因此，对原有员工进行培训和提拔，可以在最大限度内节约人力资源开发成本。

三、员工职业发展阶段

西方有关学者认为，职业发展的主要内容会随着职业生涯发展阶段的不同而有所不同。其中，具有典型代表性的是格林豪斯·凯莱于 1994 年根据莱文森的成人发展模式提出的职业生涯发展的五阶段模式。

1. 职业选择

本阶段发生在出生到18岁。这一阶段属于为将来进入某一职业做准备的阶段。在这一阶段，个体受家人、朋友、师长的影响会逐渐形成一定的价值观和人生观。尤其是从青少年时期开始，个体开始对自己的兴趣爱好等产生基本评价，进而开始对各种职业进行思考。根据职业发展观点，本阶段的主要任务是形成和修正自我职业形象，探索各个职业的品质，发展至少一个暂定的职业选择，追求完成选择所需的教育和培训。完成任务需针对个人的才能、兴趣、价值观与期望的生活方式，并对各个选择的职业领域的要求、机会与报酬有相当的洞察力。

2. 进入组织

本阶段发生在18岁至25岁。在这一阶段，青年人开始了入职阶段，开始试探性地选择自己的职业。不满足于某种固定工作，通过变动不同的工作来尝试选定一生将从事的职业，是这一阶段的主要特征和必然趋势。因此，这一阶段的员工具有流动性强的特点。本阶段的主要任务，是在个人所选择的生涯领域中选择一个可以实现个人职业发展价值并发挥个人能力的工作与职业。

3. 生涯早期

这一阶段一般发生在25岁至40岁，是大多数人职业生涯周期的核心阶段。本阶段分两个时期，即建立时期与成就时期。行为心理调查研究表明，通过前一阶段的探索和尝试，个体开始选定自己的职业。在选择一个职业或开始工作之后，建立时期最重要的任务是在个人生涯与组织中奠定基础。新进员工不仅要精通工作的技术层面，而且要认识企业规范价值与目标。在这一时期，个人的主要工作为了解企业及其工作，并成为企业中的贡献者。而在成就时期阶段，个人不只是适应企业，还要在工作中成长、发展、晋升。

一般来说，处在生涯早期的员工，大多会订立自身的成长发展计划，并努力付诸行动，亦即具有较大的自我决策和自我管理的独立性。针对这种特征，企业组织的职业发展管理应当为其提供咨询和发展平台，通过有效的激励促使这部分员工追求更大的发展。此外，处于这一阶段的员工，还会思考更多的有关工作与人生价值的关系，衡量职业在自己人生中的地位，审视自己真正的人生目标和需求定位。

4. 生涯中期

生涯中期又称维持阶段，一般从40岁一直延伸至55岁。处于这个阶段的员工，会存在一定的矛盾心理，一方面希望自己能在既定的职业生涯中取得永久性发展和成绩，另一方面对于职业成就的期望会减弱，特别是面对后来者强有力的竞争时，会希望采取防御态势，以求维持现有职业成就。在此阶段，个体可能会重新评估生涯早期的生活构造，开始形成较为稳定的生活结构，进入完全的中年阶段。在实际行为方面，个体一方面会更新专业范围内的知识和技能，希望保持现有地位乃至取得更多成果；另一方面会学习其他专业的知识技能，以便在成为被裁员对象时可以尽快另谋出路，这也是职业发展的中期阶段矛盾心理的现实表现。

5. 生涯晚期

生涯晚期是指从55岁到退休。处于这一阶段的人仍然在继续从事专业工作，但同时也在准备着退休，会将注意力更多地转移到为适应退休后的环境而学习或培养自己某一方面的爱好，如下棋、钓鱼等上。因此，在职业生涯晚期有两项重要的任务：一是个人必须继续成为对企业有利的贡献者，并继续维持自我价值与尊严感；二是个人在此阶段必须优先思考有关退休的问题，其目的是在离开工作岗位后不会摧毁个人，并使退休后的生活更让自己满意和有意义。

四、职业生涯路径

职业生涯（发展）路径指的是员工实现职业生涯不断进步和发展的路径或方向。

（一）职业发展路径的类型

具体而言，组织对于员工职业发展主要提供两种类型的路径：专业技术型路径与行政管理型路径。

1. 专业技术型路径

专业技术型路径指工程、财会、销售、生产、人事、法律等职能性专业方向。这些方向都要求员工具有一定的专门技术性知识和能力，并具有较好的分析能力。有志于这些方向的员工会对专业技术内容及相关活动感兴趣，乐于参加相关培训和锻炼。通过长期的培训和锻炼，员工能够追求在此专业方向上自身层次的提高和相应的成就。此类发展路径的提升路径，是技术职称的晋升、技术性成就的认可、奖励等级的提高或物质待遇的改善等。

2. 行政管理型路径

行政管理型路径将管理职业本身视为目标和方向。偏好行政管理型路径的员工，对于地位、影响力、人际关系等更感兴趣，也能够更好地处理人际交往方面的问题，而此类问题通常是专业技术型员工比较头疼和畏惧的方面。他们的发展通常是在基层职能部门从事具体工作，通过良好的表现获得提升，从最初涉及的专业领域转向专注培养管理工作所需要的人际关系技巧等方面的能力。

事实上，企业组织的职业发展路径并不仅仅局限于以上两种，还存在一些相关性发展路径，例如，对管理感兴趣的专业技术型员工，通过在组织内外扩充专业知识，从一个技术部门到另一个技术部门，打好横向的技术基础后，减少在专业上花的时间而转向专业技术部门的管理职位，最终达到决策层分管技术的副职，成为高层管理人才。这种发展模式也是职业发展路径中最典型的网状模式。

思维能力突出的行政管理型员工，在从事基础职能工作后，可以逐渐转向担任技术部门的主管干部，将专业技术适当融入行政管理工作。

同时，具有良好思维能力和人际关系技巧的员工，则可以胜任职能部门的主管，进而进入高层从事全面的企业管理工作，兼顾专业技术和行政管理两方面的总体控制。

企业提供这样的职业发展路径，可以有效地摆脱传统组织职业生涯发展通道过于单一的弊端。在现实工作中，许多组织都为技术人员或有重大贡献的管理人员提供了更多的发展机会。例如，海尔集团就分别设置了管理职务和技术职务的发展通道，员工可以自由选择在专业技术通道上发展或是在管理通道上发展。无论是管理通道还是技术通道，两个通道同一等级的管理人员和技术人员在地位上是平等的，在报酬上也是可比的，亦即建立了一个多重职业发展通道。例如，一个工艺员可以选择三条不同的职业发展道路，一条是本专业线，一条是相关专业线，一条是管理线。在这三种通道中，员工的薪酬水平相近，发展机会也较为相似，因此，员工可以选择一种最符合自己兴趣和能力的职业发展道路。

（二）职业发展路径的运动方向

员工在组织中的职业发展路径有横向和纵向两种运动方向。

1. 横向运动方向

横向运动方向指跨越职能边界的调动，如从技术到销售的职能调动。这种运动方向有助于个人能力的横向发展，可以为进一步精通某专业打下宽广的基础，有助于产生具备通才特征的员工。目前，许多大型跨国公司对于新员工的培训就采取了这种模式，通常叫作“管理培训生”模式，即新员工要通过在两到三个不同部门的岗位轮职来最终确定能最大限度地发挥自身能力的职能岗位，以实现员工效用的最大化。

2. 纵向运动方向

纵向运动方向指的是沿着组织的等级体系不断向上晋升的发展模式，通常是从纯专业技术职务晋升到专业中的管理型职位。

五、个人职业管理

职业生涯规划从某个角度来讲，就是员工对自己人生的规划和设计。因此，没有本人参与其中的职业生涯设计是不可想象的。企业在开展员工职业生涯规划过程中，员工主要承担着以下责任。

1. 初步了解职业生涯规划知识，明确自身职业生涯开发需求

一个人能否取得事业上的成功，关键在于能否准确识别并充分发挥自身的优势。因此，这一步应该是个人职业管理工作的重中之重。

同是管理工作，不同领域的管理工作对人有不同的要求。一些管理职位需要有更强的人际影响力，否则将不能带动团队完成目标；而另一些管理工作则对经理人的深度思考和分析能力有着更高的要求，因为他需要更多地充当顾问的角色。因此，要认清自己的才干和优势，在此基础上选择职业方向。具体而言，就是要初步了解职业生涯规划方面的理论知识，明确自身所处的职业生涯阶段，并在此基础上确立自身职业开发的相关需求。

2. 树立清晰的职业发展目标，确定自己未来的职业发展方向

未来的职业发展方向只有员工本人才能确定，别人是难以强加的。在认清自身才干和优势的基础上，人们要树立明确的职业发展目标。

职业发展首先是个人的事，公司只能给予一定的支持和机会。通常在一个公司里，各个员工相对于同类职位的同事而言，发展机会都是均等的。但由于管理职位的有限性，只有那些有明确职业目标并为此不断努力的人，才更有可能获得机会。因为这不仅意味着要有好的工作表现，同时也反映了一个人的事业心和追求成功的态度。如果员工习惯于等待公司为其做职业规划，或随机地进行自己的职业选择，则只会导致自己走弯路，无法获得较好的职业发展。

3. 展现良好的工作绩效，主动寻求更大的职责

大部分公司在正式给员工晋升之前都会对其能力进行全面的考察，而其中的一个考察方式就是在不变动该员工现有职位和薪酬的前提下，给予其与新职位相关的更多的工作职责。因此，员工首先应该充分做好现有的工作，展现出良好的工作绩效，进而通过良好绩效的展示，在公司打算寻找可能能够担当重任的员工时进入考核范围，这样，员工才会有在企业内进一步发展的可能。

在这种背景下，对于一个正确关注自身职业发展的员工而言，正确的做法就是保持充分的耐心，关注工作职责所能够带来的职业发展机会，根据自己所确定的职业发展目标主动寻求更大、更多的工作职责，而不是盲目地向公司提出待遇和职位上的要求。这样才能为自己的职业发展争取到更好的机会。

4. 主动展开横向、纵向沟通，积累职业发展路径实现的资本

在这一问题上，员工应注重多方面信息的收集，主动展开横向、纵向的沟通，获取各种与职业发展相关的信息，积累相关资本，以求职业发展路径的实现。具体而言，员工要做到以下几个方面：

（1）主动同上司或管理者开展有关职业生涯设计的面谈。通过与上司或管理者展开纵向沟通，可以使上司或管理者更加明了地掌握该员工的职业发展规划，从而展开针对性考察，也更容易在有相关职位空缺时进入上司或管理者的视野，成为可能人选。

（2）从同事、客户等信息源那里获得有效的反馈。与同事、客户的沟通属于横向沟通，通过这种沟通可以更清楚地认识到自己在工作中的优势及不足。

（3）主动了解公司内部的学习活动、培训项目。通过自我评估，员工确定了自己需要的知识技能，这时就需要主动收集公司内相关的教育培训信息了。

（4）与来自公司内外不同的群体进行接触，收集行业最新信息。公司外部群体主要包括专业协会、项目小组、政府机构等。与其接触，一方面可以进一步收集更多的信息，另一方面也能在学习中提高自身的能力。

（5）停止抱怨，勇于承担责任。抱怨、指责、推卸责任，不但会使自己不去考虑怎样改善相关的工作，失去改进自身的机会，而且会让上司和其他的同事感到失望而不愿与自己合作。很显然，一个人在抱怨一个公司的环境和文化氛围阻碍其发展时，并不意味着换一家公司就能够获得他所期望的发展。当一个人对周围的人和事横加指责时，他的注意力就会集中在过去。而如果他承担了责任，则其眼光才会投向未来，才能专注于做好计划来达到目标。

能否取得良好的职业发展，取决于能否调整好自己的心态和做法。因此，为了取得良好的个人职业管理效果，应当停止抱怨，勇于承担责任。

（6）塑造良好的职业操守。良好的职业道德和价值观是获得持续的职业发展的基础，但却容易被忽略。保持良好的职业操守，需要清楚地区分公司需求和个人需求，保证公司的利益不受损害。此外，还需要客观公正地处理各种事情，不将私人感情和个人喜好掺杂在工作中，通过良好的团队合作获得持续的职业发展力量。

▲ 知识小结

员工培训是指企业通过各种方式使员工具备完成现在或者将来工作所需要的知识、

技能，并改变他们的工作态度，以改善员工在现有或将来职位上的工作业绩，并最终实现企业整体绩效提升的一种计划性和连续性的活动。培训要经历培训前的准备、培训的实施、培训成果的转化以及培训的评估和反馈四个步骤。

一个完整的培训计划，应该包括培训目标、培训内容和培训对象、培训师、培训时间、培训场地和设施、培训的方法和预算等内容。培训成果转化指受训者将在培训中所学到的知识、技能和行为应用到实际工作中的过程。培训成果转化受转化气氛、管理者的支持、同事的支持、运用所学技能的机会以及自我管理等多方面因素的影响。

职业发展又称职业生涯，是一个人从首次参加工作开始一生中所有的工作活动与工作经历，是由一个人在一生中所担任的一连串工作职务构成的一个连续的过程。它与组织关联密切。职业生涯路径指的是员工实现职业生涯不断进步和发展的路径和方向，主要分为专业技术型、与行政管理型路径两种。

■ 知识巩固

1. 职业发展的内涵与作用是什么?
2. 如何正确认识职业生涯路径?
3. 员工职业发展阶段有哪些？请举例说明他们在各阶段是如何发挥作用的。
4. 什么是员工培训?
5. 常见的培训方法有哪几种？它们各自的优缺点是什么?

✲ 案例讨论

王女士的职业发展规划前景分析

王女士，30多岁，大学本科毕业后曾从事专业设计工作7年多，后来和朋友一起办公司至今，主要负责办公室、日常管理、财务管理兼出纳工作，从业时间近3年。目前工作比较繁忙，但有些盲目，不知道自己适合从事什么工作以及有多大的发展潜力。

经过多年的工作，王女士对自己的个性特点有比较清楚的了解，但对自己能力、气质、兴趣等综合情况还不太了解，尤其不清楚在与他人的比较中自己的优势和劣势，只感到在目前的工作中自身潜力似乎没有发挥出来，自己也没有什么工作积极性，不知道自己是不是应该重新选择。

具体而言，王女士基本能力素质较好，个性上有两个显著的特点：一是追求成功的愿望强烈，关注事物的整体情况，喜欢从宏观角度考虑问题，有时会忽视细节；二是求新、求变、善于创新，不愿意受条条框框的约束，组织性、计划性不强。

通过对王女士的个人情况进行研究，可以看出她不太适合从事事务性管理工作，而更为适宜从事挑战性的、创新机会较多的工作，如企业形象策划、宣传、促销活动、项目规划、市场分析等管理工作。

讨论：

根据性格特征，如果王女士选择从事企业形象策划、市场分析等管理工作，应该注意哪些问题?

▲ 实训设计

签订劳动合同。

1. **能力培养目标**

(1) 起草劳动合同文本。

(2) 签订劳动合同。

2. **实训内容和要求**

(1) 学生继续以第一次分组组成的实训团队进行实训，并且以第一次成立的模拟公司名称为实训团队名称（以后实训都按此名称）。

(2) 各实训团队起草模拟公司劳动合同文本，要求格式规范统一。

(3) 根据上次应聘结果，与录用者签订劳动合同。

3. **实训教学学时安排**

课内 3 学时，课外视情况而定。教师事先通知学生课外预先查找相关资料。

4. **考核内容与方法**

(1) 考核内容：

项目	考核点	考核目标
实训准备	1. 材料准备； 2. 资料准备	对实训目的和基本原理的认识程度，对实训方案的计划能力
实训过程	1. 参加实训的出勤和守纪情况； 2. 实训过程中的程序规范情况； 3. 实训过程中的协作精神； 4. 实训过程中的工作态度； 5. 突发事件应急处理能力	着重考查学生的工作态度、基本操作技能、严谨治学态度、团结协作精神
实训结果	1. 实训方案的结构合理性； 2. 实训方案的完整性、系统性； 3. 实训方案的创新性； 4. 实训报告的格式规范程度； 5. 实训结果的信度和效度	考查学生对典型案例或现象的处理和分析能力；对专业知识的综合运用能力；解决问题的能力；表达能力

(2) 考核方法。实训成绩采用等级计分制：优（90 ~ 100 分）、良（80 ~ 89 分）、中（70 ~ 79 分）、及格（60 ~ 69 分）、60 分以下为不及格。其中，实训准备占 10%，实训过程占 20%，设计结果占 70%，实训成果为劳动合同。

(3) 签订劳动合同考核内容。组织协调 10%、资料收集 15%、劳动合同 40%、签订劳动合同 30%、出勤情况 5%。

学习情境六　素质测评与绩效考核

◆ 知识目标

- 了解素质测评的王要原则和内容
- 了解绩效的含义及特性
- 理解绩效考核的概念、内容、方法和程序
- 掌握绩效考核方法的优缺点和适用范围
- 了解绩效考核实施中影响反馈结果的因素和解决对策

◈ 技能目标

- 能够根据实际情况选择、运用合适的绩效考核方法
- 能够根据实际分析、处理绩效考核中出现的问题并提出改进建议

素质测评是测评者运用科学的方法，对被测评者的思想品格、知识水平、能力结构、个性特点、职业倾向和发展潜能等多种素质进行测量和评价的一种科学的、综合的选才方法体系。绩效考核的关键，就是运用各种考核方法收集每个员工的工作状态、工作行为和工作结果等各方面的信息，并将其转化为对员工工作的评价。绩效考核方法的选择，直接影响到绩效考核的效果。任何一件工序的完成都有其实施程序，绩效考核的实施也不例外。按照绩效考核的实施程序来开展工作，将有助于减少考核过程中的阻力，提高考核的效率及业绩。本学习情境将带领大家学习如何构建素质测评，选择绩效考核的方法，以及如何实施绩效考核。

任务一　构建素质测评

◉ 任务情境

管理人员素质测评——企业良性发展的必经之路

A 集团人力资源总监王先生最近压力非常大，因为公司内部出了大问题：前段时间总部的销售总监突然辞职，并带走了大量高端客户，投奔竞争对手。这名销售总监是王先生参与招聘进来的，刚刚上任不到一年，个人能力很强，到任后很好地带领销售团队为公司的快速发展作出了很大贡献。正在管理层庆幸遇到一个好帮手的时候，却毫无预警地出现了上面的事情。总部领导非常重视这件事，责令人力资源部对招聘

和人才培养工作作出检讨。

王先生几天来一直在思索，自己制定的招聘流程到底哪里出了问题。一般来说，公司的中高层管理人员招聘会经历以下几个阶段：联系猎头公司，提出职位要求；根据猎头公司提供的简历，对候选人进行初步筛选；通过初筛的候选人会接受首轮素质测试，测试的内容包括对相关专业知识及工作相关信息的掌握更新情况等；随后，公司会对所有候选人进行评价中心考核，对人员素质进行全面评价；第三轮的面试则主要了解应聘者的先前工作经历以及一般人际沟通等情况。对该销售总监的招聘过程也正是如此，应该说整个招聘考虑得非常周全，对应聘者的素质可以进行较好了解，招聘的准确性一直较高。

❖ 任务分析

对企业来说，中高层管理者的素质技能固然重要，但更重要的是他们对企业的忠诚度，一旦他们对组织的忠诚度降低，则其离职等行为对组织的物质和精神产生的影响是不可估量的。而从事那些至关重要岗位（如销售、财务等）或者是从组织外引入的管理者的诚信情况，更是非常重要的。当然，专家还提出了另外一种可能，即该销售总监可能是由于不认同该公司的企业文化或者认为自己没有受到重视而满意度降低并离职的，这种情况可能就需要王先生格外注意员工的职业发展了。

王先生应将素质测试中的知识类题目稍做减少，增加“管理技能”“管理风格”等技能素质类测试。另外，在评价中心环节，对应聘者的素质评价应该参照相关的管理素质模型。王先生所在公司现在使用的评价内容主要为一般素质特征，如是否认真、细心等，而对于一些管理者必需的素质，如风险决策等，则没有涉及。同时，在面试环节，考官对应聘者的提问应围绕他在上述各项测试中的弱项，结合对先前工作经验的了解和考察，这样可以与前两轮的结果互相验证，也可以更好地确定应聘者是否能够胜任目标职位。

⊙ 知识精讲

一、员工素质测评的主要原则

整个素质测评过程必须遵循一些重要而基本的原则。这些原则既是素质测评实践经验及其技能技巧的科学总结，又是素质测评实践的思想方法。

1. 客观测评与主观测评相结合

所谓客观测评与主观测评相结合，是指在素质测评过程中既要尽量采取客观的测评手段与方法，又不能忽视主观性综合评定的作用；既要强调客观性，又不能完全追求客观性，要最大限度地发挥测评工具客观性与测评主体主观能动性的作用，让它们彼此优势互补，而不要相互对立。

客观测评与主观测评相结合，应具体体现在测评目标体系制定、手段方法选择以及评判与解释结果的全过程，应该是一个有机的结合过程，而不是机械的相加过程。

2. 定性测评与定量测评相结合

所谓定性测评，就是采取经验判断与观察的方法，侧重从行为的性质方面对素质进行测评；而定量测评，就是采取量化的方法，侧重从行为的数量特点方面对素质进行测评。

任何事物都有质与量的形式，只是定性测评，那么只反映了素质的性质特点；仅是定量测评，那么可能会忽视素质的质量特征。此外，只从定性内容上去测评是不够深入的，得到的往往只是一种模糊的印象判断；而仅仅从定量形式方面去测评素质，则往往是不全面的，所做的只是一种表面与形式的测评。

3. 静态测评与动态测评相结合

静态测评是指对被测评者已形成的素质水平进行的分析评判，是以相对统一的测评方式在特定的时空下进行的测评，而不考虑素质前后的变化。静态测评的优点是便于横向比较，可以看清被测评者之间的相互差异是否达到了某种标准，但缺点是忽视了被测评者的原有基础与今后的发展方向。

动态测评则是根据素质形成与发展的过程而不是结果进行的素质测评，它是从前后变化情况而不是当前所达到的标准进行的素质测评。动态测评有利于了解被测评者素质的实际水平，有利于指导、激发被测评者的进取精神，但缺点是不同的被测评者的测评结果不便于相互比较。

静态测评与动态测评相结合还表现在方法上。心理测验一般都是静态的，而评价中心、面试与观察评定则具有动态性，在素质测评中，既要看目前所达到的水平标准，又要看过去的基础与将来发展的潜能。因此，应把静态测评与动态测评相结合，如很多企业在招聘时，既采取问卷、考试等统一的静态形式，又采取评价中心、面试等动态的方法来测评人的素质。

4. 素质测评与绩效测评相结合

素质测评是对一个人的德、能、识、体的素质测评，而绩效测评是一种业绩实效考查评定。素质与绩效互为表里，素质是取得绩效的条件保证，而绩效是素质高低的事实证明。因此，应该从素质测评中预测绩效，从绩效测评中来验证素质。

5. 分项测试与综合测评相结合

所谓分项测评，是把素质分解为一个个的项目分别独立地进行测评，然后将测评结果简单相加。所谓综合测评，则是对综合素质的各个方面进行整体、系统的测评。

素质是一种相当复杂的行为系统，对它进行必要的分解、逐项测评，有助于提高测评的准确性，但是素质被分解为一个个要素之后，不少整体特征就可能被弱化，即使汇总和相加，也反映不了其原貌。因此，在实际测评中应将分项测评与综合测评相结合。

二、员工素质测评的内容

1. 品德测评

品德测评一般有 FRC 品德测评法、问卷法和投射技术法。FRC 品德测评是事实报告计算机辅助分析的考核性品德测评。采用问卷测试形式测评的代表有卡特尔 16 因素个性问卷、艾森克个性问卷、明尼苏达多相人格问卷等。投射技术有广义和狭义两种定义，广义的投射技术是指那些把真正的测评目的加以隐蔽的一切间接测评技术；狭义的投射技术是指把一些无意义的、模糊的、不确定的图形、句子、故事、动画片、录音、哑剧等呈现在被测评者面前，不给人或物提示、说明或要求，然后问被测评者看到、听到或者想到什么的一种测评技术。

2. **知识测评**

知识测评实际上是对人们掌握的知识量、知识结构与知识水平的测量与评定。知识是员工综合素质的重要组成部分，知识的高低直接影响人们的生活、学习以及工作效率与工作质量。知识测评可以从不同的层次进行。美国教育学家卢姆提出了著名的“教育认知目标分类学”，把认知目标由低到高分为六个层次，各层次体现了不同的知识要求。

3. **能力测评**

能力测评在这里包括一般能力测评、特殊能力测评、创造力测评和学习能力测评。一般能力测评也即通常所说的智力测验，按照测验方式的不同，常将其分为个别智力测验和团体智力测验。特殊能力测评主要指对于某些行业、组织与岗位特定能力的测评，主要包括文书能力测评、操作能力测评和机械能力测评。在人才选拔尤其是选拔高层管理人才和技术型人才时，创新能力的高低是一个重要的考虑因素。

4. **学习能力测评**

现代社会瞬息万变，知识的更新速度极快，只有具有良好的学习能力，才能跟上时代的步伐，不被时代所抛弃。对于学习能力测评，可以有多种方式，如心理测验、面试、情境测验等，其中，最简单有效的是心理测验，具体的应用形式是笔试。

三、员工素质测评的具体实施

企业对员工的素质能力进行测评，必须经过准备、实施、数据调整和处理以及测评结果分析，最后得到一定的结论等一系列工作，任何阶段的工作质量，均影响着测评的效果。

（一）准备阶段

1. **收集必要的资料**

在实施素质能力测评之前，必须掌握测评过程中所需的相关资料和数据，不同的方法和不同的对象，应该有相应的资料，再加上素质能力的隐蔽性，情况更是如此，否则，有可能导致测评中断或结果的盲目性。

例如，使用观察判断法对某员工进行测评，事先应对该员工的某一方面情况有所了解，再进行有针对性的观察才能取得较好的效果，不然，有可能对其行为感到不解。

2. **组织强有力的测评小组**

在测评之前，应设立一个工作小组，具体负责测评过程中的事务性工作，然后选择适当的测评人员，组成强有力的测评小组。

测评人员的质量和数量，对整个测评工作起着举足轻重的作用。合理的员工搭配和人数的确定，能使测评的指标体系发挥预定的效用，甚至可以弥补某些不足之处，最终达到测评的目的。测评人员必须：

（1）坚持原则，公正不偏。

（2）有主见，善于独立思考。

（3）有一定的测评工作经验。

（4）有一定的文化水平。

（5）有事业心，不怕得罪人。

（6）作风正派，办事公道。

（7）了解被测评对象的情况。

在测评小组中，员工的知识和素质参差不齐，而且各种能力素质测评的方法都具有相当的技巧和微妙性。这就要求对小组成员加以培训，使之了解、熟悉并掌握各种方法的相关知识，尽量避免个人感情因素对测评工作的干扰。

3. **测评方案的制订**

测评方案的内容，主要涉及被测评的对象、素质能力测评的指标体系和参照标准设计的确立、测评员工的选择以及测评方法的选择。

（1）确定被测评对象范围和测评目的。因为被测评对象和测评目的不同，所以采用的指标体系和参照标准也不同。测评结果可以用来提拔干部，也可以用来调整工作。测评工作必须有先后次序，每一步都要有所侧重。在测评过程中，要明确测评哪一类人员，并且确定各类人员的范围。

（2）设计和审计员工素质能力测评的指标和参照标准。第一次在企业中进行员工素质能力测评，要按照测评指标体系的设计程序、设计方法和必须遵循的原则建立指标体系和参照标准。如果不是第一次进行该工作，就要对以前使用过的指标体系进行审查，如是否有需要增加新内容，或各项指标是否明确、直观，整个体系结构是否合理，有没有重复现象，是否符合少而精的原则，测评的内容是否完整等。

（3）编制或修订员工素质能力测评的参照标准。测评的参照标准是测评人员所遵循的客观“尺度”。编制参照标准时，要严格遵守编制程序、方法和原则。

（4）选择合理的测评方法。人事测评方法通常采用四个指标，即效度、公平程度、实用性和成本。

（二）实施阶段

测评的实施阶段是测评小组对被测评对象进行测评获取素质能力数据的过程，它是整个测评过程的核心。

1. **测评前的动员**

测评前动员工作的目的，是使参加测评工作的所有员工统一思想，明确测评的意义和目的，要求每个测评人员都以主人翁的态度参加测评工作，协助测评小组实施该项工作。

2. **测评时间和环境的选择**

选择的时间和空间是否恰当，对测评工作也有一定的影响。比如，在被测人员心理或情绪不稳定的情况下对其实施测评，其结果往往不能很好地反映客观状况。

（1）测评时间。素质能力测评各项指标的特点不同，测评时间也不同。例如，测评工作成效，因为工作成效是“硬指标”，测评内容变化频率较快，被测评对象只要工作就有一定的工作成效表现，所以两次测评的时间就可以安排得间隔短一些；智力和能力却是相对稳定的，它的变化需要有一个较长时间的努力过程，只有在工作成效变化到一定程度时，才会引起智力、能力的变化，因此，智力和能力的测评时间间隔可以安排得长一些。

在测评具体操作时，如果选用集中测评方式，即把测评员工都集中在一起，在一定时间内完成对被测对象的测评，那么，测评时间最好不要选在一周开始的第一天或周末，而应该选在一周的中间，并在上午 9：00 左右进行。如果不采用集中测评的方式，那么，测评人员不受具体操作时间限制，可以在一定时间范围内将测评时间选择在他认为最合适的时间里进行。时间确定后，要通知当事人预先将工作安排好，以利于其安心配合测评工作。

（2）测评环境。测评中应该提供较好的工作环境，使测评人员注意力集中，思维敏捷，提高测评的准确性和测评速度。因此，测评环境应尽可能具备如下条件：宽敞、通风，光线充足、明亮，温度适中，安静。

3．测评操作程序

测评操作程序包括从测评指导到实际测评直至回收测评数据整个过程。

（1）报告测评指导语。在测评具体操作之前，测评主持人会向全体人员报告测评目的和填表说明，明确数据保密等事宜，目的是使测评人员能正确地填写员工素质能力测评表，消除顾虑，客观、准确地对被测对象进行测评。测评指导语包括以下内容：①员工素质测评的目的；②强调测评与测验考试的不同；③填表前的准备工作和填表要求；④举例说明填写要求；⑤测评结果保密和处理，测评结果反馈。

（2）具体操作。测评时，测评人员可采用单独操作或对比操作的方式对被测对象进行测评。①单独操作。单独操作是对某一被测对象的全部测评指标逐一进行测评，全部完成以后，再对另一对象进行全面测评，直至完成。②对比操作。对比操作时，首先要对所有被测对象进行分组，然后把某一组的指标，根据相应的测评参照标准内容，采用对比的方式，对组内每个被测对象进行对比测评，直到所有指标完成再对下一组的被测对象采用相同的操作方法。这是一种相对测评方法，容易出现不严格依据测评参照标准内容进行测评的现象，使测评结果无形中增加不同程度的主观成分。但这种方法可以节省时间，特别是在人数较多的时候，应用此法比较合适。

（3）回收测评数据。测评全部完成以后，测评数据要由测评主持人统一回收。如果是集中测评，测评主持人应把收集到的全部数据当众封装，以减少被测评人员的顾虑；如果不是采用集中测评的方式，则在发出测评表格时，要发给每位测评人员一个信袋，测评完的数据，由每位测评人员自己装进信袋并进行封装，之后再交给测评主持人，或由测评主持人向各位测评人员索取信袋。回收测评数据，一定要按照相应的程序和规定进行，否则将影响测评人员的积极性。

（三）测评结果调整

1．引起测评结果误差的原因

（1）测评的指标体系和参照标准不够明确。例如，指标定义不够明确，内容有重复或相近现象，内涵不清晰，参照标准各等级之间区分不明显等，使测评人员难以判断，不易评价。这种情况会使测评人在测评过程中产生心理作用，以至于不能严格依据测评参照标准而是凭主观理解来进行测评。

（2）晕轮效应。晕轮效应亦称以点概面效应。美国心理学家桑代克（Edward L. Thorndike）根据心理实验证明，考核者在对人的各种品质进行考核时，会有一种偏高或偏低的习性，即由于某人某方面的品质和特征特别明显，观察者容易产生明显的错觉，而忽略被测评人其他的品质和特征，从而作出片面的判断。

（3）近因误差。测评人员对被测对象近期印象深刻、记忆清楚，而对远期表现印象模糊、记忆不清，因此，以近期的记忆代替整个测评时期的全部实际表现，会产生测评结果误差。

（4）感情效应。测评人员和被测对象之间的关系，也是影响测评结果的重要因素。如果两者关系好，一般测评得分会较高；反之亦然。当测评指标偏重“软性”时，这种情况更为明显。

（5）参评人员训练不足。对测评系统的参照标准理解不统一或认识不深，测评方法掌握得不熟练，测评人员之间相互影响等，均会对测评结果产生影响。

2. 测评结果处理的常用分析方法

员工素质测评结果处理的常用数理统计方法有集中趋势分析、离散趋势分析、相关分析和因素分析等。

（1）集中趋势分析。集中趋势分析是指在大量测评数据分布中测评数据向某点集中的情况分析。描述集中趋势的量数，在数理统计学中叫集中量数。其功用有二：①它是一组数据的代表值，可以用来说明一组数据全貌的一个方面特征，即它们的典型情况；②可以用来进行组间比较，以判明一组数据与另一组数据的数值差别。在素质测评中，最常使用的集中趋势量数有算术平均数和中位数。

（2）离散趋势分析。数列的离散趋势描述的是数列的分散程度，以差异量数来说明。一个数列只有同时用集中量数和差异量数描述时才能体现数列的整体特征。差异量数越大，集中量数的代表性就越小；差异量数越小，集中量数的代表性越大。在素质能力测评中，最常使用的差异量数是标准差。

（3）相关分析。相关分析是描述两组测评数据之间相互关系的方法。根据两组测评数据的变动方向是否相同，相关的情况有三种：正相关、负相关和零相关。相关系数的取值范围限于 $-1.00 \leqslant r \leqslant 1.00$，$r=1.00$ 表示完全正相关，$r=-1.00$ 表示完全负相关，$r=0$ 表示零相关，即不相关。

（4）因素分析。因素分析一般用来分析受多个因素影响的现象，这类现象的量一般表现为若干因素的乘积，其中每一因素发生变化都会使总量发生变化。因素分析的目的就是要确定这些影响因素的作用方向和程度。

3. 测评数据处理

（1）要素分析法。要素分析法是根据每个测评指标的测评结果，依据素质测评参照标准的内容进行要素分析的一种方法。以要素分析为基础，又可分为结构分析法、归纳分析法和对比分析法。

（2）综合分析法。综合分析法是根据模糊数学中综合评判的思想对测评指标进行加权处理，计算指标的加权平均数，进而综合分析测评结果的一种方法。这样可以防止结果分析中的片面性，并且分析具有可比性。

（3）曲线分析法。曲线分析法是按照一定的要求在坐标图上用折线依次连接两个相邻指标所对应的测评结果分值点，根据坐标图上曲线的“起伏”情况，对被测评对象素质进行分析的一种方法。它具有直观、简便的特点，从曲线图上可以很快地了解和掌握被测评对象的素质情况、各种特征和各类员工的某一指标差异情况。

任务二 选择绩效考核的方法

◉ 任务情境

企业绩效考核

A公司成立于20世纪50年代初，经过多年的努力，A公司在业内已具有较高的知名度并获得了较大的发展。目前公司有员工1000人左右。总公司本身没有业务部门，只设了一些职能部门；总公司下设若干子公司，分别从事不同的业务。在同行业的国有企业中，该公司无论是在对管理的重视程度上还是在业绩上，都是比较不错的。由于国家政策的变化，该公司面临着众多小企业的挑战。为此，公司从前几年开始，一方面参加全国百家现代企业制度试点，一方面着手从管理上进行突破。

绩效考核工作是公司重点投入的一项工作。公司的高层领导非常重视，由人事部具体负责绩效考核制度的制定和实施。人事部在原有考核制度基础上制定了《中层干部考核办法》。在每年年底正式进行考核之前，人事部会出台当年的具体考核方案，以使考核达到可操作化程度。

A公司的做法通常是由公司的高层领导与相关的职能部门人员组成考核小组。考核的方式和程序通常包括被考核者填写述职报告、在自己单位内召开全体职工大会进行述职、民意测评（范围涵盖全体职工）、向科级干部甚至全体职工征求意见（访谈）、考核小组汇总写出评价意见并征求主管副总的意见后报公司总经理。

考核的内容主要有三个方面：被考核单位的经营管理情况，包括该单位的财务情况、经营情况、管理目标的实现等方面；被考核者的德、能、勤、绩及管理工作情况；下一步工作打算，重点努力的方向。具体的考核细目侧重于经营指标的完成、政治思想品德，对于能力的定义则比较抽象。各业务部门（子公司）都在年初与总公司对于自己部门的任务指标进行了讨价还价。

对中层干部的考核完成后，公司领导会在年终总结会上予以说明，并将具体情况反馈给个人。尽管考核的方案中明确指出考核与人事的升迁、工资的升降等挂钩，但最后的结果总是不了了之，没有下文。

对于一般员工的考核，则由各部门的领导掌握。子公司的领导对下属业务人员的考核通常是以经营指标完成情况（该公司中所有子公司的业务员均有经营指标任务）为依据的；对于非业务人员的考核，则无论是总公司还是子公司，均由各部门的领导自由进行，通常的做法是到了年终时部门领导才会对自己的下属做一个笼统的排序。

这种考核方法，使得员工参与程度较高，颇有点儿声势浩大、轰轰烈烈的感觉。公司在第一年考核时，获得了比较大的成功。由于被征求了意见，一般员工觉得受到了重视，感到非常满意。领导觉得该方案得到了大多数人的支持，也挺满意。但是，被考核者觉得自己的部门与其他部门相比，历史条件和现实条件不同，年初所定的指标不同，相互之间无法平衡，心里多有不满。考核者尽管需访谈300人次左右，忙得团团转，但由于大权在握，体会到考核者的权威，还是乐此不疲。

这种考核方法进行到第二年时，大家已经丧失了第一年考核时的热情。第三年进行考核时，员工考虑到前两年考核的结果出来后业绩差或好并没有任何区别，而且年年都是那套考核方式，没有新意，也就失去了积极性，只不过是领导布置的事情，不得不应付。

❖ 任务分析

A 公司的做法是相当多的国有企业在考核时的典型做法，具有一定的普遍性。这种做法在一定程度上确实发挥了应有的作用，但是，这种做法在对考核的理解上和考核的实施上均存在许多误区：考核定位模糊并存在偏差，绩效指标的确定缺乏科学性，考核周期的设置不尽合理，考核关系不够合理，绩效考核与相关的后续其他工作环节衔接不好。

⊙ 知识精讲

一、绩效与绩效考核

对绩效考核的探索，有必要先从绩效及绩效考核的定义开始。

1. 绩效与绩效考核的概念

所谓绩效（Performance），其含义是“表现”，它是个体或群体的工作表现、直接成绩和最终效益的统一体。

从管理学角度来看，绩效是组织期望的结果，是组织为实现其目标而展现在不同层面上的有效输出。从经济学角度来看，绩效和薪酬是员工和组织之间的对等承诺关系，绩效是员工对组织的承诺。从社会学角度来看，绩效意味着每位社会成员按照社会分工所确定的角色，承担自身相应的那一份职责。

古语道“川积细流，海纳百川”，这正为我们揭示了绩效的内涵。组织绩效是对各个团队绩效的整合，而团队绩效来源于每个员工所创造的合力。追本溯源，每个层次的绩效均来源于员工绩效。“万丈高台，起于垒土”，员工绩效即根基。同时，员工个人的表现又不能脱离组织和团队的导航，否则将无绩效可谈。

所谓考核，其含义是“评价、评估”，是一定的主持人对被考核对象的评价和打分。考核有三原则：“三公”原则——公平、公正、公开；“三结合”原则——责、权、利相互结合；“三级考核”原则。

绩效考核，是对员工在工作过程中表现出来的工作业绩（工作的数量、质量和社会效益等）、工作能力、工作态度及个人品德等进行评价，并以之判断员工与岗位的要求是否相称的活动。广义的考核不仅是对员工工作绩效的考核，还包括对员工各项素质状况以及是否适合从事某项工作的把握。

2. 绩效公式

绩效受到多种因素的影响，是员工个人素质和工作环境共同作用的结果。了解影响绩效的相关因素，对正确设计和实施绩效考核有着重要的作用。绩效与这些影响因素的关系可以用以下函数形式来反映：

$$P = F(S,M,E,O)$$

式中，P 是绩效；S 是技能；M 是激励；E 是环境；O 是机会。

二、绩效考核方法的类型

绩效考核工作一般可以分为四种类型：品质导向型考核、行为导向型考核、效果导向型考核以及综合型考核。

1. 品质导向型考核

品质导向型考核以考核员工在工作中表现出来的品质为主，经常使用如忠诚、可靠、主动、有创造性、有自信、有协助精神等定性的形容词。品质导向型考核主要回答员工"他这个人怎么样"的问题，而较少重视员工的事做得如何。这种考核方法最主要的优点是简便易行，但同时也具有严重的缺陷：对员工品质的评价考核主观性较强，含糊不具体，考核效度较差；可操作性差，缺乏稳定性，不同的考核者对同一名员工的考核结果可能反差较大；无法为员工提供足够有益的反馈信息。品质导向型考核方法适合对员工工作潜力、工作精神及人际沟通能力进行考核。

2. 行为导向型考核

行为导向型考核的内容以员工的工作行为为主。行为导向型考核主要回答员工"干什么""如何去干"的问题，重在工作过程，而非工作结果。这种考核方法最主要的优点是考核标准较易确定，可操作性较强，能够为员工提供有助于改进工作绩效的反馈信息，缺点是无法涵盖员工达成理想工作绩效的全部行为。行为导向型考核适合于对管理性、事务性工作进行考核，适合于那些绩效难以量化考核或需要某一种规范行为来完成工作任务的岗位。

3. 效果导向型考核

效果导向型考核的内容以工作效果为主。效果导向型考核主要回答员工"干出了什么"而不是"干什么"的问题，重点是产出和贡献，而不是行为或活动。这种考核方法最主要的优点是因为它考核的是工作业绩，而不是工作过程，所以考核的标准容易制定，并且考核也容易操作；缺点是由于只测结果，不问手段，易导致考核结果具有短期性和表面性的缺点，并且不利于企业团队意识的培养。效果导向型考核方法适合于考核从事具体生产操作的员工及以体力劳动为主的员工，适合考核那些最终绩效表现为客观的、具体的、可量化的指标的员工。

4. 综合型考核

综合型考核就是将各类绩效考核的方法进行综合运用，以提高绩效考核结果的客观性和可信度。上述三种考核方法无论采用哪一种类型，都无法对员工进行全面的绩效考核，在实际工作中，很少有企业使用单独的一种考核方法来实施绩效考核工作，而是从多维角度对员工进行整体评价和鉴定。在具体操作过程中，要针对不同工作岗位的员工慎重地选择考核方法，并将以上三种类型考核方法进行有效的组合和精心的设计，以使绩效考核更客观、更全面。

三、绩效考核的基本方法

根据考核内容的不同，考核方法也有多种。采用多种方式进行考核，可以有效地减小考核误差，提高考核的准确度。目前比较常用和先进的考核方法主要有以下几种：

（一）品质导向型考核法

品质导向型考核法是对员工进行的主观考核，它在对员工进行相互比较的基础上对员工进行排序，提供一个员工工作相对优劣的评价结果。该考核法主要包括排队法、强迫分配法、对偶比较法。

1. 排队法

排队法是将被考核员工按照工作业绩的好坏进行一定次序的排列，以区别员工业绩水平的一种方法。排队法可分为直接排队法和间接排队法两种。直接排队法就是将员工按照某一标准从最好到最差依次排出顺序的方法；间接排队法先排出最好的和最差的，然后排出次好的和次差的，以此类推，直至结束。排队法示例如图 6－1 和图 6－2 所示。

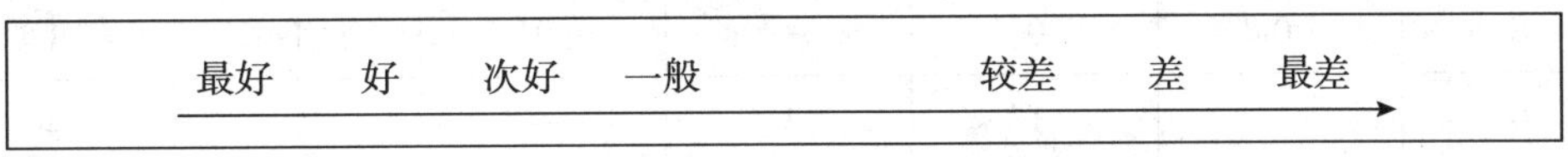

图 6－1　直接排队法

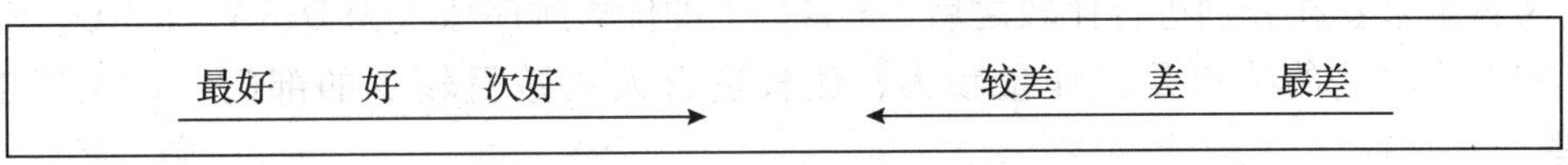

图 6－2　间接排队法

排队法的最大优点就是简单易行，省时省力。但是由于没有具体的考核指标，只是在被考核者之间进行比较，有时很难明确确定绩效相近员工的前后顺序；该种方法主观性太强，有时很难给考核者提供有效的建议和措施。

2. 强迫分配法

强迫分配法是指将员工按照事先确定的若干等级分别归入某一级别的工作绩效考核方法。强迫分配法也称强制正态分布法，这种方法基于一个假设，就是组织的所有部门都同样具有优秀、一般、较差的员工。实施强迫分配法，要求考核人员按照正态分布的规律先确定分类等级及其相应的人数，然后将员工按照业绩归入某一等级。强迫分配法示例如表 6－1 所示。

表 6－1　强迫分配法示例

员工总数	优（10%）	良（20%）	一般（40%）	较差（20%）	差（10%）
100 人	10 人	20 人	40 人	20 人	10 人

强迫分配法的优点是操作方便，适用于被考核人员数量较多的情况。它遵循正态分布规律，可以在一定程度上减少由考核人员的主观因素造成的偏差。它还具有较强的激励和鞭策功能，能结合员工淘汰机制，利于管理控制。其缺点是在现实工作中并非每个部门都符合正态分布规律，如果员工的业绩水平与事实不符，则按照正态分布

考核对员工进行强制区别容易引起员工不满。

3. **对偶比较法**

对偶比较法也叫两两比较法或配对比较法。对偶比较法是将每一个被考核员工与小组中其他员工分别进行两两比较，相对业绩水平高的员工得1分，相对差的得0分，进行完所有的比较之后，得出对其业绩的总的评价结果的一种考核方法。对偶比较法示例如表6－2所示。

表6－2　对偶比较法示例

序号	A	B	C	D	E	总评
A	—	1	1	0	1	3
B	0	—	1	0	1	2
C	0	0	—	0	1	1
D	1	1	1	—	1	4
E	0	0	0	0	—	0

考核结果：在分别进行比较之后，5名员工的优秀顺序依次为D、A、B、C、E。

对偶比较法的特点是工作量较大，比较适合人员数目较少的部门，常用于工资管理。

（二）行为导向型考核法

行为导向型考核根据员工的工作行为进行考核，实质上是对员工的行为按照评价的标准给出一个量化的分数或程度判断，然后对员工在各个方面的得分进行加总，得到一个员工业绩的综合评价结果。行为导向型考核法主要包括关键事件法、评级量表法以及行为锚定等级评价法。

1. **关键事件法**

关键事件法是客观评价体系中最简单的一种形式，它通过对员工在工作中极为成功或极为失败事件进行观察和分析，来判定该员工在类似事件中或在介入关键事件时可能的行为和表现。这种方法要求主管人员将每一位下属在工作活动中所表现出来的非同寻常的好行为或不良行为（或事故）记录下来，主管人员根据所记录的特殊事件来评价员工的工作绩效。关键事件的记录可以确保主管在对下属人员的绩效进行考察时，所依据的是员工在整个考核期内的表现，而不仅仅是员工最近一段时间的表现。因此，关键事件法经常被用来甄别干部的绩效程度和可能获取的晋升机会。

关键事件法是以书面记录作为考核基础的，被记录的关键事件既是考核的主要依据，也是向员工反馈的重要内容和向员工提供培训和指导的基础。人们在工作中常会遇到一些偶发事件、典型事件、重大事件。对这些事件行为和结果的记录，是评估员工很有价值的资料和依据，要注意关键事件记录并不是唯一的依据，主管一定要避免以员工在某单一事件中的表现好坏来决定员工在整个考核期内的综合绩效的情况。

关键事件法的优点：对关键事件的行为观察客观、准确；能够为更深层的能力判断提供客观依据；对未来行为具有一种预测的效果。关键事件法的缺点：记录关键事件工作耗时耗力；对关键事件的定义不明确，不同的人有不同的理解；容易引起员工与管理者（或记录事件的人）之间的摩擦。

2. **评级量表法**

评级量表法是较古老也是在现实的绩效考核中应用较为普遍的考核方法之一。它主要是借助事先设计的等级量表来对员工进行考核。具体做法：根据考核的目的和需要设计等级量表，列出有关绩效考核的项目，并说明每个项目的具体含义，然后将每个考核项目分成若干等级并给出每个等级相应的分数，由考核者对员工行为表现做出评价和记分，最后计算出总分，得出考核结果。

评级量表法的优点是操作简单、使用方便，创造了一种数量化考核方式，可以满足多种考核目标，其绩效考核结果可以用来作为调薪、调配工作等的依据。评级量表法的缺点是容易使考核者的偏见或晕圈效应、趋中误差进入绩效考核。过于宽容或中庸的考核者会把每个人的每个项目都很快地评为高分或平均分。另外，多数评级量表并不针对某一特定岗位，而是适用于组织的所有单位，因而针对性较差。

3. **行为锚定等级评价法**

行为锚定等级评价法是由美国学者史密斯（P. C. Smith）和肯德尔（L. Kendall）于20世纪60年代提出的。它是一种试图将关键事件和量化评价技术结合在一起的工作绩效评价技术，将定量评价尺度与关于特定的优良绩效或劣等绩效的实例描写结合在一起，将描述性关键事件法和评级量表法的优点结合起来，成为一种新的绩效评价方法，并得到广泛应用。也就是说，行为锚定等级评价法对每一职务的各考核纬度都设计出一个评分量表，并将一些典型的行为描述与量表上一定的刻度相对应，供考核者在评估时作为参考的依据。行为锚定等级评价法如图6-3所示。

设计行为锚定等级评价表的步骤通常如下：首先，由对工作较为了解的人（通常是工作的承担者及其主管人员）对该项工作的一些代表优良绩效和劣等绩效的关键事件进行描述；其次，由这些人将关键事件合并成为数不多的几个绩效要素（如5个或10个），并对绩效要素的内容加以界定；再次，由另外一组同样对工作比较了解的人对原始的关键事件进行重新排列，第二组人会被要求对关键事件中所描述的行为进行评定（一般是7点或9点等级尺度评定法），以判断它们能否有效地代表某一工作绩效所要求的绩效水平；最后，对于每一个工作绩效要素来说，都将会有一组关键事件（通常每组中有6个或7个关键事件）作为“行为锚”。

行为锚定等级评价法的优点：对工作绩效的计量更加精确，绩效考核标准更加明确；可以向员工提供公司对于他们绩效的期望水平和反馈意见，具有良好的连贯性和较高的信度；考核工作的独立性强。缺点是设计锚定标准比较复杂，需要花费相当多的人力、财力和时间，操作也更困难；而且考核某些复杂的工作时，特别是对于那些工作行为与效果的联系不太清楚的工作，管理者容易着眼于对结果的评定而非依据锚定事件进行考核。

（三）效果导向型考核法

效果导向型考核法主要是从员工完成工作结果的角度进行考核，具体方法主要有目标管理法（MBO）、成果记录法等。

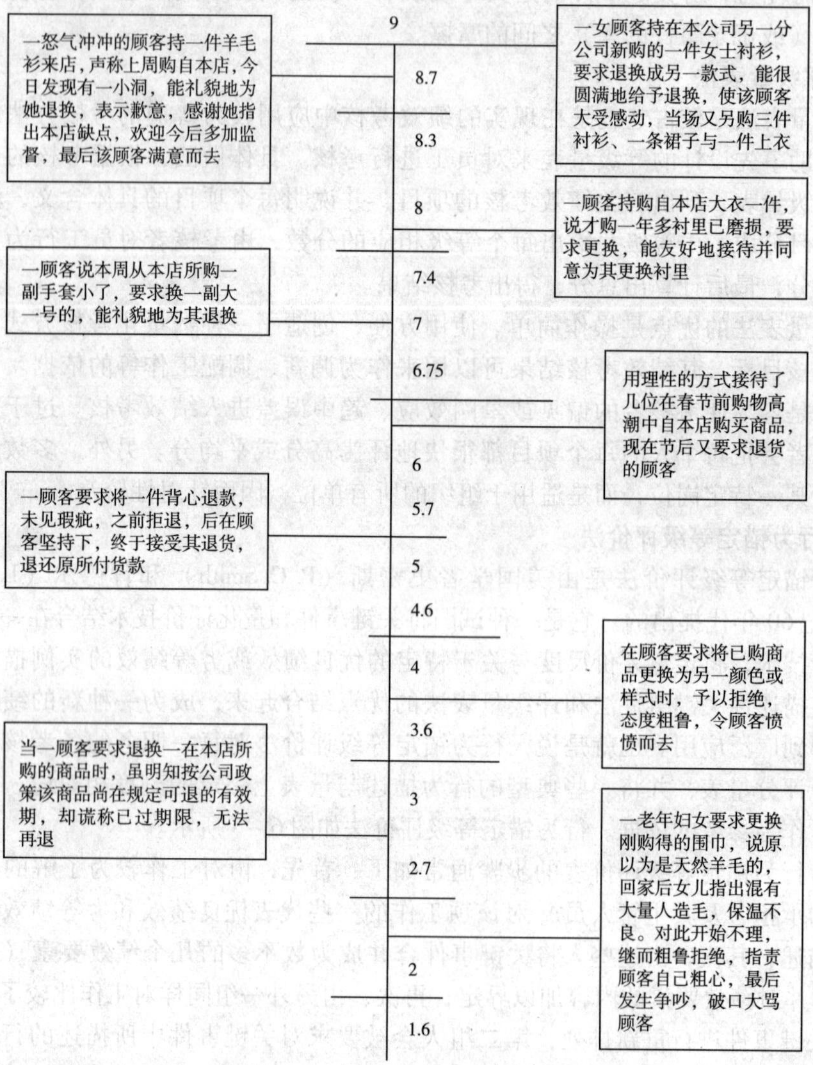

图 6-3　行为锚定等级评价法图示

1. 目标管理法

目标管理法最早是由彼得·德鲁克在 1954 年其著作《管理实践》中提出来的，后普遍运用于对管理人员和专业人员的考核。目标管理是一种程序或过程，它根据组织的使命，通过让组织中的上下级共同协商来确定一段时间内组织的总体目标；通过专门的设计过程，将组织的总体目标层层分解，转换为各个级别的分目标，明确上下级的权利和责任，同时将这些目标作为组织经营管理、绩效考核和实施奖励的标准。

目标管理的步骤主要有四个：设定目标、分解目标、实施和监控、评估和总结。

目标管理法的优点在于评价标准明确，结果易于观测，便于对员工进行反馈和辅导。另外，员工参与制订目标，因此，易于调动员工的积极性，能增强其事业心和责任感。缺点在于利用目标管理法进行工作业绩考核需要耗费大量时间、资金，还需要主管和员工的良好合作。再者，由于没有在不同部门、不同员工之间设立统一目标，难以对不同员工和不同部门之间的工作绩效作横向比较，因此，不能作为奖金的分配依据，也较难为以后的晋升决策提供依据。该方法适用于员工素质较高的组织。

2. 成果记录法

成果记录法是对专业人员进行工作绩效考核常用的一种方法。它采用记录员工工作成果的方法，利用专家来评估工作成果的价值，从而决定工作绩效的高低。成果记录法的优点是聘用的专家具有专业性和权威性，常用于专业人士如律师、教师等人员的考核。它的缺点是成本费用一般较高。

（四）综合型考核法

综合型考核法是从多维角度对员工进行整体评价和鉴定的考核方法，主要包括360度绩效考核法、关键绩效指标考核法（即KPI考核法）和平衡计分卡。

1. 360度绩效考核法

360度绩效考核法是多角度进行的比较全面的绩效考核方法，也称全方位考核法或全面评价法。传统的绩效考核主要由被考核者的上级对其进行考核。360度绩效考核则由与被考核者有密切关系的人，包括被考核者的上级、同事、下属、客户等，分别匿名对被考核者进行考核，同时被考核者进行自我评价，然后由专业人员针对考核结果向被考核者进行反馈，以帮助被考核者提高能力水平和业绩。

360度绩效考核法一般采用问卷法，由多名考核者匿名对被考核者进行考核。问卷的形式分为两种：一种是给考核者提供5分等级，或者7分等级的量表（等级量表），让考核者选择相应的分值；另一种是让考核者写出自己的考核意见（开放式问题）。两者也可以综合采用。从问卷的内容来看，可以是与被考核者工作情景密切相关的行为，也可以是比较共性的行为，或者是两者的综合。

360度绩效考核法能不能改善被考核者的业绩，在很大程度上取决于考核结果的反馈。考核结果的反馈应该是一个双向的反馈，一方面应该就考核的准确性、公正性向考核者提供反馈，帮助其提高考核技能；另一方面应该向被考核者提供反馈，以帮助被考核者提高能力水平和业绩水平。当然，最重要的是向被考核者提供反馈。

360度绩效考核法的优点有以下几个方面：

（1）反馈更为全面、客观地反映了员工的贡献、长处和发展的需要。

（2）反馈可以使员工对自己如何被管理和对待有一定的主动性，而不是完全被动。

（3）可以表明公司对员工的考核非常重视，从而有利于改善公司与员工的关系。

在具体实施360度绩效考核法时还应注意以下几方面的问题：

（1）要做好考核结果的保密工作。上级担心员工利用360度绩效考核反馈体系发泄不满，而下级则担心如实反映情况会被上级报复，因此360度绩效考核体系最关键的是建立考核者和被考核者相互之间的信任。

（2）合理选取样本的大小。为了保证考核的全面性，而且为了保证无法判定考核结果来源于哪个个体，考核最少需要4~5名考核者。

（3）评价量表应有所针对性并注意事实依据。上级、下级、同事和客户对个体的各个方面不可能有同样准确的观察，所以不同评价者的评价量表是不同的，而且在统合各方面的评价时，要特别注意事实依据。

2. **关键绩效指标考核法**

关键绩效指标（Key Performance Indicator，KPI）是管理中“计划—执行—评价”中“评价”不可分割的一部分，是个体/组织关键业绩贡献的评价依据和指标。KPI是用于沟通和评估被评价者绩效的定量化和行为化标准指标体系。它是把组织的战略目标分解为可操作的工作目标的工具，是组织绩效管理的基础。

KPI是指标，不是目标，但是能够借此确定目标或行为标准；是绩效指标，不是能力或态度指标；是关键绩效指标，不是一般绩效指标。

KPI的实施步骤如图6－4所示。

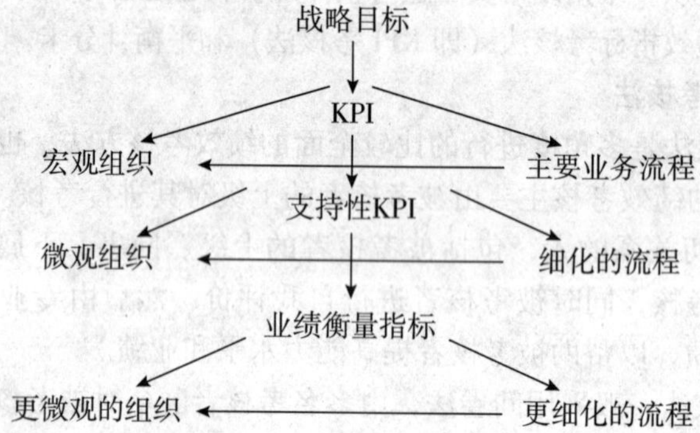

图6－4　KPI的实施步骤

具体操作步骤如下：

（1）明确组织的战略目标，利用头脑风暴法和鱼骨分析法找出组织的业务重点，进而确定这些关键业务领域的关键业绩指标。鱼骨分析法如图6－5所示。

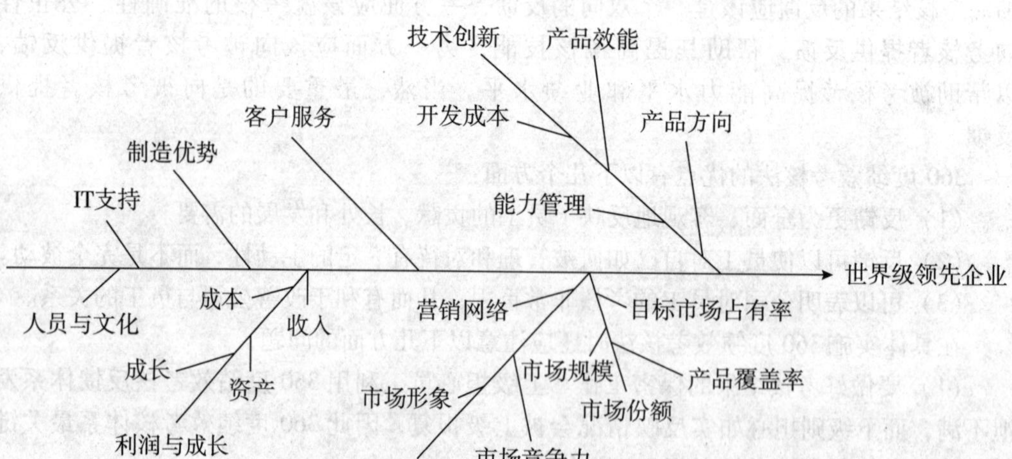

图6－5　战略目标分解——鱼骨分析法

（2）各部门的主管需要依据组织级的KPI建立部门级KPI，并对相应部门级的KPI

进行分解，确定相关要素目标，分析绩效驱动因素（技术、组织、人力资源），确定实现目标的工作流程，分析出各部门级的 KPI，确定评价指标体系。

（3）将 KPI 进一步分解成更细的 KPI 以及各职位的业绩衡量指标。

（4）对关键绩效指标进行审核。审核主要是为了确保这些关键绩效指标能够全面、客观地反映被评价对象的绩效，而且易于操作。

3. **平衡计分卡**

Kaplan 和 Norton 在 1992 年的《哈佛商业评论》中介绍了平衡计分卡（BSC）的概念。平衡计分卡以企业的战略为基础，并将各种衡量方法整合为一个有机的整体，既包含了财务指标，又包含了顾客角度、内部流程、学习和成长的业务指标（如图 6－6 所示），使组织能够一方面追踪财务结果，一方面密切关注能使企业提高能力并获得未来增长潜力的无形资产等方面的进展情况，这样就使企业既具有反映"硬件"的财务指标，又具备能在竞争中取胜的"软件"指标。

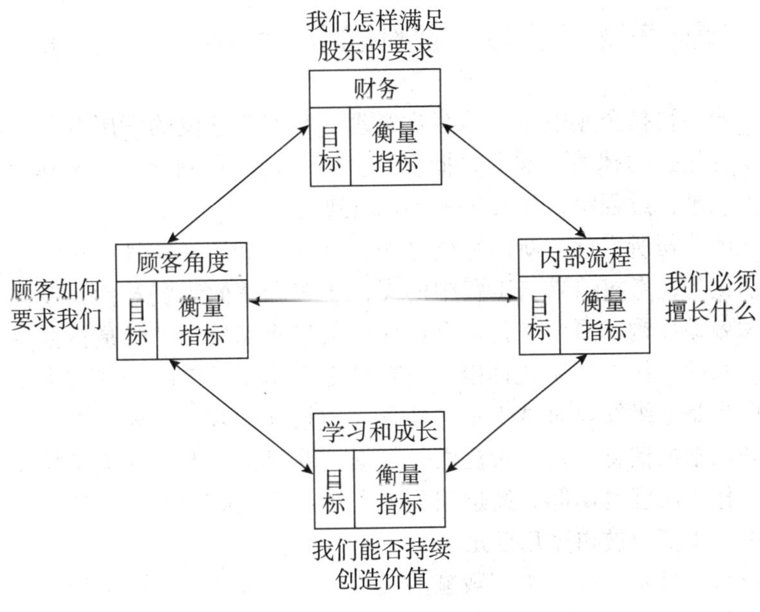

图 6－6　平衡计分卡

平衡计分卡的实施步骤具体如下：

（1）制订组织远景目标与发展战略；

（2）把组织经营战略转化为一系列的衡量指标；

（3）将战略与组织、部门、个人的目标挂钩；

（4）战略的具体实施、反馈和中期调整、修正；

（5）建立健全考核体系，根据平衡计分卡的完成情况进行奖惩。

平衡计分卡相对于传统的绩效考核法，能反映组织综合经营状况，使业绩评价趋于平衡和完善，有利于组织长期发展。总体来说，其具有的鲜明特征有如下几点：

（1）平衡计分卡的评价内容与相关指标和组织战略目标紧密相连，能为组织战略管理提供强有力的支持。

（2）平衡计分卡涉及的四项内容，都是组织未来发展成功的关键要素，可以提高组织的整体管理效率。

（3）平衡计分卡注重团队合作，能防止组织管理机能失调。

（4）平衡计分卡可以提高组织的激励作用，增强员工的参与意识。

（5）平衡计分卡可以使组织管理者仅仅关注少数而又非常关键的相关指标，在保证满足组织管理需要的同时，尽量减少信息负担成本。

任务三 实施绩效考核

◉ 任务情境

绩效考核中运动员、裁判和运动会主席之间的故事

林某是一家高科技企业中年轻的客户经理，有着双学位的学历背景和较好的客户资源，但是个性较强的林某，常常“抵制”公司各种规章制度，果不其然，在公司新的绩效考核方法推行过程中，林某又一次“撞到枪口上”。

林某所在的公司所推行的新的考核办法，是以每个员工本月工作的工时和工作完成度为考核依据的，考核结果与工资中的岗位工资和绩效工资挂钩，效益工资和员工创造出的相关效益挂钩。因为该公司有良好的信息化基础，工时是根据员工每日在信息化系统上填写的工作安排和其直接上级对员工工作安排工时的核定来累计的，员工的工作完成度也是上级领导对员工本月任务完成情况的客观反映。上月末，该公司绩效考核专员朱某根据信息化系统所提供的数据，发现林某上月的工时与标准工时差距很大而且其工作完成度也偏低，经过相关工资计算公式的演算，林某这个月工资中的岗位工资和绩效工资要被扣掉几百元。

拿到工资后的林某，面对工资数额的减少，非常激动，提出了如下几点质疑：工作安排不当不仅是他的错，因为上级朱某没有及时下达任务；没有完成相关的经济目标，责任也不应全由他承担，因为这和整个公司的团队实力有关；和他同一岗位的同事相比，他认为自己的成绩更好，而拿到手上的工资却比同事低得多，这太不公平。

带着一肚子的怨气，林某走进了一向以严明著称的公司董事长赵某的办公室……

❖ 任务分析

这是一个典型的由绩效评估造成的纠纷，这个纠纷涉及的三个当事人分别是林某——绩效评估的对象、朱某——绩效评估者、赵某——绩效评判者。简而言之，就是运动员、裁判和运动会主席之间的故事。我们先从三者的心理分析入手：林某认为考核不公正；朱某对于考核真无奈；赵某对考核本应持公正严明态度。

因此，就这个案例来说，矛盾的根源是林某自身对绩效考核缺乏理解和认识，同时林某的直接上级忽视了考核过程中的绩效沟通，缺乏管理的力度和方法。针对这样

的情况，董事长赵某和林某进行了交流，向其阐述了绩效考核的意义和相关方法，并对其工作中的一些行为和观念上的错误进行了指正，这使得林某心服口服，更加深切地明白了企业需要的人才是德才兼备的人才。对于朱某，赵董事长建议其改进相关工作方法，并对他的工作提供更多的支持，这使得朱某增加了管理的信心。与此同时，赵董事长降低了朱某和自己的工作完成度，也相应地扣减了工资总额。从结果来看，案例中的三个当事人都扣了工资，但是林某的怨气没有了，朱某的困惑消除了，这个纠纷解决了。

⊙ 知识精讲

在进行绩效考核时，要慎重选择考核者，并加强对考核者的培训；采用各种有效的方法，充分收集考核资料与情报，并进行审查与核实，以确保数据真实、可靠；对员工的绩效情况进行考核后，必须与员工进行面谈沟通，要讲究面谈技巧与艺术；考核的结果应及时予以反馈并合理运用。

一、考核者的选择与培训

选拔考核人员是关系考核成败的大事。在选拔考核人员时，有以下几个基本要求：一是考核人员应当有足够长的时间和机会全方位地对员工的工作表现进行观察；二是考核者有能力将观察结果转化为有用的评价信息，并能最小化甚至是消除个人偏见；三是考核者有动力提供真实的员工绩效考核结果。

1. 绩效考核者的选择

在挑选考核人员时，按照上述几方面要求，通常考虑以下人选：

（1）员工的直接上司。员工的直接上司通常能够全面了解员工日常的工作表现，因此，他们通常是最好的考核人员。存在的弊端是可能因他们的个人偏见、与员工的矛盾或者私交等而影响评价的客观性。

（2）高层管理者及相关部门管理者。高层管理者对员工直接主管的考核进行检查和补充，可以有效抵消某些直接主管的偏见。

当员工同时接受几个部门的管理时，例如，车间会计核算人员既受车间主任的领导，也受财务部的领导，这时需要将几个与员工联系密切的部门管理者组成一个考核小组，对员工进行考核。这样可有效消除个人偏见，并增加考核的信息量。

（3）员工的同事。员工的同事与被考核者朝夕相处，因此，他们的评价具有较高的可信度。需要注意的是，同事之间的友情、敌意等因素常常影响他们的评价，而且容易在员工之间造成利益冲突，从而影响考核结果。

（4）员工的下级人员。收集被考核者的下级人员的评价信息，可以有效考核被考核者在信息沟通、工作任务委派、资源配置、信息传递、协调下属矛盾、公正地处理与员工之间关系等方面的能力。需要注意的是，下属评价要与其他评价的信息结合使用。

（5）员工的自我评价。组织员工进行自我绩效评价，可以使员工对自己的工作行为进行及时控制。首先，员工寻找各自存在的问题，并制订解决问题的有针对性的措施。其次，制订某一阶段的目标，并与个人的每日计划相联系，以达到实现目标的功用。最后，采取一系列能够实现的奖惩措施，对自己进行监督，以保证工作目标的实现。

在组织员工进行自我绩效评价时，应注意对员工正确的自我评价进行激励，并对员工进行及时绩效反馈，暂时对评定结果保密，直到员工自我评价结果的偏差得到纠正。

(6) 组织外部人员。对与组织外部的客户和社会公众大量接触的服务性职务来说，客户的评价十分重要，在某些方面客户评价的参考价值很大，但缺点是客户评价的结果往往不十分全面。

选择组织外部人力资源、测评专家对被考核者进行考核，可以利用其专业水平高和客观公正的优点，但同时也有费用高、时间不能保证、了解情况浅及片面的缺点。

2. 绩效考核者培训

对考核者进行培训，可以使考核人员熟悉考核标准，掌握考核原则和考核方法，提高他们的业务能力，减少测评中人为的非正常误差。培训的内容一般包括两个方面：

(1) 培养正确的态度：提高考核者对绩效考核、人力资源开发与管理以及绩效考核意义的认识。

(2) 提高专业知识和技术水平：绩效考核中容易产生错误的原因及其防治对策、考核方法、文件资料和数据的处理方法、专用工具与设备的使用技术等。

二、考核资料与情报收集

信息是绩效考核的关键，也是绩效考核的重要基础。绩效考核实质上是对事前信息和事后信息进行分析综合得出结论的过程。事前信息就是指事先确定的标准，事后信息则指在实施绩效考核时应该获取的有关考核客体、考核主体与参照客体的信息。

收集考核信息是一项非常重要的工作，作为考核基础的信息，必须真实、可靠、有效。收集考核信息要建立一套与考核指标体系有关的制度，并采取各种有效的方法，可以借助关键绩效考核指标进行收集，并结合绩效考核标准进行详细、具体的记录。

1. 资料与情报收集的程序

人力资源部负责组织数据的收集和汇总，于每个月末或季度末给有关职能部门或下一级单位人力资源部下达书面通知，对数据收集提出具体要求，并于每个月末或季度末将员工绩效计划完成情况的相关数据报有关业务管理部门审核，然后报人力资源部。

2. 绩效指标的数据收集方式

财务类和市场类关键绩效资料与情报，一般由本单位综合职能部门和业务部门负责提供；内部营运类和学习发展类绩效资料与情报，由相关部门提供，或采取问卷、测评等方法获取。对于那些需要采取问卷、测评等方法才能获取的指标，如客户服务满意度、职工队伍稳定状况等采集难度比较大、采集成本比较高的指标，可视其重要性和工作需要适当减少采集的频率。

以生产部门为例，成套的信息收集方法有：

（1）生产记录法。生产记录法是在生产服务性组织中常用的方法，具体是根据生产、加工、销售、运输、服务的数量、质量、成本等数据填写原始记录和统计情况。

（2）定期抽查法。定期抽查法也称取样法，指定期抽查生产、服务、管理工作的数量、质量等情况，以代表整体期间情况的一种方法。

（3）考勤记录法。考勤记录法是收集信息方法中较常用的一种，主要对出勤、缺勤情况及原因进行记录。

（4）项目评定法。项目评定法是采用问卷调查方式对员工进行逐项评定的方法。

（5）减分抽查法。减分抽查法是按职务（岗位）要求规定应遵守的项目，制定出违反规定扣分的办法并进行登记的一种方法。

（6）限度事例法。限度事例法是对被考核人员的特别行为，如优良和不良行为进行记录的一种方法。

三、考核结果的审核与协调

为保证数据采集结果的真实性和可靠性，资料收集以后，还要对这些收集和填报的初始信息资料进行审查与核实，也可采取个别谈话、征求客户意见、审查工作报告、调阅有关材料和数据、听取监督部门意见等方式，对所采集的数据进行核查。发现数据与事实不符或有舞弊行为的，要及时采取措施予以更正。需要平衡调整的，按程序报批。对出现的虚报浮夸、弄虚作假等问题，要及时进行调查核实，凡情况属实的，要采取果断措施，及时予以纠正处理。

通常情况下，职能部门或相关业务部门负责业务指标的审计确认，保证数据的真实可靠，最后将审定后的信息资料报人力资源部。

四、绩效面谈

主管对员工的绩效情况进行考核后，必须与员工进行面谈沟通。这个环节是非常重要的，可能是绩效考核中最需要技巧与艺术的地方，也是绩效考核中最难的地方。绩效考核的核心目的是不断提升员工和组织的绩效水平，提高员工的技能水平。这一目的能否实现，最后阶段的绩效面谈和反馈起了很大的作用。

（一）绩效面谈的重要作用

1. 使员工参与到绩效考核中，可以提高员工对绩效管理制度的满意度

主管和员工双方在面谈过程中，可以共同分析完成绩效目标过程中各种问题产生的原因，找出解决这些问题的办法。员工绩效不好的原因可能是多方面的，如果是员工本身能力不足，则通过绩效面谈，主管可以为员工指出需要改进的方面，帮助员工改进和提升。如果是管理者本人有需要改进之处，那么通过面谈可以分清责任，找出改进的方法，这对员工和主管双方都是非常有帮助的。

2. 使员工清楚主管对自己工作绩效的看法

一个绩效管理循环即将结束，员工希望得到主管对自己工作绩效的反馈信息，以便在以后的工作中不断改进绩效、提高技能。另外，员工也想就一些具体问题或自己的思想与主管进行交流。员工在努力工作了一个季度或更长一段时间后，首先希望得到的就是对自己绩效水平公正客观的评价，这种评价往往被员工视为报酬的一个重要组成部分，尤其是在绩效好的情况下，员工更希望得到主管及时的激励，以满足自我实现的需要。此外，由于平时双方工作都比较繁忙，沟通交流的机会不是很多，绩效面谈也可以满足员工在这方面的情感需求，使员工就自己的想法与主管进行交流。

3. **绩效面谈也是双方共同确定下一绩效管理周期绩效目标和改进点的主要方式**

在双方对绩效结果和改进点达成共识以后，主管和员工就需要一同确定下一绩效管理周期的绩效目标和改进点了。绩效管理是一个反复不断的循环过程，一个周期的结束恰好是下一个周期的开始。因此，绩效反馈面谈可以与下一个循环的绩效计划合并在一起进行。

（二）绩效面谈的步骤

绩效面谈的步骤如图 6－7 所示。

绩效面谈准备	绩效考核面谈过程	确定绩效改进计划
• 主管要明确面谈需要达到的目标。目的是就考核达成一致，而不是训斥；认识下属在工作中的缺点，肯定优点，拟订针对某些缺点的改进计划和下期工作要项及绩效标准 • 主管其他准备：决定最佳的面谈时间、场所、资料、开场及结束谈话的方式 • 下属准备：收集考核相关资料，做好自我评估的工作，把面谈的内容事先准备好	• 面谈基本程序：员工自我评价→主管评价→彼此讨论→达成共识 • 面谈过程控制：营造良好的沟通氛围；清楚地说明面谈的目的和作用；注意平衡讲与问 • 应注意的问题：肯定成绩少，指出不足及应改进处多，对员工激励不够；单向沟通多，员工正式表达意见机会少；说服员工接受考核多，真正解决问题少；对抗与冲突的出现；面谈缺乏技巧，影响面谈效果	• 确定考核结果。双方就考核结果达成一致，并签字确认 • 提出改进计划。就被考核者的工作弱项或升迁等人事调整进行讨论，提出相应改进计划 • 改进计划。改进计划是用具体的行动来改进下属工作的，包括做什么、谁来做和何时做等内容，改进计划要具有实际性、时间性和具体性

图 6－7　绩效面谈的步骤

1. **绩效面谈准备**

要保证面谈的效果，主管和员工都必须有充分的事前准备。主管首先要明确面谈需要达到的目标。目的是要就考核达成一致，而不是训斥；认识下属在工作中的缺点，肯定优点，拟订出某些缺点的改进计划和下期工作要项及绩效标准。主管的其他准备工作主要集中在两个方面：一是时间、地点的准备和安排；二是相关材料和分析的准备。被考核者的准备工作一般包括收集考核相关资料，做好自我评估的工作，把面谈的内容准备好。

选择合适的面谈时间非常重要，一般应选择双方都有空闲的时间，时间要充足但不宜过长，一般以 45 分钟左右为宜，要避免在该时间段内由于其他安排而使得面谈双方难以集中注意力。此外，面谈尽量不要安排在上班、下班时间，因为在这段时间双方往往难以集中精力进入状态。在确定面谈时间时，主管应提前征询员工的意见，这一方面是对员工的尊重，另一方面也便于员工安排好手头的工作。

面谈场所应尽量选择不受干扰的场所，最好是封闭、安静、舒适的会议室，一般不宜在开放的办公区进行有关绩效考核的反馈交谈，开放的场所可能使双方谈话有所顾虑，不利于交流和沟通。

在进行绩效面谈前，主管最重要的准备工作应当是相关数据的收集和分析，也就是主管在同员工进行绩效面谈前要做好绩效诊断；在与员工面谈的时候，主管不能仅仅告诉员工一个考核结果，更重要的是要告诉员工为什么会产生这样的绩效，如何才能避免出现低绩效。相关数据和资料的准备工作，一般包括回顾近期的绩效管理讨论会、汇报会、辅导会和相关数据库上的记录；查看季度初每个员工设定的绩效目标；收集可以证明员工达成目标的表现记录和案例；如果员工没有达到所设定的绩效目标，找出原因，并找出帮助员工改进的方法。

2. 绩效考核面谈过程

（1）考核面谈程序。在进行绩效考核面谈时，可参考如下程序：面谈时下属首先进行工作的自我评价；主管对下属进行绩效评价；面谈者向下属说明，在基于观察、数据、记录等情况下对下属的评价，并举例说明；向下属反馈评价结果；如果主管对下属的评价没有得到下属的认同，双方要逐一讨论共同点和不同点，以求达成共识；如果不能达成一致意见，要约定下次沟通的时间；说明反馈结果不是绩效沟通的主要目的，真正目的是帮助主管认识到今后应向下属提供哪些工作上的帮助，以提高下属工作绩效；如果能达成一致意见，则共同制订下一考核期的工作目标。

（2）考核面谈过程控制。一次成功的面谈首先应当有一个融洽的沟通氛围，因此，主管应当在氛围的营造上投入一定的精力。

营造良好的沟通氛围，首先应建立并维护彼此的信赖关系。在绩效沟通中，因为必须对下属的绩效进行明确的评价，这就会将管理者与员工平时隐性的监督与被监督关系显性化，所以事实上没有几个管理者真正喜欢考核面谈工作。对于考核面谈，他们也同样会有畏难情绪。而员工带着不同的心态来面谈，也是比较紧张的。因此，建立彼此的信赖关系，是绩效沟通面谈成功的前提。

清楚地说明面谈的目的和作用，对于沟通氛围的营造也会起到非常重要的作用。因此，主管应当在开始的时候花一点时间讲清楚面谈的目的和具体议程，这样会有助于消除双方的紧张情绪，同时，也便于双方控制面谈的进程。

在面谈过程中，作为管理者，一定要注意平衡讲与问。高效率的交流者，懂得审时度势地调节讲与问，要能够充分调动对方参与讨论的积极性，赢得他们的合作。要注意倾听被考核者的个人意见，让被考核者感到自己也享有一定的权利和主动性。倾听被考核者的意见，有利于考核者全面了解情况，印证自己的判断，把握交流的基调。

（3）考核面谈中应注意的问题。主管应当有意识地花一些时间来讨论被考核者绩效好的方面，而不是仅仅说一两句表扬激励的话。对员工来讲，主管花时间来讨论自己的成功之处比得到主管一两句表扬激励的话更有激励作用，它可以帮助员工改进绩效。

单向沟通多，员工正式表达意见机会少，主管不对员工感受负责。沟通时一定要调动起员工的积极性，与员工共同分析问题产生的原因，通过讨论，帮助员工认识到问题的根源。这个过程非常重要，对于员工技能的提高有很大的帮助。

沟通时说服员工接受考核多，真正解决问题少。沟通的目的不是说服员工接受考核结果，而是双方共同寻找问题产生的原因，寻找解决办法。

对抗与冲突的出现。在面谈过程中，主管应当注意控制面谈的议题和内容，要果断终止无结果的辩论，避免冲突和对抗的出现。

面谈缺乏技巧，影响面谈效果。要对主管进行面谈培训，面谈中要运用一定的面谈技巧，例如，讨论时要尽量用描述性的语言，而不是判断性的语言；应采用支持性的态度，而不是权威性的态度；谈话要反映出平等的态度，而不是优越感；要接受他人的建议，而不独断专行等。

3．确定绩效改进计划

就考核结果达成一致并签字确认后，双方应就被考核者的工作弱项或升迁等人事调整进行讨论，做出相应的改进计划。改进计划是要以具体的行动来改进下属工作的，包括做什么、谁来做和何时做等内容。改进计划要求具有实际性、时间性、具体性的特征。面谈的一个重要内容就是确定下一阶段的改进重点和改进计划。在绩效面谈中，双方在讨论绩效产生的原因时，对于达成的共识应当及时记录下来，这些问题可能就是员工在下一期需要重点关注和提高的地方。实际上，双方在面谈过程中同时也对下一阶段绩效重点和目标做了计划，这就使整个绩效管理过程形成一个不断上升的循环过程。

面谈结束后，双方要对达成共识的结论性意见或经双方确认的关键事件或数据及时予以记录、整理，并将之填写在考核表中。对于达成共识的下期绩效目标，也要进行整理，以形成下期的考核指标和考核标准。

五、绩效考核结果的反馈与运用

绩效考核结果应得到及时的反馈及合理的运用。绩效考核结果的反馈应最终做到：员工对该反馈能够充分理解；员工接受该反馈；该反馈可以对员工的行为改进有所帮助。

（一）绩效考核结果的反馈

绩效信息与资料情况收集完成后，人力资源部要组织有关部门对绩效考核结果进行全面的综合分析，并对每个员工的绩效完成情况作出阶段性评估结论。考核结束后，应及时将绩效考核结果反馈给被考核人。反馈的主要内容应包括整理审核后的考核结果，并根据员工绩效完成情况，肯定成绩，指出问题和不足，提出改进工作的建议和要求，帮助员工制订绩效改进计划，将其一并存入个人绩效档案，作为年度考核分析的依据。

在被考核人没有异议的情况下，与个人奖惩挂钩。员工如对考核评价结果存有异议，可按管理权限逐级反馈，如需更改，按程序审批。正职由其上一级正职（或正职授权的分管副职）反馈，副职由正职反馈。最有效的绩效反馈形式是上下级人员间的中期回顾会议，即促使上级在百忙之中抽出时间与下属人员进行绩效沟通。会议中可讨论完成绩效指标或工作目标的进展情况，讨论个人行为方式或能力表现情况，讨论做出一个改进绩效或能力的行动计划。在进行绩效反馈时，应注意以下几种情况：

1. 员工同意绩效考核结果，而且愿意提高自己的绩效

在这种情况下，考核者应对于员工积极参与表示肯定和感谢。很多员工都想知道自己的缺点和长处，以及怎样做才能更加有效地提高自己。在员工值得称赞的时候，不要忽视了真诚的赞扬所起的作用。

2. 员工对自己低水平的绩效不愿意承担责任，而是责怪公司的政策和其他员工

在这种情况下，考核者应耐心倾听，不要打断员工的谈话，也不要与他们争吵，要找出他们责怪别人的原因，然后争取他们的合作，把话题转向纠正问题的方向。每当员工向承担责任的方向迈出一步时，都要表示肯定。密切地跟进员工，观察员工的观点有什么改变。

3. 员工不同意绩效考核结果，而且提供了确切的材料来反驳

在这种情况下，仔细倾听员工的谈话，然后表明公司会重新检查手头的资料。如果发现员工的信息比手头上的信息更可靠，这时就需要相应地调整立场。如果确信员工的信息是无效的或不相关的，考核者就需要坚持自己的立场，并解释观点。

4. 员工一言不发地接受了绩效考核结果，准备离职

在这种情况下，当员工不愿意谈话时，要通过提问来鼓励他们参与谈话。让员工建议一些对自己有利的活动，并根据实际情况有选择性地对这些活动予以支持。

（二）绩效考核结果的分析

人力资源部对绩效考核结果的分析，可从以下几方面考虑：

1. 工作业绩

基层偏向于短期物质奖励；越向高层越偏向于长期激励。

2. 工作态度

从工作态度中判断企业的凝聚力、员工的忠诚度、目前存在的问题、该员工的个性特征。

3. 工作能力

工作能力是员工晋升、降职、辞退等人事调整的依据，要将合适的人放在合适的位置上。

（三）绩效考核结果的运用

绩效考核结果只有与薪酬等激励机制挂钩才能体现出其价值。如何根据员工的绩效考核结果确定合理的薪酬奖励，是保证绩效考核激励作用的核心问题。绩效考核结果的运用如图 6 – 8 所示。

1. 绩效考核结果运用于利益分配（薪酬调整、奖金分配）

绩效考核结果运用于利益分配主要体现在薪酬调整和奖金分配两个方面。薪酬调整主要体现的是对员工的长期激励，这表现在两个方面：一是考核用于年度薪酬额的调整，即对考核结果较差的员工，下调其下年度的薪酬，如扣减其下年度薪酬额的5%等；二是薪酬的定期调整，即依据年度考核结果，决定薪酬是否调级以及调级的幅度。

绩效考核结果运用于奖金分配，体现了对员工的短期激励。绩效考核结果为年终

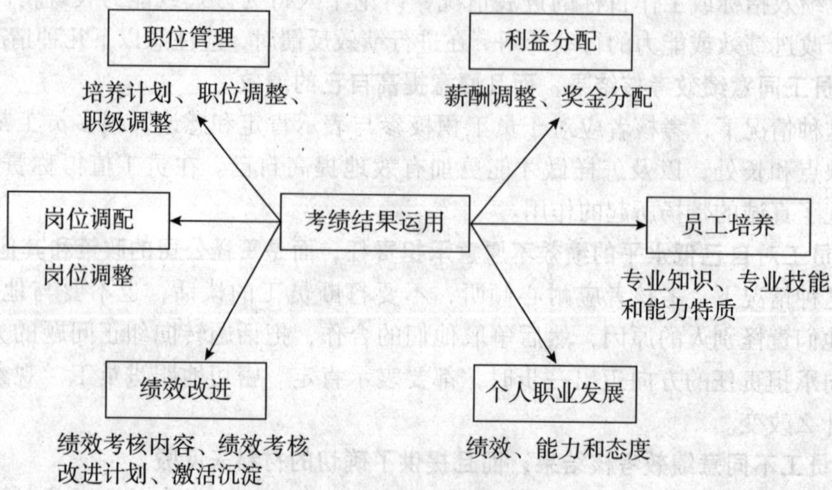

图6－8　绩效考核结果的运用

奖金的分配提供了很好的依据，但奖金的发放形式和水平，不同类别的企业应有所不同。

2．绩效考核结果运用于职位管理、岗位调配

连续的考核结果记录为职位调整和职级调整提供了依据。通过对员工在一定时期的连续绩效进行分析，调整培养计划，可选择出连续绩效比较好且稳定的人员，并将其纳入调配或晋升名单。

通过分析连续考核结果记录，发现员工工作表现与其职位的不适应问题，查找原因并及时进行岗位调配。例如，职级较高的员工，由于个人爱好或其他原因不能适应现有职位，能力没有充分发挥；职级较低的员工，逐渐不能胜任现有职位，但可以胜任较低序列职位。对这两类员工，可参照个人选择，有组织、有计划地将其置换到新的职位，真正做到人适其事、事得其人。岗位调配还包括公司有计划地将一批优秀人才在各种职位间轮换、交流，以培养其全面才干。

3．绩效考核结果运用于员工培养

通过分析累积考核结果的记录，发现员工群体或个体与组织要求的差距，从而及时组织相关的培训教育活动。工作态度上的落后分子，需参加公司适应性再培训，到生产部门接受训练，重塑自我。对于员工能力上的不足，可通过组织有针对性的培训活动，开发其潜力，提高其工作能力。还要组织各种情景模拟形式的管理者培训，不断开发和提升管理干部的管理能力。

绩效考核结果反馈给个人时，考核者可以指出员工工作上的优缺点，使员工改进工作有依据和目标。在组织目标的指导下，员工不断提高工作能力，开发自身潜能，不断改进和优化工作，这有助于个人职业目标的实现，有助于个人职业生涯的发展。

4．绩效考核结果运用于个人职业发展

将工作绩效、工作能力或行为方式与员工个人的职业前景相联系，能强化员工提高绩效和能力的意识，促使所有员工努力去提高能力，完成绩效目标。

5. 绩效考核结果运用于绩效改进

绩效考核完成后，在广泛听取各方意见的基础上，应该对绩效考核结果及考核实践进行全面的总结分析，具体可从以下几个方面考虑：

（1）调整绩效考核内容。找出最成功的部分与最难操作的部分、意义不大的部分，根据衡量标准对主要工作活动内容或关键结果进行适时调整。

（2）修订绩效考核计划。将工作实际完成情况与工作目标进行对比，对考核方法进行全面的验证分析，以确定指标值是否合理，剔除不合理的因素并进行修正。在全面总结分析的基础上，根据公司新的年度业务发展计划和经营预算目标，对绩效计划进行修订，为下一年绩效计划指标值的确定提供经验和指导。

（3）激活沉淀。绩效考核结果累积不佳的员工，逐渐成为沉淀层，如不激活，终将被淘汰出局。对这部分员工，公司首先要加大竞争压力，促其警醒。再给以机会，让其参加态度或能力方面的专项培训，培训合格者可以在内部寻找工作职位，但必须通过严格的考核。仍不能适应工作的员工，只能被置换到外部劳动力市场。

六、员工绩效考核容易出现的问题

（一）基于考核标准出现的问题

当考核一个员工时，应避免对从事类似工作的员工采用不同的标准和要求，否则必然引起员工的不满。为此，在设计考核标准时，应尽量避免使用模棱两可的标准，避免选择不恰当的考核标准，如以年资、热心程度、整洁与否等非关键因素作为考核标准。负责考核的人员在评定时则应避免主观因素，避免以个人主观观点代替客观标准（记录、工作成果等）作为考核标准。以下列举了一些考核标准不当所造成的问题。

1. 缺乏标准

没有绩效考核标准，评估的结果便失去了客观性，考核只能根据主观臆断或感觉进行，这样的考核结果是不可能有效的。

2. 考核标准不严谨

考核标准的设立，如果不是建立在对工作进行分析的基础上，则其标准很可能与工作不相关或相关系数不大，这必然会影响考核结果的有效性。

3. 考核标准背离考核目的

考核标准如果设置得过高或过低，则会背离绩效考核的目的，不能很好地起到激励员工的作用。

（二）基于考核者出现的问题

1. 平均趋势问题

平均趋势问题指大多数员工的考核得分都居于“平均水平”这一档次，并往往是中等或良好水平的情况。学生们一般都深知，有些教师打分相对较严，有些则相对较松。同样，每个领导也会形成自己的打分模式。当考核者对考核工作缺乏自信，缺乏有关的事实依据或者不愿或无法明确区分被考核者之间的实质差异时，通常会在一个较窄的范围内给员工打分（即一般只给予“中等”或“一般”的评定）。假如考核结果集中于中间档次，那就犯了趋中的错误。

2. 考核者的偏见问题

考核者的偏见问题指考核者以个人的好恶作为考核依据，自己的价值观或偏见扭曲了考核结果的情况。自己擅长的方面，考核尺度严；自己不擅长的方面，考核松一些，不能做到实事求是。考核者的偏见既可能是有意的也可能是无意的。如果一个领导对某一群体具有强烈的反感情绪，这种偏见就会使他在评分时很难坚持客观性和公正性，其结果就必然是使某些人的考核信息处于被扭曲的状态。例如，因某员工是户外活动爱好者，而认为该员工工作不够积极。

3. 近因效应问题

近因效应指在考核员工工作表现时，对员工最近时期的表现给予较大的权重的情况。近因效应是一个易于理解的考核者差错。一般情况下，每位员工都能准确地知道考核者何时对自己的绩效进行评价。尽管员工的某些行为可能不是有意识的，但常常在评价之前的一段时间内，员工的行为会有所改善。对于考核者来说，最近行为的记忆要比遥远的记忆更为清晰。但是，考核者要清楚，考核贯穿一个特定的时期，应该考虑员工整个时期的工作成绩。负责考核的人员可以日常记录员工正、反两方面的表现，从而将近因效应减小到最低限度。

4. 晕轮效应问题

晕轮效应指领导因一个人的某一特点而在其他考查项目上全给其高分或全给其低分的一种情况。例如，如果一个女性员工很少缺勤，那么由于她的这种可靠性，经理就可能对她包括工作产出的质量和数量在内的所有其他方面的工作均给以高分。实际上，这位经理并未真正考虑到她在其他工作方面的特点。

（三）基于绩效结果——奖励员工方面出现的问题

（1）需要有更好的结果，却奖励看起来最忙、工作最久的人。

（2）要求工作的质量，却设下不合理的完工期限。

（3）希望对问题有治本的答案，却奖励治标的方法。

（4）需要事情简单化，却奖励使事情复杂化和制造琐碎的人。

（5）提倡忠诚，却将高薪发给威胁离职或新来的人。

（6）要求和谐的工作环境，却奖励那些只会抱怨且光说不做的人。

（7）需要有创意的人，却责罚那些敢于特立独行的人。

（8）需要节俭，却以最大的预算增幅来奖励那些将资源耗得精光的职员。

（9）要求团队合作，却只奖励团队中的个别人而牺牲了其他人。

（10）需要创新，却处罚未能成功的创意，而奖励墨守成规的人。

（四）其他问题

1. 对员工的反馈不够

绩效考核的标准与方法必须通知员工，目的是使考核工作更有效。如果考核工作秘密进行，则会使员工产生一种被“调查”的感觉。

2. 沟通方式不当

如果绩效考核是以否定的态度，用单向和被动的、极不开放的方法与员工沟通，则考核过程就会受阻，也会极大地影响考核效果。

3．**运用考核资料失败**

考核资料是与考核标准对照的依据，如果考核资料失真或运用不当，那么考核结果也必然会受到影响，因此必须对其予以重视。

△ 知识小结

整个素质测评过程必须遵循一些重要而基本的原则。这些原则既是素质测评实践经验及其技能技巧的科学总结，又是素质测评实践的思想方法。员工素质测评的内容包括品德测评、知识测评、能力测评、学习能力测评。企业对员工的素质能力进行测评，必须经过准备、实施、数据调整和处理以及测评结果分析，最后得到一定的结论等一系列工作，任何阶段的工作质量均影响着测评的效果。

绩效考核是指对员工在工作过程中表现出来的工作业绩（工作的数量、质量和社会效益等）、工作能力、工作态度及个人品德等进行评价，并以之判断员工与岗位的要求是否相称的活动。广义的考核不仅是对员工工作绩效的考核，还包括对员工各项素质状况以及是否适合从事某项工作的把握。

绩效考核的具体实施，常会受到各方面因素的影响，从而使考核面临诸多问题。这些问题不可避免地会对绩效考核的准确性与合理性产生影响。这些问题主要包括基于考核标准出现的问题、基于考核者出现的问题、基于绩效结果——奖励员工方面出现的问题及其他问题。

为了减少绩效考核中的偏差，保证考核过程和结果的正确性，需要采取以下措施：采用客观性、可量化的考核标准；合理选择考核方法；慎重选择考核者。

■ 知识巩固

1．在人力资源管理中，绩效考核的目的是什么？
2．简要评述绩效考核的几种方法。
3．结合实际，论述如何实施绩效考核。
4．员工绩效考核中容易出现的基本问题有哪些？如何改进绩效考核？

✲ 案例讨论

可口可乐的平衡计分卡

可口可乐公司以前在瑞典的业务是通过许可协议由瑞典最具优势的啤酒公司普里普斯公司代理的。该许可协议在 1996 年到期终止后，可口可乐公司已经在瑞典市场上建立了新的生产与分销渠道。1997 年春季，新公司承担了销售责任，并从 1998 年年初开始全面负责可口可乐的生产任务。

可口可乐瑞典饮料公司（CCBS）正在其不断发展的公司中推广平衡计分卡概念。近年来可口可乐公司的其他子公司已经开始在做这项工作，但是总公司并没有要求所有的子公司都用这种方式来进行报告和管理控制。

CCBS 采纳了卡普兰和诺顿的建议，从财务层面、客户和消费者层面、内部经营流程层面以及组织学习与成长层面四个方面来测量其战略行动。

作为推广平衡计分卡概念的第一步，CCBS 的高层管理人员开了 3 天会议，把公司的综合业务计划作为讨论的基础，在此期间每一位管理人员都要履行以下程序：

（1）定义远景；

（2）设定长期目标（大致的时间范围：3 年）；

（3）描述当前的形势；

（4）描述将要采取的战略计划；

（5）为不同的体系和测量程序定义参数。

由于 CCBS 刚刚成立，讨论的结果是它需要实施大量的措施。由于公司处于发展时期，管理层决定形成一种文化和一种连续的体系，在此范围内，所有主要的参数都要进行测量。在不同的水平上，工作焦点将是与战略行动有关的关键参数的测量。

在构造公司的平衡计分卡时，高层管理人员已经强调了保持各方面平衡的重要性。为了达到该目的，CCBS 使用的是一种循序渐进的方法。第一步，阐明与战略计划相关的财务措施，然后以这些措施为基础，设定财务目标并且确定为实现这些目标而应当采取的适当行动。第二步，在客户和消费者方面也重复该过程，在此阶段，初步的问题是“如果我们打算完成我们的财务目标，我们的客户必须怎样看待我们”。第三步，CCBS 明确了向客户和消费者转移价值所必需的内部过程，然后 CCBS 的管理层需要解决的问题是：自己是否具备足够的创新精神、自己是否愿意为了让公司以一种合适的方式发展而变革。经过这些过程，CCBS 能够确保各个方面达到平衡，并且所有的参数和行动都会导致向同一个方向变化。但是，CCBS 认为在各方达到完全平衡之前有必要把不同的步骤再重复几次。

CCBS 已经把平衡计分卡的概念分解到个人层面上了。在 CCBS，很重要的一点就是，只依靠那些个人能够影响到的计量因素来评估个人业绩。这样做的目的，是通过测量与他的具体职责相关联的一系列确定目标来考查他的业绩。根据员工在几个指标上的得分而建立奖金制度，公司控制或者聚焦于各种战略计划。

CCBS 强调的既不是商业计划，也不是预算安排，而且不把平衡计分卡看成一成不变的；相反，它对所有问题的考虑都是动态的，并且每年都要不断地进行检查和修正。按照 CCBS 的说法，在推广平衡计分卡概念过程中最大的挑战，是既要寻找各层面不同测量方法之间的适当平衡，又要确保能够获得将该概念推广下去所需要的信息系统。此外，要获得成功，重要的一点是每个人都要确保及时提交所有的信息。信息的提交也要纳入业绩考核。

讨论：

从 CCBS 平衡计分卡的推广应用中你获得了哪些启示？

✲ 案例讨论

制定模拟公司绩效管理的办法。

1．能力培养目标

（1）制定公司绩效管理办法。

（2）掌握员工绩效管理措施。

2. **实训内容和要求**

（1）学生继续以第一次分组组成的实训团队进行实训，并且以第一次成立的模拟公司名称为实训团队名称（以后实训都按此名称）。

（2）各实训团队制定模拟公司员工绩效管理办法，明确绩效管理方法和措施。

（3）各实训团队充分讨论，制作电子版文件。

3. **实训教学学时安排**

课内3学时，课外视情况而定。教师事先通知学生课外预先查找相关资料。

4. **考核内容与方法**

（1）考核内容：

项目	考核点	考核目标
实训准备	1. 材料准备； 2. 资料准备	对实训目的和基本原理的认识程度，对实训方案的计划能力
实训过程	1. 参加实训的出勤和守纪情况； 2. 实训过程中的程序规范情况； 3. 实训过程中的协作精神； 4. 实训过程中的工作态度； 5. 突发事件应急处理能力	着重考查学生的工作态度、基本操作技能、严谨治学态度、团结协作精神
实训结果	1. 实训方案的结构合理性； 2. 实训方案的完整性、系统性； 3. 实训方案的创新性； 4. 实训报告的格式规范程度； 5. 实训结果的信度和效度	考查学生对典型案例或现象的处理和分析能力、对专业知识的综合运用能力、解决问题的能力、表达能力

（2）考核方法。实训成绩采用等级计分制：优（90～100分）、良（80～89分）、中（70～79分）、及格（60～69分）、60分以下为不及格。其中，实训准备占10%，实训过程占20%，设计结果占70%，实训成果为设计报告。

（3）设计报告考核内容。组织协调10%、资料收集15%、公司绩效管理办法70%、出勤情况5%。

学习情境七　薪酬设计与管理

◆ 知识目标

- 明确薪酬的基本内涵和基本构成
- 掌握薪酬设计的原则、程序和方法
- 理解各种薪酬形式的内涵和作用

◈ 技能目标

- 通过本章的学习，能够使用各种方法对职位实施评价，通过薪酬调查建立薪酬曲线，确定薪酬等级，完成基本薪酬设计

薪酬管理是组织针对所有员工所提供的服务来确定员工应当得到的薪酬总额以及薪酬结构和薪酬形式的过程。奖励性可变薪酬与绩效相联系，具有一定的变动性，因此，对员工的激励效果更明显。员工福利是指企业支付给员工的间接薪酬，包括带薪休假、员工保险、教育津贴和房屋贷款等。一般来说，福利与员工的工作绩效不挂钩，具有普遍性，即“人人有份”。本学习情境将带领大家学习如何进行薪酬设计，建立薪酬管理，制定奖励性可变薪酬制度，以及如何实现员工福利。

任务一　进行薪酬设计

◉ 任务情境

理吉医院的薪酬问题

理吉医院位于某中等规模城市的市中心，它拥有296个住院床位的内科和外科医疗设施服务，除了传统的医疗服务项目外，医院还设有心脏监护、癌症治疗和急诊服务，医院共有806名支付全职工资的员工。

理吉医院十分注重员工薪酬系统的内部一致性问题，即注意保持内部职工薪酬的公平性。医院在对员工工作评估打分的基础上，把员工薪金分成25个级别。每一个薪金级别在原来的基础上还有上下25%的浮动，没有经验或是经验很少的人，只能得到其所属级别中最低限的薪水。随着员工工作的不断进步，医院将支付给员工的薪水与员工工作表现水平直接挂钩。

管理者认为，理吉医院的员工对医院的薪酬体系还是很满意的，因为很少听到员

工抱怨什么。然而，当人力资源部经理马丁回顾这些年来医院员工的离职人数时，发现实际上医院的医疗师存在异常高的流动率。马丁决定对此现象进行调查，找出原因。他发现该医院的薪酬体系的确存在一些问题。医疗师在医院薪酬体系的薪金等级中属于第八级，医院对第八级岗位的付薪范围是1750～2250美元。而马丁的调查也发现，其主要竞争对手Q医院给相应级别的医疗师支付的薪水是2100～2700美元，显然，理吉医院医疗师的薪酬是存在问题的。

于是，马丁决定召开一次会议来讨论应对办法。出席会议的有主管人力资源工作的副总裁皮特森和其助手李克。李克建议医院将医疗师的工作级别升至第十级，以保证医院对医疗师支付的薪资水平能与竞争对手医院的付薪水平相当，但皮特森对李克的提议表示怀疑，他认为这样的变动会破坏理吉医院工作评估的可信度，并可能影响员工士气，特别是对那些薪金在第八级以上岗位工作的员工来说。

❖ 任务分析

薪酬是企业重要的激励手段之一，有效的薪酬体系有助于激励员工努力工作，吸引和保留优秀的员工。因此，薪酬水平和薪酬结构的设计非常重要。

⊙ 知识精讲

一、付酬原则和策略的确定

在充分了解企业目前薪酬管理现状的基础上，应确定薪酬分配的依据和原则，并以此为基础确定企业的有关分配政策与策略。具体来讲，一般要做以下策略性决定：

（1）管理者必须考虑企业的薪酬制度如何适应和支持企业的经营战略，这是薪酬策略要确定的重点问题，前面内容提到薪酬管理要服从和服务于企业战略，所以在制定薪酬制度时，要考虑到企业经营战略对薪酬的约束。

（2）管理者必须决定员工薪酬是基于职位性质或员工的工作年限还是员工的能力和绩效来确定，或者以三者按比例的组合为确定依据，这个问题决定薪酬的结构，而且会影响员工对薪酬“内部公平性”的感觉。

（3）管理者同时还要注意外部竞争者提供的薪酬水平，通过薪酬对比，决定企业的薪酬水平，薪酬水平会影响员工对薪酬“外部公平性”的感觉。

（4）管理者必须决定薪酬的调整是基于绩效或技能变化，还是基于外部环境压力。如果是基于绩效或技能，那么绩效或技能的变化如何与薪酬挂钩，是一个重要的决策内容。

（5）管理者必须决定薪酬制度及薪酬决策应在多大程度上向员工公开和透明。

（6）管理者必须决定直接薪酬和间接薪酬的组合关系，这一点往往要根据员工的需求偏好而定。

二、薪酬调查

薪酬调查就是通过各种正当的手段获取相关企业各职位的薪酬水平及相关信息。对薪酬调查结果进行的统计和分析，是企业做出薪酬管理决策的有效依据。

（一）薪酬调查原则

在进行薪酬调查时，应把握以下原则：

1．在被调查企业自愿的情况下获取薪酬数据

薪酬管理政策及薪酬数据在许多企业属于商业秘密，因此它们不愿意让其他企业了解这一信息。在进行薪酬调查时，要由企业人力资源部门与对方人力资源部门，或企业总经理与对方总经理直接进行联系，本着双方互相交流的精神，协商调查事宜。

2．调查的资料要准确

因为很多企业对本企业的薪酬情况都守口如瓶，所以有些薪酬信息很可能是道听途说得来的。这些信息往往不全面，有些甚至是错误的，准确性较差。另外，在取得某岗位薪酬水平的同时，要比较一下该岗位的岗位职责是否与本企业的岗位职责完全相同。不能因为岗位名称相同就误以为工作内容和工作能力要求也一定相同。

3．调查的资料要随时更新

随着市场经济的发展和人力资源市场的完善，人力资源市场的变动越来越频繁。企业的薪酬水平也随着企业效益和市场中人力资源供需状况的变化而有所变化，所以薪酬调查的资料要随时更新，如果一直沿用以前的调查数据，则很可能会作出错误的判断。

（二）薪酬调查的方法

1．企业之间的相互调查

因为我国的薪酬调查系统和服务还不完善，所以最可靠和最经济的薪酬调查渠道还是企业之间的相互调查。相关企业的人力资源管理部门可以采取联合调查的形式，共享相互之间的薪酬信息。这种相互调查是一种正式的调查，也是可以使双方受益的调查。调查可以采取座谈会、问卷调查等多种形式。

2．委托专业机构进行调查

现在，在沿海一些城市均有提供薪酬调查服务的管理顾问公司或人才服务公司。委托这些专业机构调查，会减少人力资源部门的工作量，省去企业之间的协调费用，但需要向委托的专业机构支付一定的费用。

3．从公开的信息中了解

有些企业在发布招聘广告时会写上薪金待遇，调查人员稍加留意就可以了解到这些信息。另外，某些城市的人才交流部门也会定期发布一些岗位的薪酬参考信息，同一岗位的薪酬信息一般分为高、中、低三档。因为它覆盖面广、薪酬范围大，所以实际上对某些企业的参考作用不大。

4．从流动人员中了解

通过其他企业来本企业的应聘人员也可以了解到一些其他企业的薪酬信息。

（三）薪酬调查的实施步骤

薪酬调查一般分为四个实施步骤：确定调查目的；确定调查范围；选择调查方式；整理和分析调查数据。

1．确定调查目的

人力资源部门应该首先弄清楚调查的目的和调查结果的用途，再制订调查计划。一般而言，调查结果可以为以下工作提供参考和依据：整体薪酬水平的调整、薪酬结果的调整、薪酬晋升政策的调整、某具体岗位薪酬水平的调整等。

2. 确定调查范围

根据调查目的，可以确定的调查范围主要有以下几方面：

（1）需要对哪些企业进行调查；

（2）需要对哪些岗位进行调查；

（3）需要调查该岗位的哪些内容；

（4）调查的起止时间。

3. 选择调查方式

确定了调查目的和调查范围，就可以选择调查方式了。一般来讲，首先可以考虑企业之间的相互调查。企业的人力资源部门可以与相关企业的人力资源部门进行联系，或者与行业协会等机构进行联系，促成薪酬调查的开展。若无法获得相关企业的支持，则可以考虑委托专业机构进行调查。具体的调查形式普遍采用的是问卷法和座谈法（也称面谈法）。如果采取问卷法，要提前准备好调查表；如果采取座谈法，要提前拟好问题提纲。

4. 整理和分析调查数据

在进行完调查之后，要对收集到的数据进行整理和分析。在整理中要注意对不同岗位和不同调查内容的信息进行分类，还要注意识别有误的信息。然后，根据调查的目的，有针对性地对数据进行分析，形成最终的调查结果。

三、职位评价

职位评价是指借助一定的方法，确定企业内部各职位相对价值大小的过程。一般情况下，职位评价的方法主要有排序法、分类法、要素比较法、要素计点法四种。

（一）排序法

1. 排序法的含义

排序法是比较传统的方法，也是职位评价中最简单的方法。它先列出企业内的所有职位，然后根据职位的重要性和对企业贡献度的高低对各个职位的相对价值进行整体比较，将职位排列出一个次序。

2. 排序法的优缺点

优点：操作简单，成本较低。缺点：过于主观，不精确，缺少说服力，并且只能确定职位的序列，不能确定所排序职位的相对价值。对于某些相对价值比较接近的工作，评估者多依据自己对职位的主观感觉进行排序，只能提供定性的说明与解释，因而说服力不足。

3. 排序法的适用范围

只有评价者对所有的工作都非常熟悉时，排序法才能取得较好的结果。在有许多不同职位的组织或工作职位、内容处于不断变动的组织中，排序法难以取得预期效果。一般排序法只适用于较小规模的组织，因为这样的组织职位数量比较少，而对于大型组织，尤其是需要发挥员工创造性行业的公司，该法则不太适用。

（二）分类法

1. 分类法的含义

分类法是将职位按总体工作内容分为不同的职类，在每一职类中，按工作内容的复杂程度、难易程度将不同的职位分为不同的等级，然后根据职位的工作内容，将不同的职位归入不同的类、级中，从而确定不同类、级的薪酬比例的方法。

2. 分类法的优缺点

优点：分类法和排序法一样，属于定性的职位评价方法，但它是排序法的改进。它可以对较多的职位进行评估，而且这种方法灵活性比较强，尤其适用于组织中职位发生变化的情况，可以迅速将组织中新出现的职位归类到合适的类别中去。分类法的缺点：对职位等级的划分和界定存在一定的难度，有一定的主观性。另外，这种方法对职位的评估也是比较粗糙的，只能得出一个职位应归在哪个等级中的结论，职位之间的价值量化关系到底是怎样的，不是很清楚，因此将其应用到薪酬体系中时会遇到一些困难。

3. 分类法的适用范围

职位分类法较适合于小型公司及公司结构比较稳定的公司，对于大公司和需要发挥员工创造性行业的公司则不太适合。

（三）要素比较法

1. 要素比较法的含义

要素比较法是一种量化的职位评价技术，从某种程度上来说，要素比较法是排序法更进一步改良的结果。排序法只需要对工作的整体进行排序，而要素比较法需选取职位工作内容中的各个报酬要素，对每一个报酬要素进行排序衡量，然后将各个报酬要素排序的结果加权后相加，得出各职位在所有报酬要素比较基础上的相对量化价值。

2. 要素比较法的优缺点

要素比较法的优点：可以更加精确地反映各个职位之间的相对价值关系。要素比较法的缺点：要素比较法较前两种评价方法更复杂。使用要素比较法时，应该注意两个问题：①报酬要素的确定要谨慎，一定要选择最能代表职位之间差异的要素；②市场上的工资水平经常发生变化，因此，要及时调整职位工资水平。

3. 要素比较法的适用范围

要素比较法能提供各职位进行比较后的相对量化价值，因此它被广泛应用于各类组织。但在选择要素时易出现不具说服力的问题，所以在公司规模很大时该法不太适合。

（四）要素计点法

1. 要素计点法的含义

要素计点法是目前应用最广泛、最精确、最复杂的职位评价方法。它也是一种量化的职位评价方法，包括确定某一组织的报酬要素，将各报酬要素分成不同等级，为每一等级赋分，然后将需要评价的工作与各项报酬要素进行对比，确定职位在各项报酬要素上的得分，将各职位的总分进行比较，最后形成需要评价的职位的相对价值体系这样一个过程。

2. 要素计点法的优缺点

要素计点法的优点：要素计点法通过对报酬要素进行分析比较，以最优的形式对职位的相对价值大小进行评价，较为科学，并精确反映了不同职位之间的相对价值关系。这种评价方法一旦开发成功，则较容易被理解和应用，而且具有一定的稳定性。同时，这种评价方法在使用上具有一定的精确性和连续性。在美国，有60%～70%的公司采用此法。我国从 20 世纪 90 年代初开始在国有企业中大力提倡职位技能工资制，与之相配套的确定职位等级的方法就是要素计点法。要素计点法的缺点是操作较复杂。

3. 要素计点法的适用范围

要素计点法由于其评价的相对准确性，被广泛应用于各种组织的职位评价体系，尤其受各大公司青睐，但由于其操作较复杂，不太适用于小型公司。

四、确定薪酬总额

1. 建立薪酬曲线

将薪酬调查的结果和职位评价的结果联系起来，就可以建立薪酬曲线。薪酬曲线表示的是各个职位的市场薪酬和评价点数或评价等级之间的关系。一般情况下，各个职位的市场薪酬水平和评价点数或评价等级之间是线性关系，所以可以通过最小二乘法进行拟合。设评价点数或评价等级为 X，市场薪酬水平为 Y，则薪酬曲线为 $Y = a + bX$，如图 7－1 所示。

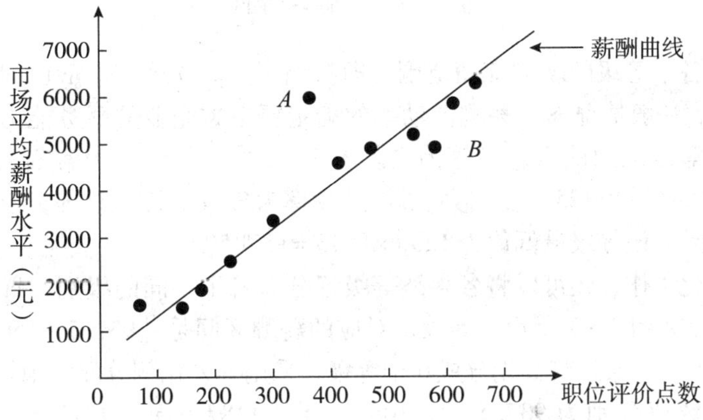

图 7－1　要素计点法下的薪酬曲线举例

一般情况下，薪酬点应该分布在薪酬曲线周围，从图 7－1 中可以看到，点 A 偏离薪酬曲线，且位于薪酬曲线上部，表示企业给予该职位的薪酬高于市场平均薪酬水平；点 B 位于薪酬曲线下部，表示企业给予该职位的薪酬低于市场平均薪酬水平。

2. 建立薪酬等级

薪酬曲线建立以后，按照职位评价的结果，每一职位的薪酬均可以确定。但是，在实际操作中，因为企业的职位往往较多，所以一般只是对于典型职位设定薪酬水平，而对于其他职位通过建立薪酬等级来确定薪酬区间，从而简化薪酬管理工作。

（1）依据职位评价的结果可将职位划分成不同等级。如果使用的是排序法，则应当包括几个临近等级的职位；如果使用的是分类法，则直接按照职类分析；如果使用的是要素比较法，则应当包括一定工资率范围的职位；如果使用的是要素计点法，则应当包括一定点数范围的职位。例如，在图 7－2 中，根据职位评价的结果，可以将全部职位划分为 6 个职位等级，每个职位等级对应的点值变动范围都是 100。

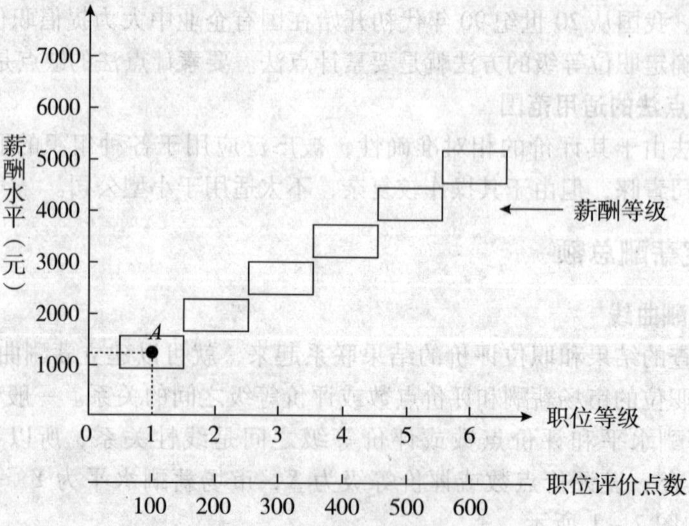

图 7-2　薪酬等级举例

（2）确定各个等级的薪酬变动范围，即薪酬区间。先确定薪酬区间中值，然后确定薪酬浮动率。一般情况下，薪酬浮动率的确定要考虑企业的财务能力、薪酬等级之间的差异及各等级之间的重叠率等因素。图 7-2 中，等级 1 的薪酬区间中值就是 A 点，对应的薪酬水平为 1250 元，假定薪酬浮动率为 25%，那么该等级最高值为 $1250 \times 1.25 = 1562.5$ 元，该等级最低值为 $1250 \times 0.75 = 937.5$ 元。

（3）为简化工作，还可以将各薪酬等级划分为若干不同的级别，每一级别对应具体的薪酬数值，如图 7-3 所示。等级 1 对应的薪酬区间是［937.5，1562.5］，区间的变动幅度为 625 元，假定将其划分成 6 个等级，采用等差比例分配，则等级 1 的各个级别对应的薪酬数值分别为 937.5 元、1062.5 元、1187.5 元、1312.5 元、1437.5 元、1562.5 元。

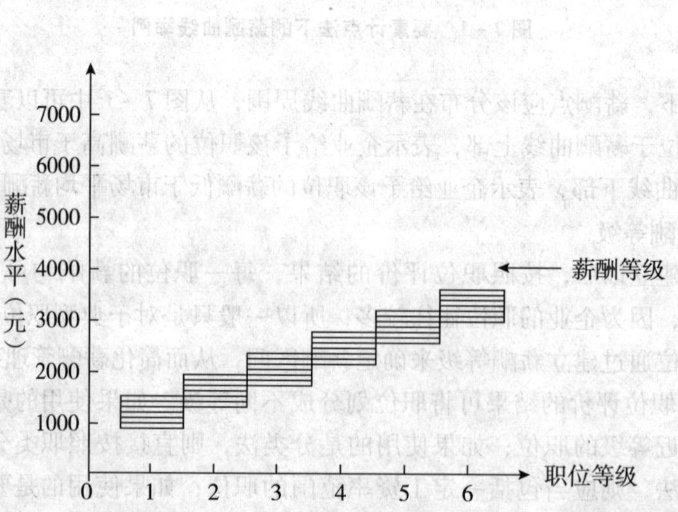

图 7-3　薪酬级别举例

五、薪酬制度的调整

1. 奖励性调整

奖励性调整是为了奖励员工创造优良工作绩效，鼓励员工继续努力，更上一层楼的一种调整措施，也就是论功行赏的一种措施。奖励性调整又叫作功劳性调整。

2. 生活指数调整

为了补偿员工因通货膨胀而导致的实际收入无形减少的损失，使员工生活水平不致渐趋降低，企业应根据物价指数状况对薪酬体系进行调整。生活指数调整常用的方式有两类：一类是等比调整，即所有员工都在原有薪酬基础上调升同一百分比；另一类是等额调整，即全体员工不论原有薪酬高低，一律给予等幅调升。

3. 效益调整

当企业效益好、盈利增加时，可对全员进行普遍加薪，但以浮动式、非永久性为佳；当企业效益下滑时，全员性的薪酬下调也应成为必然。但需注意的是，薪酬调整往往具有“不可逆性”。

4. 工龄调整

薪酬的增加意味着工作经验的积累与丰富，代表着能力或绩效潜能的提高，也就是薪酬具有按绩效与贡献分配的性质。因此，薪酬调整最好不要实行人人等额逐年递增的办法，而应将工龄与考核结果结合起来，确定不同员工工龄薪酬调整的幅度。

5. 特殊调整

特殊调整是企业根据内外环境及特殊目的而对某类员工进行的薪酬调整。例如，实行年薪制的企业，每年年末应对下一年度经营者的年薪进行重新审定和调整；企业应根据市场因素适时调整企业内不可替代人员的薪酬，以留住人才。

任务二　建立薪酬管理

◉ 任务情境

朗讯的薪酬管理

1. 薪酬构成

朗讯的薪酬结构由两大部分构成：一是保障性薪酬，跟员工的业绩关系不大，只与其岗位有关；二是奖金，这部分薪酬跟业绩紧密挂钩。朗讯的销售人员待遇中有一部分专门属于销售业绩的奖金，该奖金业务部门根据个人的销售业绩每季度发放一次。在同行业中，朗讯薪酬中浮动部分占较大比例，朗讯这样做是为了将公司每个员工的薪酬与公司的业绩挂钩。

2. 业绩比学历更重要

朗讯在招聘人才时比较重视学历，贝尔实验室 1999 年招了 200 人，大部分是研究生以上学历，对于从大学刚刚毕业的学生，学历是朗讯招聘的基本要求。对其他的市场销售工作，基本的学历是必要的，但是经验就更重要了。但无论是做市场还是做研发，待遇、晋升和学历的关系都会慢慢变得不重要。在薪酬方面，朗讯是根据工作表现决定薪酬的。进了朗讯以后，薪酬和职业发展与学历、工龄的关系越来越淡化，而基本上与员工的职位和业绩挂钩。

3. 薪酬政策的考虑因素

朗讯在执行薪酬制度时，不仅从公司内部的实际情况出发，而且将薪酬放到一个系统中考虑。朗讯的薪酬政策有两个考虑因素，一是保持自己的薪酬在市场上有很强的竞争力。为此，朗讯每年委托一个专业的薪酬调查公司进行市场调查，以此来了解人才市场的宏观情形。这是大公司在制定薪酬标准时的通常做法。二是人力成本因素。综合这些考虑之后，人力资源部会根据市场情况提出一个薪酬的原则性建议，指导所有的劳资工作。人力资源部将各种调查汇总后会告知业务部门总体的市场情况，在这种情况下，每个部门都有一个预算，主管在预算允许的情况下对员工的待遇情况作出调整。

4. 加薪策略

朗讯在加薪时做到了对员工尽可能地透明，让每个人都知道自己加薪的原因。加薪时员工的主管会找员工谈，根据员工今年的业绩决定给员工加多少薪酬。每年的12月1日是朗讯的加薪日，公司加薪的总体方案出台后，人力总监会和各分公司做薪酬管理的经理交流，告诉员工当年薪酬的总体情况，市场调查的结果是什么，今年的变化是什么，加薪的时间进度如何等。公司每年加薪的最主要目的是增强朗讯在人才市场上的竞争力。

一方面，我们都知道高薪酬通常能够留住人才，所以每年的加薪是必然的；另一方面，薪酬不能任意上涨，必须和人才市场的情况挂钩，如果有人因为薪酬问题提出辞职，很多情况下是让他走或者用别的办法留人。

5. 薪酬与发展空间

薪酬在任何公司都是一个非常基础的东西。一个企业需要用具备一定竞争力的薪酬来吸引人才，还需要用具有一定保证力的薪酬来留住人才。如果企业薪酬和外界的差异过大，员工肯定会到其他地方找工作机会。薪酬会在中、短期时间内调动员工的积极性，但是薪酬不是万能的，工作环境、管理风格、上下级关系都对员工的去留有影响。员工一般会注重长期打算，朗讯会以不同的方式告诉员工发展方向，让员工看到自己的发展前景。

❖ 任务分析

朗讯在薪酬管理方面的实践给了我们很多有益的启示：在薪酬的构成中，学历和资历的因素应该逐渐淡化，更需要强调的是业绩；加薪是保持企业竞争力的重要手段，但是必须清楚地了解市场薪酬水平，并考虑企业人力成本的承受力；薪酬固然重要，但是如果不能提供给员工足够的发展空间，仍然会造成人才的流失，因此，企业应在职业生涯规划、环境营造、文化建设等方面投入更多的精力，而不是把目光完全放在薪酬方面。

⊙ 知识精讲

一、薪酬及其构成

在理解薪酬的定义时，最容易与之混淆的是报酬的定义。这里我们首先对报酬进行定义，报酬是指员工从企业那里得到的作为个人贡献回报的员工认为有价值的各种东西，一般分为内在报酬和外在报酬两大类。

内在报酬通常是指员工由工作本身所获得的心理满足和心理收益，如决策的参与、工作的自主权、个人的发展、活动的多元化以及工作的挑战性等。外在报酬通常指员工所得到的各种货币收入和实物，包括货币报酬和非货币报酬。非货币报酬，如宽大的办公室、私人秘书、动听的头衔、特定的停车位等。货币报酬可分为两类：一是直接报酬，如工资、绩效奖金、股票期权和利润分享等；二是间接报酬，如保险、带薪休假和住房补贴等各种福利。报酬的构成如图 7－4 所示。

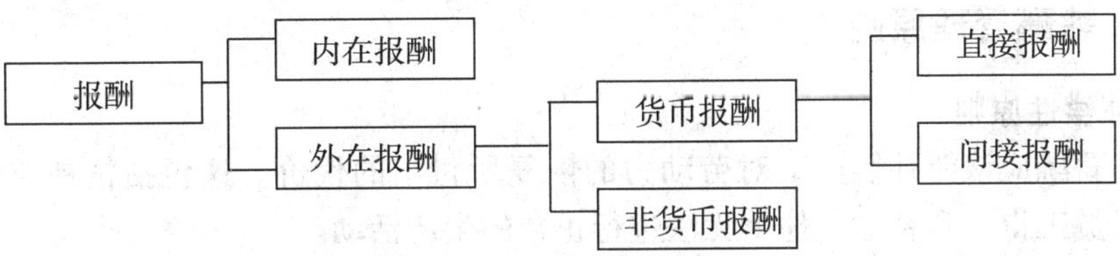

图 7－4　报酬的构成

薪酬则是指员工从企业那里得到的各种直接和间接的经济收入。简单地说，它就相当于报酬体系中的货币报酬部分。

员工的薪酬一般由三部分组成：一是基本薪酬，二是可变薪酬，三是间接薪酬。

基本薪酬指企业根据员工所承担的工作或者所具备的技能而支付给他们的较为稳定的经济收入。可变薪酬是企业根据员工、团队或者企业自身的绩效而支付给他们的具有变动性质的经济收入。基本薪酬和可变薪酬两部分合起来就相当于货币报酬中的直接报酬部分，也构成了薪酬的主体。间接薪酬就是给员工的各种福利，具有普遍性，即“人人有份”。

所谓薪酬管理，是指一个组织针对所有员工所提供的服务来确定他们应当得到的薪酬总额，以及薪酬结构和薪酬形式的一个过程。理解薪酬管理时要注意以下几个问题：

（1）薪酬管理是一项非常复杂的活动。企业要持续不断地进行薪酬调查，制订薪酬计划，就薪酬管理问题与员工进行沟通，同时对薪酬系统的有效性作出评价，而后不断予以完善。

（2）薪酬管理的目的不仅是让员工获得一定的经济收入，使他们能够维持并不断提高自身的生活水平，而且要引导员工的工作行为，激发员工的工作热情，不断提高他们的工作绩效，这是薪酬管理更为重要的目的。

（3）薪酬管理是一个比较棘手的问题，受到的限制因素很多，除了受企业经济承受能力、政府法律法规等因素影响外，还受企业不同时期的战略、外部人才市场、行业竞争者的薪酬策略等因素影响。

二、薪酬管理的作用

1. 有利于吸引和保留优秀的员工

这是薪酬管理最基本的作用。有效的薪酬管理能够更有效地满足员工在生理和心理方面的需求，使他们留下来为企业服务。

2. 有助于激发员工的工作积极性

有效的薪酬管理能够在不同程度上满足员工的需要，从而可以实现对员工的激励。

3. 有助于改善企业的绩效

有效的薪酬管理能够对员工产生较强的激励作用，提高他们的工作绩效，进而使整个企业的绩效得以提升。此外，有效的薪酬控制还可以降低企业总成本。

4. 有助于塑造良好的企业文化

良好的企业文化对于企业的正常运转具有重要的作用，合理的薪酬制度可以作为构建企业文化的制度性基础，对企业文化的发展方向具有重要的引导作用。

三、薪酬管理原则

1. 补偿性原则

基本薪酬应该能补偿员工对劳动力的恢复所付出的代价。这包括精神与物质方面的。如果员工得不到补偿，他就无法进行正常的生产活动。

2. 合法性原则

企业的薪酬管理政策要符合国家的有关法律法规，这是薪酬管理所需遵守的最基本原则。各个国家都出台相关的法律法规对企业的薪酬体系进行约束和影响，美国有很多法律对于像最低工资、加班工资以及福利等问题做了详细的规定。《中华人民共和国劳动法》（以下简称《劳动法》）第四十八条规定：国家实行最低工资保障制度。最低工资的具体标准由省、自治区、直辖市人民政府规定，报国务院备案。用人单位支付劳动者的工资不得低于当地最低工资标准。

3. 公平性原则

行为学家认为，员工会对自己的付出与收获进行比较，同时也会与其他人进行比较。比较的结果会对员工的工作积极性产生很大的影响。在进行薪酬设计时，要全面考虑员工的绩效、能力及劳动强度、责任等因素，考虑外部竞争性、内部一致性要求，达到薪酬的内部公平、外部公平和个人公平。

4. 竞争性原则

企业在设计薪酬时必须考虑到同行业薪酬市场的薪酬水平和竞争对手的薪酬水平，保证企业的薪酬水平在市场上具有一定的竞争力，这样才能充分地吸引和留住企业发展所需的战略性、关键性人才。

5. 经济性原则

高水平的薪酬可以吸引和留住优秀的员工，但是薪酬又是企业的一项重要支出，所以企业的薪酬体系应充分考虑企业本身的实际情况，进行成本分析与控制。企业在支付所有员工的薪酬及补偿所用非人工费用和成本后，要有盈余，这样才能支撑企业追加和扩大投资，获得企业的可持续发展。

6. 激励性原则

薪酬是激励员工的重要手段，有效的薪酬管理能够激发员工发挥自我潜能，调动他们的积极性和工作热情，更好地为企业服务。

四、影响薪酬管理的主要因素

薪酬管理对于任何一个组织来说都是一个比较棘手的问题，这主要是因为企业经营对薪酬管理的要求越来越高，薪酬管理受到的限制因素也越来越多，除了受企业财务状况、政府法律法规等基本因素影响外，薪酬管理还受企业不同时期的战略、外部人才市场、行业竞争者薪酬策略等因素的影响。

（一）企业外部因素

1. 国家的法律法规

薪酬设计和管理必须遵循相应的法律法规。薪酬管理的专业人员必须了解相关的法律背景。

2. 劳动力市场的状况

当劳动力市场紧张、劳动力资源供给小于需求时，劳动力价格就会上涨，这时企业就需要提高薪酬水平以获得必要的劳动力资源。相反，当劳动力资源供给大于需求时，劳动力价格会趋于平缓或下降，企业较易获得劳动力资源，这也符合经济学的解释。

3. 其他企业的薪酬状况

薪酬分配要体现外部竞争性，只有提供有竞争力的薪酬才能吸引和留住人才。因此，在对其他企业进行薪酬调查的基础上确定合理的薪酬水平，是十分重要的。

（二）企业内部因素

1. 企业的经营战略

薪酬管理是人力资源管理的重要职能之一，而人力资源管理是企业管理的重要内容。因此，薪酬管理应当服从和服务于企业的经营战略。在不同的经营战略下，企业经营重点不同薪酬管理的重点也不同，如表 7－1 所示。

表 7－1　不同经营战略下的薪酬管理

经营战略	经营重点	薪酬管理
成本领先战略	一流的操作水平； 追求成本的有效性	重点放在与竞争对手的成本比较上； 提高薪酬体系中激励部分的比重； 强调生产率； 强调制度的控制性及具体化的工作说明
创新战略	产品领袖； 向创新性产品转移； 缩短产品生命周期	奖励在产品以及生产方法方面的创新； 以市场为基准的工资； 弹性/宽泛性的工作描述
客户中心战略	紧紧贴近客户； 为客户提供解决问题的办法； 加快营销速度	以顾客满意为奖励的基础； 由顾客进行工作或技能评价

2. **企业的生命周期**

在企业生命周期的不同阶段，企业实力和面临的压力有所差异，薪酬的构成及形式也会有所不同，一般情况下企业在生命周期不同阶段的薪酬特点如表 7－2 所示。

表 7－2　企业不同发展阶段的薪酬管理①

企业发展阶段		开创	成长	成熟	稳定	衰退	再次创新
薪酬形式	基本薪酬	低	有竞争力	有竞争力	高	高	有竞争力
	激励薪酬	高	高	有竞争力	低	无	高
	间接薪酬	低	低	有竞争力	高	高	低

3. **企业的财务状况**

员工薪酬是企业的一项重要成本支出，因此，薪酬的制定必定会受到企业财务状况的影响。

（三）员工个人因素

1. **员工所处的职位**

基本薪酬是基于员工承担的工作或所具备的技能支付的经济收入，所以基本薪酬的制定要考虑的重要因素就是员工所处的职位。

2. **员工的绩效表现**

员工的绩效表现主要影响薪酬体系中的奖励性可变薪酬。奖励性可变薪酬是基于员工的绩效而支付的经济收入，员工绩效一般与可变薪酬成正相关关系，即员工的绩效越高，可变薪酬越高，相反则越低。

3. **员工的需求偏好**

薪酬是进行员工激励的有效方式之一，也是最重要和常用的激励手段。薪酬结构与员工的需求相一致，激励的效果将更明显。依据员工的需求偏好，进行薪酬调整和薪酬控制，能够体现薪酬管理的意义。

任务三　制定奖励性可变薪酬制度

◉ 任务情境

如何构建高激励性的薪酬体系

某企业是一家资源型的生产企业，其母公司已上市，由于行业进入得较早，加上发展前期国家的政策支持，企业的效益与利润都比较丰厚，薪酬水平在当地很有竞争力。但高水平的薪酬付出并没有发挥出其应有的激励作用，员工对薪酬的满意度并不

① 刘昕．薪酬管理［M］．北京：中国人民大学出版社，2002：34－55．

高，公司上下纪律散漫，消极怠工现象比较严重，员工的工作积极性不高，骨干员工不断流失。

此外，由于企业由乡镇企业发展而来，员工特别是管理层员工素质普遍不高，企业领导近年来不断尝试从外部引进高素质的人才，希望给企业带来新鲜血液以改变公司的现状，但引进的人才在企业待不了多久就大量流失。为此，该企业委托鼎信咨询为其薪酬体系进行体系规划与设计，希望提高员工的积极性，吸引和留住优秀人才，提高企业竞争力。

薪酬诊断：为了充分了解该企业薪酬方面存在的问题，我们采用了多方访谈、问卷调查等方式了解情况，通过调研分析，我们发现该企业的薪酬体系存在以下几个问题：

（1）中高层管理者薪酬水平偏低，远低于行业平均水平。

（2）技术人员与技术工人薪酬偏低。

（3）引进高素质人才薪酬偏低。

（4）普通工人薪酬水平在当地很有竞争力。

（5）奖金分配平均化，没有激励性。

（6）罚得多，奖得少，员工工作积极性不高。

（7）员工发展渠道单一。

总体来看，虽然这家企业很早就已经上市，但在内部管理上仍然采用比较传统的管理方式，距离现代化企业管理还有较大差距。在薪酬体系上没有体现岗位价值，没有向关键岗位倾斜，以固定薪酬为主，奖金比例较小，并且分配平均化严重。薪酬总额水平很高，但没有与个人绩效挂钩，造成分配不均，挫伤了优秀员工的积极性，助长了懒散的工作作风，没有起到激励作用。另外，消极的工作氛围使得外来优秀人才看不到发展前景，影响了企业的长远发展。

❖ 任务分析

通过对企业的调研与诊断，总体上该企业面临的不是薪酬水平高低的问题，而是薪酬结构不合理的问题。为此，我们双方在薪酬设计思路上达成一致，即通过职位评估来确定职位的相对价值，根据职位相对价值确定薪酬待遇水平，拉开薪酬档次，同时设置浮动工资，与员工的个人业绩表现挂钩。通过改变薪酬结构，体现内部公平性，薪酬政策向核心骨干倾斜，最终目标是吸引、留住和激励核心员工，实现企业长远发展。

⊙ 知识精讲

以员工、团队或者企业的绩效为依据而支付给员工的薪酬，称为奖励性可变薪酬。大量的实践也证明奖励性可变薪酬有助于提高员工绩效，因此其被很多企业采用。

一、员工个人奖励制度

员工个人奖励制度是指以员工个人的绩效为依据而支付薪酬的形式。这种薪酬支付的基础是个人，所以能有效激励员工努力工作，提高绩效水平。员工个人奖励制度具体有以下几种形式。

1. 计件制

依据员工完成的工作量来支付相应的工资，具体分为直接计件制和差别计件制。

（1）直接计件制。这种方法操作最为简单，但是易滋生员工“想干就干，不想干就不干”的心理。在更多情况下，采用差别计件制。直接计件制计算公式：

$$E = N \times R$$

式中，E 为薪酬；N 为完成的工作量；R 为工资率。

（2）差别计件制。按照不同的产出水平规定不同的工资率，以此来计算报酬，主要有泰勒计件制和梅里克计件制。

2. 工时制

依据员工完成工作的时间来支付相应的工资，具体包括哈尔西 50—50 奖金制和罗恩制。

（1）哈尔西 50—50 奖金制。它的原则是将节约工作时间而形成的收益在企业与员工之间进行平均分配。

（2）罗恩制。它的原则是按照节约时间的比例确定员工分享的收益。

$$E = T \cdot R + \frac{S - T}{S} \cdot T \cdot R$$

式中，E 为薪酬，T 为实际完成时间，R 为标准工资率，S 为标准工资时间。

3. 佣金制

佣金制常用于销售行业，具体形式包括单纯佣金制、混合佣金制、超额佣金制。

（1）单纯佣金制：

薪酬 = 单价 × 件数 × 提成比例

（2）混合佣金制：

薪酬 = 底薪 + 单价 × 件数 × 提成比例

（3）超额佣金制：

薪酬 = 单价 ×（销售件数 − 定额数）× 提成比例

提成比例可以是固定的，也可以是累进的，较少数情况下是递减的。

4. 绩效工资

绩效工资是在对员工工作绩效评估的基础上发放工资的一种工资制度。因为有些职位的工作结果很难用时间和数量量化，不适用于计件制、工时制和佣金制，所以这时借用绩效考核结果来确定个人奖励薪酬。绩效工资具体有以下三种形式：

（1）绩效调薪。绩效调薪指根据员工的绩效考核结果对其薪酬进行调整，调薪的比例按照考核结果的不同而不同，也就是绩效考核结果越好，调薪比例相应地会越高。调薪一般以年为周期。

（2）绩效奖金。与绩效调薪不同，绩效奖金是依据员工绩效考核结果给予的一次性奖励。绩效奖金可以以年为周期发放，也可以月或季度为周期发放。一般情况下，对于绩效考核结果较差的员工不进行处罚。

（3）特殊绩效认可计划。特殊绩效认可计划是指在员工由于特别努力而作出重大贡献或实现优秀绩效的情况下，给予员工额外的奖励和认可。这种奖励和认可有多种形式可以选择，可以是数额较大的货币形式，也可以是度假、培训等非货币形式。

二、集体奖励制度

集体奖励制度是指依据集体的绩效而支付薪酬的激励制度。尽管从激励的效果来看，奖励集体比奖励个人的效果要弱，但是为了促进团队成员之间相互合作，同时防止上下级之间由于工资差距较大而导致低层次员工心态不平衡的现象，有必要建立集体奖励制度。有些成功的企业，在奖励集体方面的资金往往占到员工收入的很大比例。但是，集体奖励制度有一个明显的缺陷，就是容易出现“搭便车”的行为，因此，在采用集体奖励制度时，还应辅以对个人绩效的考核，即集体奖励并不意味着平均分配。具体奖励分配方式主要有收益分享计划、利润分享计划、员工持股计划。

1. 收益分享计划

收益分享计划鼓励多数或全体员工共同努力以达到组织的生产率目标，员工和组织之间分享成本削减带来的额外收益。其最早形式是斯坎伦计划。斯坎伦计划是20世纪30年代中期美国曼斯菲尔德钢铁厂的工会主席约瑟夫·斯坎伦提出的一项劳资协作计划，简单地讲就是按成本节约的一定比例给员工发放奖金的方法。具体操作步骤如下：

第一步，确定收益增加的来源，通常用劳动成本的节约来表示生产率的提高，用次品率的降低来表示产品质量的提高和生产材料等成本的节约。

第二步，将上述各种收益增加来源加起来就可以得到增益总额。

第三步，提留和弥补上期亏空。

第四步，确定员工分享增益的比例，并根据这一比例计算员工可以分配的总额。

第五步，计算员工可以分配的增益总额与参与这一计划的员工当期工资总额的比例。用这一比例乘以各员工的工资，所得到的结果就是该员工分享的增益数量。

公式如下：

奖金 =（单位销售收入工资含量标准 − 实际单位销售收入工资含量）× 销售收入 × 分配系数

=（按标准计算的工资总额 − 实际工资总额）× 分配系数

可用下面的例子来说明：

某公司去年商品产值为10000000元，总工资额为400000元，目前的商品产值为9500000元；标准工资成本为9500000 ×（400000 ÷ 10000000）= 380000（元），而实际只有330000元。则：

节约成本 = 380000 − 330000 = 50000（元）

员工奖金 = 50000 × 0.75 = 37500（元）

其余的25%则是公司预留的储备金，以供日后需要。

2. 利润分享计划

利润分享计划是规定如果组织利润超过某个最低水平，员工就可以获得奖金的一种奖金发放方法。奖金数量是超额利润的某个百分比。企业通过利润分享计划建立员工和企业的合伙关系，使员工感到公司是自己的，收入多少取决于自己的努力，从而关心企业的发展，加倍努力地工作。

利润分享计划有两种存在形式：一是现金计划，利润作为当期红利发给员工；二是延期计划，利润分享额计入员工账户，处于托管状况留作日后分配之用（如退休或因其他情况解除劳动关系的）。

例如，某公司利润分享计划是这样的：凡是加入公司一年以上，每年工作时数不低于1000小时的所有员工，都有权分享公司的一部分利润。公司根据利润情况按员工工薪的一定百分比提留，一般为6%。提留后用于购买公司股票，由于公司股票价值随着业绩的成长而提升，当员工离开公司或是退休时就可以得到一笔数目可观的现金或是公司股票。一位1972年加入该公司的货车司机，20年后即1992年离开时得到了70.7万美元的利润分享金。

3. 员工持股计划

员工持股计划是向员工提供组织股票所有权的计划。选择这种计划的组织一般是上市公司，也包括内部发行股票的组织，这是目前在激励员工方面应用最普遍的员工所有权形式。与其他方式不同，员工持股计划最大的优势是不仅让员工分享组织的成功，而且让员工分担组织的风险以激励员工努力工作，同时留住核心员工。

任务四　实现员工福利

◉ 任务情境

谷歌——员工福利之王

即使在硅谷，谷歌（Google）也不失为一个“巨霸”。它共拥有约3.2万名员工，这些人工作在从手机软件到搜索算法的各个业务部门。“大型企业组织的员工往往会形成自己的层级。为避免这种倾向，让员工关系更加亲密，我们付出了巨大努力。”谷歌人力运营高级副总裁拉兹罗·博克称。

谷歌最新推出的几项福利，帮助谷歌成功入选《财富》杂志评选出的最适宜工作的公司排行榜。

1. 综合户外运动中心不惜血本

为了让员工保持健康体魄，谷歌从来不惜花费重金。2011年夏天，该公司开设了一座大型的户外体育中心。加菲尔德运动中心以其所在街道的名字命名，内设一个足球场、一个篮球场、两个网球场、两个室外地滚球场、两个用于掷马蹄游戏的马蹄坑、一个高尔夫球场、一个曲棍球场。

2. 室内娱乐设施丰富多彩

如果员工不想在谷歌总部的室外地滚球场上打地滚球，谷歌园区还有保龄球等其他运动项目可供选择，谷歌总部共有4条保龄球道供用户预订。谷歌舞蹈工作室共有31种每周一次的课程供员工选择，其中包括卡波卫勒舞以及实用的“聚会舞蹈入门”，授课的老师既有专业的教练，也有谷歌员工中经验丰富的志愿者。

3. 天下美食应有尽有

谷歌一向不吝为员工提供免费美食，并因此而享有盛誉。尽管公司规模不断壮大，但这项政策迄今仍然没有改变。谷歌曾于2007年荣登《财富》评选出的最适宜工作的公司榜首。此后，这家公司员工数量增长了3倍多。为了适应员工的增长速度，公司在烹饪方面也下了大功夫。在位于山景市的谷歌总部，职工食堂数量已经由11家增加到了25家。新增的食堂中包括专门供应亚洲美食的Cafe Gia和Cafe 150，后者供应的食物原材料全部来自方圆150英里的地方。

4. 工作方式坐立自由

久坐不利于健康，也许这就是一些谷歌员工宁愿站着工作的原因。2011年开始，用立式办公桌代替标准的坐式办公桌在谷歌蔚然成风。谷歌员工只需使用公司的Ergo-lab软件下单，从众多的办公桌类型中任意选择一款，然后就能收到一台与其身高相匹配的办公桌。据非官方数据统计，目前谷歌已有数百人在使用立式办公桌。

5. 福利海鲜新鲜环保

2011年5月，主厨利夫·吴和昆廷·托平推出了鱼补贴计划，并得到了谷歌社区的支持。根据该计划，谷歌员工可以登记申请每周作为补贴发放的本地海鲜，海鲜全部由半月湾渔夫协会提供。最多花上25美元，每名员工就可买到2磅重的生鱼片。运抵谷歌总部之前，这些生鱼片被冷冻保存在中央仓库。员工们以折扣价买到的这些海鲜，并不以其他野生动物为食。

6. 名人到访大开眼界

名人造访谷歌绝非什么稀奇事，反而是司空见惯的现象。对于巴拉克·奥巴马和约翰·麦肯恩来说，位于山景市的谷歌园区是其竞选总统期间的“必访”之地。“写作名家在谷歌”等项目则向公司员工引荐一系列当红作家，蒂娜·费伊和《纽约客》的记者简·梅尔等人悉数包含在内。此外，谷歌也从不缺少音乐元素。2011年年末，拉伯尔·考曼和小提琴家约书亚·贝尔就曾受邀到谷歌位于纽约市的几个办公区进行表演。

7. 安卓新品免费派发

效力于拥有全球最大移动操作系统的公司有一个优厚的条件，那就是可以免费使用高科技产品。谷歌有向员工派发安卓智能手机的传统，2011年12月，公司向大量员工免费发放了三星Galaxy Nexus手机，作为假期礼物。这些手机零售价通常为299美元，其中含为期2年的Verizon合约。而且，每部手机的背板都是定制的，嵌有谷歌服务部门的图标。

8. 育儿服务一条龙

谷歌为新晋父母们提供了宽裕的假期，初为人母的女员工可享受18周的假期，初为人父者假期为12周，这远远超过了一些州规定的标准假期。谷歌每月都举行新生儿送礼会，除了讲授育儿经，员工还会收到优惠券，并可以在公司免费享受一次现场按摩。此外，每名初为人父母者还会收到500美元，公司称之为“宝宝感情培养费”。这笔钱会存入这些员工的账户，用于支付宝宝诞生头几个月中洗衣、清洁甚至园艺等各项用得到的服务花费。

❖ 任务分析

为了让员工保持愉快的心情，谷歌制定了高标准的员工福利政策，包括免费美食、现场洗衣、干洗以及改衣服务，并建有户外运动中心，邀请各路名人到访演讲。待遇之丰厚，鲜有公司能与之匹敌。

⊙ 知识精讲

一、员工福利的特点与作用

（一）员工福利的特点

（1）福利是货币工资的重要补充，是集体激励的一种形式。组织可以通过福利与员工沟通，传达组织对员工的重视、关爱，增加凝聚力，稳定员工队伍，吸引优秀员工。

（2）福利兼有避税功能。根据经验，当工资水平提高到一定程度时，组织和员工对福利的认可程度会提高，因为高薪避税的心理会使员工乐于适度接受这种形式的报酬。

（3）福利分配以员工的贡献为前提。福利一般不与个人业绩直接挂钩，而以为组织做出贡献为前提，成功的福利政策应该让员工领悟到福利不等同于“大锅饭”，而要靠自己努力争取。

（4）福利具有选择性。福利与基本薪酬和可变薪酬的区别在于，福利可以给员工一定选择的余地，还可以让员工参与自身福利的设计，从而起到充分调动员工积极性的作用。

（5）福利具有均等性。福利的均等性是指企业所提供的福利是针对所有履行劳动义务的本企业员工的，不管是谁，只要符合条件，都可以享受。因劳动能力、个人贡献及家庭人口等因素的不同，员工之间在工资收入上有差距，这种差距对员工的积极性有一定的影响，福利的均等性在一定程度上起着平衡劳动者收入差距的作用。

（6）福利具有高刚性。一般情况下，企业一旦为员工提供了某项福利，这种福利是很难被削减或取消的。因此，如果不进行计划和控制，会导致福利不断膨胀，从而使企业面临较大的负担。

（二）员工福利的作用

1. 有利于吸引和保留住人才

人们在寻找职业时，越来越把优厚福利作为重要的选择标准。许多福利设计都和工龄有关，如带薪休假的长短往往与年资的深浅有关，这些福利实际上是员工的一种长期投资，员工离开企业，一般就会失去这些福利。

2. 有利于提高企业的生产率

（1）福利具有保留住人才的功能，这间接降低了员工的离职率，节约了新员工的招聘、选拔、委派及岗前培训费用。

（2）员工生活得到照顾，使其减少了对家庭的后顾之忧，可以专心工作。

（3）员工因福利而增加的满意感，改善了工作氛围，减少了缺勤率。

（4）全面而完善的福利制度，使员工因受到周到的照顾而体会到企业大家庭的温暖，产生出一种大家庭的成员感和归属感，增强了企业认同与忠诚、责任心与义务感。

这是企业一种宝贵的、持久的激励力和无价的资产。

二、员工福利的构成

一般情况下，可将员工福利划分为三大类：一是公共福利；二是集体福利；三是个人福利。

1. 公共福利

公共福利主要指国家法定的社会保险。《劳动法》规定，国家要发展社会保险事业，建立社会保险制度，设立社会保险基金，使劳动者在年老、患病、工伤、失业和生育等情况下获得帮助和补偿。公共福利主要包括以下几种：

(1) 医疗保险。这是公共福利中最主要的一种福利，企业必须在用工之日起三十日内为每一位员工办理相应的医疗保险，确保员工患病时能得到一定的经济补偿。

(2) 失业保险。失业是市场经济的必然产物，也是经济发展的必然副产品。为了使员工在失业时有一定的经济支持，企业应该为每一位员工办理规定的失业保险。我国的《失业保险条例》第六条规定城镇企业事业单位按照本单位工资总额的2%缴纳失业保险费。

(3) 养老保险。员工年老时将失去劳动能力，因此，企业应该按规定为每一位员工办理养老保险。

(4) 工伤保险。员工由于种种意外事故，受伤致残，为了使员工在受伤致残失去劳动力时得到相应的经济补偿，企业应该按规定为每一位员工办理工伤保险。

(5) 生育保险。

2. 集体福利

(1) 住房福利。按相关规定，企业应为员工缴纳住房公积金。

(2) 交通福利。其具体形式有发放交通补贴、用班车接送员工上下班等。调查显示，约56%的企业有交通补贴。

(3) 饮食福利。饮食福利指供应员工免费午餐或提供午餐补贴，发放茶水、果品、点心等。调查显示，约32%的企业有食品补贴。

(4) 教育培训福利。其形式有教育补贴、送员工脱产进修等。

(5) 医疗保健福利。其形式有医疗保险、免费体检、免费健身房或发放健身俱乐部会员卡等。

(6) 有薪节假。除政府规定的假期丧假、产假、婚假、病假、探亲假以及陪产假外，调查显示，各公司基本上都规定有一些假期（如年假、轮班、培训），而且大多数公司都有带薪休假的政策。

(7) 文化旅游福利。例如，为员工过生日、集体郊游和各种庆祝会、发放书报补贴等。

3. 个人福利

个人福利是指企业根据自身的发展需要和员工的需要选择提供的福利项目。它主要是由员工福利基金开支、以货币形式直接支付给员工的福利补贴，是员工福利的非主要形式。它主要有以下几种：

(1) 额外现金收入，如年终或中秋节、端午节、国庆节等特殊节日加薪、分红、物价津贴、商业与服务业等单位的小费等。

（2）发放给员工的购房补贴。

（3）上下班交通费补贴。市内公共交通费补贴或报销，个人交通工具（自行车、摩托车或汽车）购买低息贷款或津贴、保养费或燃料费补助等。

（4）生活困难补助，生活消费品价格补贴，以及洗澡、理发津贴，夏季的降温补贴及冬季取暖补贴等。

（5）超时酬金，如超时加班费、节假日值班费等。

（6）两地分居的员工享受探亲假期、工资补贴和旅费补贴等福利。

（7）旅游津贴、婚丧假和年休假工资等。

（8）离退休福利，包括退休金、企业年金（按月抽取员工基本薪酬一定比例，企业同时提供一定补贴，积累至退休时一次发还；若提前离职，企业发还其自供款额，还可能按规定对不同的服务年限发给不同部分的企业补贴额），以及长期服务奖金（工龄达规定年限时发给）等。

三、弹性福利制度

员工对不同的福利偏好不同，因此，现在越来越多的企业让员工自己设计个人的个性化福利计划。弹性福利制度就是实现这一目的的主要方式。

（一）弹性福利制度的含义及类型

弹性福利制度，又称“自助餐式的福利”，是指企业为每一位员工提供一个固定的福利基金预算，让员工在这个预算的范围内选择他们自己感兴趣的福利的一种福利制度。这种自助式的福利计划有两个约束条件，一是企业必须严格限定每个一揽子福利计划的总成本定额，二是每个福利计划都必须包含一些特定的福利项目（主要指公共福利）。

企业经营环境的多样化和企业内部的特殊性，使弹性福利制度在实际的操作过程中逐渐演化为以下几种有代表性的类型，企业可以根据自己的不同需要加以选择和比较。

1．附加型

这是最普遍的弹性福利制度，就是在现有的福利计划之外，再提供其他不同的福利措施或扩大原有福利项目的水准，让员工去选择。例如，某家公司原先的福利计划包括房租津贴、交通补助费、意外险、带薪休假等，如果该公司实施此类型的弹性福利制度，则它可以将现有的福利项目及其给付水准全部保留下来当作核心福利，然后再根据员工的需求，额外提供不同的福利措施，如国外休假补助、人寿保险等，但通常都会标上一个“金额”作为“售价”。对每一个员工，则根据他的薪资水准、服务年资、职务高低或家庭成员数等因素，发放数目不等的福利限额，员工再以分配到的限额去认购所需要的额外福利。有些公司甚至规定，员工如未用完自己的限额，余额可折发现金，不过现金的部分必须于年终合并其他所得课税。此外，如果员工购买的额外福利超过了限额，也可以从自己的税前薪资中扣抵。

2．核心加选择型

这种弹性福利计划由“核心福利”和“弹性选择福利”组成。“核心福利”是每个员工都可以享有的基本福利，不能自由选择，可以随意选择的福利项目则全部放在“弹性选择福利”之中，这部分福利项目都附有价格，可以让员工选购。员工所获得的福利限额，通常是未实施弹性福利制度前所享有的，福利总值超过了其所拥有的限额，差额可以折发现金。

3．弹性支用账户

这是一种比较特殊的弹性福利制度。员工每一年可从其税前总收入中拨出一定数额的款项作为自己的“支用账户”，并以此账户去选择购买雇主所提供的各种福利措施。拨入支用账户的金额不须扣缴所得税，不过，账户中的金额如未能于年度内用完，余额就归公司所有，既不可在下一个年度中并用，也不能以现金的方式发放。各种福利项目的认购款项一经确定就不能留用。此制的优点是福利账户的钱免缴税，相对地增加净收入，所以对员工极有吸引力，不过行政手续较为烦琐。

4．福利套餐型

福利套餐型是指由企业同时推出不同的“福利组合”，每一个组合所包含的福利项目或优惠水准都不一样，员工只能选择其中一种弹性福利制度。就好像西餐厅所推出的A餐、B餐一样，食客只能选其中一个套餐，而不能要求更换套餐里面的内容。在规划此种弹性福利制度时，企业可依据员工群体的背景（如婚姻状况、年龄、有无眷属、住宅需求等）来设计。

5．选高择低型

该福利计划一般会提供几种项目不等、程度不一的“福利组合”供员工选择，以组织现有的固定福利计划为基础，再据以规划数种不同的福利组合。这些组合的价值和原有的固定福利相比，有的高，有的低。如果员工看中了一个价值较原有福利措施高的福利组合，那么他就需要从薪水中扣除一定的金额来支付其差价；如果他挑选了一个价值较低的福利组合，那他就可以要求雇主发给其差额。

（二）弹性福利制度的优缺点

对企业和员工而言，实施弹性福利制度既有积极的一面，也有不利的一面。

对员工而言，员工可根据自己的情况，选择对自己最有利的福利。这种由企业所提供的自我控制，对员工具有激励作用。同时，也可以改善员工与企业的关系。对企业而言，弹性福利制度则通常会在每个福利项目之后标示其金额，这样可以使员工了解每项福利和成本之间的关系，方便企业管理和控制成本。另外，有时规划福利制度的人员绞尽脑汁设计各种福利，但是却不能吸引员工，而由员工自选，员工则不易抱怨，也可以减轻福利规划人员的负担。研究表明，应聘者喜欢选择实施弹性福利制度的组织，因此，该类组织较易网罗优秀人才。

但是，弹性福利制度也存在一些问题：

（1）部分员工在选择福利项目时未仔细考虑或只看近利，以致选择了不实用的福利项目。

（2）实施弹性福利制度，通常会伴随着繁杂的行政作业，尤其是在录入员工的福利资料或员工重新选择福利项目时，会给承办人员造成极大负担。

（3）在实施弹性福利制度初期，行政费用会增加，成本往往不减反增。

▲ 知识小结

薪酬设计一般要经过付酬原则和策略的确定、薪酬调查、职位评价、薪酬总额的确定及薪酬制度的调整几个步骤。

薪酬管理是指一个组织针对所有员工所提供的服务来确定他们应当得到的薪酬总额，以及薪酬结构和薪酬形式的过程。薪酬管理的作用体现为有效的薪酬管理有助于激发员工的工作积极性，有利于吸引和保留优秀的员工。另外，有效的薪酬管理还有助于改善企业的绩效和塑造良好的企业文化。

奖励性可变薪酬制度包括员工个人奖励制度和集体奖励制度。员工个人奖励制度主要有计件制、工时制、佣金制和绩效工资四种形式；集体奖励制度主要有收益分享计划、利润分享计划和员工持股计划几种。

员工福利是指企业支付给员工的间接薪酬。福利是货币工资的重要补充，是集体激励的一种形式；兼有避税功能；以员工的贡献为前提；具有选择性、均等性、高刚性。员工福利能吸引和保留住人才，有利于提高企业的生产率。员工福利分为公共福利、集体福利和个人福利三类。

■ 知识巩固

1. 薪酬的构成有哪些？
2. 薪酬管理的基本原则是什么？
3. 影响薪酬制度制定的因素有哪些？
4. 集体奖励制度包括哪些形式？
5. 福利有哪些形式？
6. 什么叫弹性福利制度？

✲ 案例讨论

失败的高薪

F公司是一家生产电信产品的公司。在创业初期，依靠一批志同道合的朋友，大家不怕苦不怕累，从早到晚拼命干。公司发展迅速，几年之后，员工由原来的十几人发展到几百人，业务收入由原来的每月十来万元发展到每月上千万元。企业大了，人也多了，但公司领导明显感觉到大家的工作积极性越来越低，大家也越来越计较。

F公司的老总黄明裁一贯注重思考和学习，为此特意到书店买了一些有关成功企业经营管理方面的书籍来研究。他在《松下幸之助用人之道》一书中看到这样一段话："经营的原则自然是希望能做到'高效率、高薪资'。效率提高了，公司才可能支付高薪资。但松下先生提倡'高薪资、高效率'时，却不把高效率作为第一个努力的目标，而是借着提高薪资来提高员工的工作意愿，然后再达到高效率。"他想，公司发展了，确实应该考虑提高员工的待遇，一方面是对老员工为公司辛勤工作的回报，另一方面是吸引高素质人才加盟公司的需要。为此，F公司重新制定了薪酬制度，大幅度提高了员工的工资，并且对办公环境进行了改进。

高薪的效果立竿见影，F公司很快就聚集了一大批有才华、有能力的人才。所有的员工都很满意，大家的热情高，工作十分卖力，公司的精神面貌也焕然一新。但这种好势头持续了不到两个月，大家又都慢慢恢复到了懒洋洋、慢吞吞的状态。这是怎么啦？F公司的高工资没有换来员工工作的高效率，公司领导陷入两难的困惑境地，既苦恼又彷徨，不知所措。

讨论：

失败的高薪症结在哪儿呢？

▲ 实训设计

制定模拟公司薪酬管理制度和福利制度。

1. 能力培养目标

（1）制定公司薪酬管理制度。

（2）制定公司福利制度。

2. 实训内容和要求

（1）学生继续以第一次分组组成的实训团队进行实训，并且以第一次成立的模拟公司名称为实训团队名称。

（2）各实训团队制定模拟公司员工薪酬管理制度和福利管理制度。

（3）各实训团队充分讨论，制作电子版文件。

3. 实训教学学时安排

课内3学时，课外视情况而定。教师事先通知学生课外预先查找相关资料。

4. 考核内容与方法

（1）考核内容：

项目	考核点	考核目标
实训准备	1. 材料准备； 2. 资料准备	对实训目的和基本原理的认识程度，对实训方案的策划能力
实训过程	1. 参加实训的出勤和守纪情况； 2. 实训过程中的程序规范情况； 3. 实训过程中的协作精神； 4. 实训过程中的工作态度； 5. 突发事件应急处理能力	着重考查学生的工作态度、基本操作技能、严谨治学态度、团结协作精神
实训结果	1. 实训方案的结构合理性； 2. 实训方案的完整性、系统性； 3. 实训方案的创新性； 4. 实训报告的格式规范程度； 5. 实训结果的信度和效度	考查学生对典型案例或现象的处理和分析能力；对专业知识的综合运用能力；解决问题能力；表达能力

（2）考核方法。实训成绩采用等级计分制：优（90～100 分）、良（80～89 分）、中（70～79 分）、及格（60～69 分）、60 分以下为不及格。其中，实训准备占 10%，实训过程占 20%，设计结果占 70%，实训成果为设计报告。

（3）设计报告考核内容。组织协调 10%、资料收集 15%、公司薪酬管理制度 50%、福利管理制度 20%、出勤情况 5%。

学习情境八　劳动关系管理

♦ 知识目标

- 掌握劳动关系的概念和劳动关系的三个要素
- 理解劳动合同、集体合同的订立和使用规则
- 了解劳动管理的基本技巧
- 了解社会保险和劳动争议处理方式的主要规则

◈ 技能目标

- 通过对以劳动关系为基础的知识点的理解，能够解决人力资源管理中劳动关系相关问题

与国外比较成熟的劳动关系管理模式相比，我国对劳动关系的研究还处于起步阶段。劳动管理主要包括员工的招聘与解聘、劳动合同的管理、工作时间与劳动保护、劳动纪律与奖惩等。劳动管理依据的主要法律是《劳动法》，以及与之配套的相关法规。社会保险具有强制性，用人单位和劳动者不得以任何理由拒绝缴纳。我国的社会保险项目有养老保险、工伤保险、医疗保险、失业保险、生育保险等。本学习情境将带领大家学习如何明晰劳动关系，进行劳动管理，制定社会保险，以及如何处理劳动争议。

任务一　明晰劳动关系

◉ 任务情境

白领主管做了半年廉价工

齐小姐在公司做满3个月试用期后，又被“考察”了3个月，等于被“试用”了两次。最后老总告诉她“你不适合这份工作”，便将她轻松“踢走”。由于最初3个月是“试用期”，齐小姐工资只有3000元，而公司里同级别的主管每个月拿12000元。齐小姐去年刚刚攻读完硕士，今年4月到这家公司应聘。公司刚刚开发了一个新项目，技术比较高端。公司让齐小姐做主管，并签订了“试用期合同”，如果试用期满后双方都感觉合适，再签订3年的合同。齐小姐兢兢业业地在公司里一直干到7月初，终于可以“转正”，但公司又说“再考察3个月”。齐小姐很不情愿地熬到9月底，老总主

动找到齐小姐，“你很有能力，但你不适合这份工作”一句话便将做了半年“廉价工”的齐小姐轻松“踢走”。之后，齐小姐从另一个主管口中得知，这个项目期限就是半年，因为涉及专业比较高端，所以当时留下了她，而项目完结后，老总认为留下齐小姐平时也难用得到，浪费成本，便将她“踢走”。

❖ 任务分析

根据《中华人民共和国劳动合同法》（以下简称《劳动合同法》），“以完成一定工作任务为期限的合同”不得约定试用期；试用期工资不得低于本单位相同岗位最低档工资或劳动合同约定工资的80%，且不得低于单位“所在地最低工资标准”。因此，公司应直接跟齐小姐签订合同，并支付齐小姐12000元的正式工资。

⊙ 知识精讲

一、劳动关系的含义

广义的劳动关系是指人们在社会劳动过程中发生的一切关系，包括劳动力的使用关系、劳动管理关系、劳动服务关系等。狭义的劳动关系以我国《劳动法》的规定为准。《劳动法》第二条规定：“在中华人民共和国境内的企业、个体经济组织（以下统称用人单位）和与之形成劳动关系的劳动者，适用本法。国家机关、事业组织、社会团体和与之建立劳动合同关系的劳动者，依照本法执行。”因此，依照《劳动法》的规定，劳动关系并不是一切劳动者在劳动过程中形成的劳动关系，而是指劳动者在运用劳动能力实现劳动过程中与用人单位产生的一种社会关系，即劳动力所有者与劳动力使用者之间，以实现劳动为实质而发生的劳动力与生产资料相结合的社会关系。在本学习情境中，我们采用狭义的含义来理解劳动关系。

二、劳动关系的要素

劳动关系的要素包括主体、内容和客体三个方面。

1. 劳动关系的主体

劳动关系的主体是在劳动关系中享有权利承担义务的当事人。在我国当前的市场经济条件下，劳动关系的主体由劳动者、用人单位和工会三方构成。

劳动者是指具有劳动能力的、以从事劳动获取合法劳动报酬的自然人。用人单位是指依法使用和管理劳动者并付给其劳动报酬的单位，包括企业单位、事业单位、社会团体、行政单位，也可以是个体经济组织。工会是代表劳动者的组织，《劳动法》规定劳动者有权依法参加和组织工会，工会代表应维护劳动者的合法权益，依法独立自主地开展活动。

有的观点认为，在某些条件下，政府也属于用人单位的主体。通常情况下，在劳动法律关系中，政府并不能以实体法的形式充当劳动法律关系的主体，这里之所以将政府也列为劳动法律关系的主体，是因为劳动基准法是政府与用人单位谈判的结果。在劳动者与用人单位确定劳动关系之前，政府事先就已经替劳动者和用人单位进行了劳动合同最低条款的谈判，这种谈判实际上是一种虚拟的谈判，双方的谈判地位并不平等，用人单位必须无条件地全盘接受最低条款的内容。在这种虚拟的谈判中，政府是作为一种虚拟主体的身份出现的，劳动基准法的制定过程，实际上是政府将其谈判的最低条款上升为一种国家意志的结果。

2. 劳动关系的内容

劳动关系的内容，是指在劳动关系中劳动关系主体之间享有的权利和承担的义务。劳动权利义务作为《劳动法》的内容，是以法律规范的形式存在的，法律规范是一种行为规则，调整劳动关系的法律规范分为基准法和合同法两部分。因此，劳动关系中的权利义务关系包括基于劳动基准法产生的法定权利与基于劳动合同和集体合同产生的约定权利。

3. 劳动关系的客体

关于劳动关系的客体，一直存在不同的观点，目前关于劳动法律关系客体的认识至少有三种观点：第一种观点是劳动法律关系的客体是劳动行为；第二种观点是劳动关系的客体有主客体和从客体之分，主客体是劳动行为，从客体是劳动待遇和劳动条件；第三种观点是劳动关系的客体是劳动力。

劳动关系是基于劳动者有偿让渡劳动力使用权而产生的法律关系，劳动者向用人单位提供有偿的劳动力，用人单位通过支配、使用劳动力来创造社会财富。双方权利义务共同指向的对象就是劳动力，因此，我们采用第三种观点，劳动关系的客体是劳动力。

三、劳动关系调整的方式

1. 立法建设

1978 年 12 月，邓小平同志在中央工作会议上《解放思想，实事求是，团结一致向前看》的讲话中就提到了要加快对《劳动法》等一系列法律规范的立法工作。因此，从 1978 年开始到现在，我国已经建立了以《劳动法》为基础的，包括基本法律、法律、行政法规和行政规章在内的劳动法律体系。基本法就是《劳动法》，它是对《宪法》中劳动关系规定的具体化，并且为劳动法律的制定提供了法律依据。法律包括劳动就业法、劳动合同法、职业介绍法、安全生产法等法律规范。行政法规和行政规章包括一系列关于劳动安全和监察等方面的条例。

2. 劳动争议处理机制

劳动争议发生后，当事人可以向本单位劳动争议调解委员会申请调解；调解不成，当事人一方要求仲裁的，可以向劳动争议仲裁委员会申请仲裁。当事人一方也可以直接向劳动争议仲裁委员会申请仲裁。对仲裁裁决不服的，可以向人民法院提起诉讼。

3. 企业内部劳动标准

对各用人单位的内部劳动标准的建立进行指导，明确违反劳动标准行为的处理、处罚手段，规范企业行为。

4. 劳动合同和集体合同

2007 年 6 月 29 日中华人民共和国第十届全国人民代表大会常务委员会第二十八次会议修订通过《劳动合同法》，自 2008 年 1 月 1 日起施行。该法对劳动合同、集体合同的订立、履行等问题做了详细规定。

该法指导用人单位加强对劳动合同的管理，规范对劳动合同的签订、变更、解除等行为，积极实行集体协商制度，建立健全集体合同制度，完善内部民主协商机制，充分发挥工会、职代会的作用。

四、处理劳动关系的原则

1. 维护劳动者合法权益原则

维护劳动者的合法权益是建立、发展和谐劳动关系，正确处理劳动关系的基础。因此，在处理劳动关系的过程中，要以切实维护劳动者的平等就业权、劳动报酬权、职业卫生权、社会保障权等为出发点。

2. 预防和化解劳动关系矛盾在先原则

用人单位、有关部门和劳动者各方面应在统一的协调机制之下，避免出现劳动争议，将预防和化解劳动矛盾作为首要前提。我国劳动法律体系在当前已经比较完善、成熟，在出现劳动争议时，争议双方可以根据现有的法律规范解决问题。按照《劳动法》的规定，劳动者和用人单位建立劳动关系应该签订劳动合同，应全面推进集体协商制度。劳动合同和集体合同也是劳资双方处理劳动关系矛盾的依据。此外，政府部门、用人单位、工会、劳动者等几个方面，应该建立统一协调机制，来预防和化解劳动关系矛盾。

3. 公平公正处理劳动争议与向弱势劳动者倾斜原则

弱势劳动者群体指的是在性别、身体素质、年龄、工作资质、专业技能等方面在一定程度上处于相对不利地位的劳动者，如女职工、下岗职工等。在和用人单位的关系中，劳动者在经济力量、自身实力上都处于弱势地位，而弱势劳动者群体的不利地位则更加明显。要公平地解决劳动争议，就要把双方在先天地位上的不对等状态通过政策、法规等倾斜措施变为平等的。

五、改善劳动关系的途径

1. 完善劳动立法

出现劳动关系纠纷的主要原因，在于企业和员工之间均强调自身利益而相互对立，只有双方权利结构平衡才能协调双方的矛盾，建立稳定的劳资关系结构。通过各类劳动立法规范各方的权利义务关系，有利于建立企业和劳动者之间的平衡利益关系。

2. 发挥工会及企业党组织的作用

工会对雇主和员工都有很大的影响。对雇主来说，工会能够帮助雇主识别工作场所的危险因素，改善职工的生活质量，甚至与管理当局合作，使雇主渡过特殊的困难时期。对员工来说，工会能够代表职工向雇主主张报酬待遇、职业保障等方面的诉求。

企业党组织有较强的凝聚力、号召力和崇高的威信，能在改善劳动关系方面发挥积极的作用。

3. 培训管理人员

劳动关系紧张的原因有很多，如不合理的报酬、不正当的处罚和解雇、不安全的工作环境等。对管理人员进行培训，使其改善劳动关系，掌握处理劳资关系的技巧和策略，能够最大限度地避免上述问题。

4. 提高员工工作生活质量

提高员工工作生活质量的方式有很多，如进行有效的职业管理、为员工前途进行规划、适当地调整组织机构、营造和谐的企业文化等。

任务二 进行劳动管理

◉ 任务情境

福特汽车公司人情化的员工管理

亨利·福特二世十分重视职工问题。他认为应该像过去重视机械要素取得成功那样重视人性要素，这样才能解决工业问题，而且，劳资契约要像两家公司签订商业合同那样，进行有效率、有良好作风的协商。

当然，他也这样做的。他启用贝克当总经理，目的是改变公司职员消极怠工的局面。贝克也不负众望，他以友好的态度与职工建立联系，使他们消除了被“炒鱿鱼”的顾虑，也善意地指出他们不应消极怠工、互相扯皮，为了共同的利益，劳资双方应当同舟共济。同时，他也虚心听取工人们的意见，并积极耐心地着手解决一个个存在的问题，与工会主席一道制订“雇员参与计划”，在各车间成立由工人组成的“解决问题小组”。

为了把“雇员参与计划”扩散开来，福特还经常组织由工人和管理人员组成的代表团，到世界各地的协作工厂访问并“传经送宝”，这充分体现了员工参与和决策的重要性。

目前，福特公司内部已形成了一个“员工参与计划”。员工投入感、合作性不断提高，这大大缩短了福特与更优秀企业的差距，而这一切的改变就在于公司上下能够相互沟通，内部管理层、工人和职员改变了过去相互敌对的态度。领导者关心职工，也因此引发了职工对企业的“知遇之恩”，员工努力工作以促进企业发展。

公司赋予职工参与决策的权力，缩短职工与管理者的距离，职工的独立性和自主性得到了尊重和发挥，积极性也随之高涨。“全员参与制度”的实施，激发了职工潜力，为企业带来了巨大效益。

在福特公司，现已形成一条不成文的规定：尊重每一位职工。这个宗旨就像一条看不见的线，贯穿于福特公司管理企业的所有活动，同时也贯穿于企业领导的思想。这个基本信念对于其他任何企业领导来说都是不能忘记的，不但不能忘记，而且应该扎扎实实地将它付诸实施。

❖ 任务分析

福特公司员工经过成效卓著的训练产生了献身精神，他们个人对公司成就的认同感，用最简单的话来说，就在于职工及其领导人之间产生了充满人情味的关系。如果职工找你来谈关于公司生产经营等方面的建议或其他有关企业事宜而被你拒绝的话，他（她）的自尊心就可能受到伤害，甚至对工作感到心灰意冷，最终影响企业劳动生产率。福特公司能有今天的辉煌，其独特的员工人情化管理应该说起到了很大的作用。

⊙ 知识精讲

劳动管理是指企业根据国家相关法律法规对人力资源的开发和使用进行的管理工作，主要包括劳动者就业管理、劳动合同管理、工作时间与劳动保护、劳动纪律与奖惩等。

一、劳动者就业管理

（一）劳动者就业条件和形式

通常来说，劳动者就业应该符合以下几个条件：符合法定的就业年龄，关于就业年龄的界限，一般是男性16~60周岁，女性16~55周岁，当然，也不排除特殊职业的特殊要求；劳动者应该具有劳动行为能力，即劳动者要具有劳动的实际行为能力，符合特定职业和岗位的专业技术要求。此外，劳动者还应该具有以取得收入为目的的劳动意愿。是否建立劳动关系、是否行使劳动权，不具有强制性，劳动者可以自主选择。因此，建立劳动关系是以劳动者有劳动意愿为前提的。劳动就业是劳动者使自己的劳动力和社会生产资料相结合并取得报酬的过程，区别于无报酬的义务劳动。劳动者的就业形式主要有以下几种：

1. 劳动者与用人单位直接洽谈就业

通常是用人单位在劳动力市场发布广告，由求职者报名登记。在用人单位进行报名资格、学历资格等审查以后，对劳动者进行考试和测评，决定是否录用劳动者，是否和劳动者签订劳动合同。

2. 职业介绍机构介绍就业

职业介绍机构是指依法设立的、从事职业介绍工作的专门机构。按照我国法律规定，职业介绍机构应当有常年固定的场所、专职从事就业服务工作的工作人员和相应的工作设施，为求职者和用人单位沟通联系，提供就业服务，促进求职者和用人单位的沟通联系以及双方的互相选择。

3. 国家安置就业

目前，国家对少数劳动者仍然负有保证其实现第一次就业的义务。例如，原是城镇户口的退伍义务兵，军队转业干部，在内地定居的归侨、侨眷和港澳台同胞以及其内地眷属。

4. 其他就业形式

其他就业形式包括自谋职业，即劳动者自谋就业的出路，劳动者自己组织起来就业等。

（二）就业原则

1. 平等就业和自主择业原则

所谓平等就业，是指我国公民不论其民族、种族、性别、宗教信仰均享有平等地获得就业机会的权利，包括就业机会的平等和衡量尺度的平等。平等就业原则要求用人单位在招聘员工过程中消除歧视行为，在劳动力平等的基础上建立平等的就业机制。

具体表现：第一，不得在为劳动者提供就业机会时或者在招工简章中，有关于对民族、种族、性别、宗教信仰等方面的限制。第二，不得在所从事的职业范围方面有关于对民族、种族、宗教信仰等方面的限制。第三，不得在劳动者所从事的专业范围有关于对民族、种族、性别、宗教信仰等方面的限制。自主择业是公民根据自己的意愿和才能，结合社会的需要自主地选择职业。劳动者平等就业和自主择业的原则表明，凡是在法律上没有限制的，用人单位不应当对劳动者作出职业限制的规定。

2．男女就业权利平等原则

依据男女就业权利平等原则，用人单位必须做到：

（1）向妇女劳动者提供与男性劳动者均等的就业机会，凡适合妇女从事劳动的岗位，用人单位不得拒绝招用。

（2）不得提高妇女劳动者的录用标准。

3．特殊就业群体就业保障原则

特殊就业群体是对因特殊因素在就业竞争过程中处于不利地位人员的总称，包括妇女、残疾人、少数民族人员和退役军人。

（1）对残疾人的就业保障。对于国家分配的高等学校、中等专业学校、技工学校的残疾毕业生，用人单位不能拒绝接受。残疾职工所在单位应当对残疾职工进行岗位技能培训，提高其劳动技能和水平。

（2）退役军人就业保障。对退伍军人自愿到劳动力市场竞争就业和自谋职业的，政府应予以支持和鼓励。

（3）少数民族人员的就业保障。对少数民族人员就业实行特殊保护的政策，是我国民族政策的重要组成部分，是国家促进少数民族地区经济和社会发展的重要手段，为此我国相关的法律规范都有体现。对于少数民族的劳动者就业，国家采取扶持和帮助的特殊政策。民族自治地方的用人单位优先招用少数民族人员；国家通过各种途径培养少数民族人才。

（4）未成年人劳动就业保护。未成年人只能从事与其身体的成长发育程度相适应的劳动，用人单位还应对其进行特殊的劳动保护。

二、劳动合同管理

（一）劳动合同的含义

劳动合同也可以称为劳动协议、劳动契约或劳动合约，是用人单位和劳动者之间确定劳动关系，明确相互权利和义务的协议。劳动合同是确定劳动关系的法律依据，建立劳动关系都要签订劳动合同。

（二）劳动合同的订立

1．劳动合同的订立原则

《劳动合同法》第三条规定，订立劳动合同，应当遵循合法、公平、平等自愿、协商一致、诚实信用的原则。依法订立的劳动合同具有约束力，用人单位与劳动者应当履行劳动合同约定的义务。因此，劳动合同订立过程中应当遵循以下原则：

（1）遵守法律法规原则。要求劳动合同的主体、内容、形式符合国家的法律和行政法规。只有依法订立的劳动合同，才能得到国家承认，才具有法律约束力，才能得到国家法律的保护。

（2）平等自愿原则。平等原则要求劳动关系双方在法律地位上平等，双方当事人在表达自己意志方面享受同等的权利；自愿原则指的是劳动关系的建立完全出于双方自愿，任何强迫、胁迫、欺骗等非法手段都会影响劳动合同的效力。

（3）协商一致原则。双方在相互协商、取得一致意见的基础之上才可以订立劳动合同。

（4）诚实信用原则。

2. 劳动合同的形式

《劳动合同法》第十条规定，建立劳动关系，应当订立书面劳动合同。已建立劳动关系，未同时订立书面劳动合同的，应当自用工之日起一个月内订立书面劳动合同。

3. 劳动合同的内容

劳动合同应当具备以下条款：

（1）用人单位的名称、住所和法定代表人或者主要负责人。

（2）劳动者的姓名、住址和居民身份证或者其他有效身份证件号码。

（3）劳动合同期限。

（4）工作内容和工作地点。

（5）工作时间和休息休假。

（6）劳动报酬。

（7）社会保险。

（8）劳动保护、劳动条件和职业危害防护。

（9）法律、法规规定应当纳入劳动合同的其他事项。

劳动合同除前款规定的必备条款外，用人单位与劳动者可以约定试用期、培训、保守秘密、补充保险和福利待遇等其他事项。

（三）无效劳动合同

下列劳动合同无效或者部分无效：

（1）以欺诈、胁迫的手段或者乘人之危，使对方在违背真实意思的情况下订立或者变更劳动合同的。

（2）用人单位免除自己的法定责任、排除劳动者权利的。

（3）违反法律、行政法规强制性规定的。

对劳动合同的无效或者部分无效有争议的，由劳动争议仲裁机构或者人民法院确认。

劳动合同部分无效，不影响其他部分效力的，其他部分仍然有效。

劳动合同被确认无效，劳动者已付出劳动的，用人单位应当向劳动者支付劳动报酬。劳动报酬的数额，参照本单位相同或者相近岗位劳动者的劳动报酬确定。

（四）劳动合同的变更和解除

用人单位与劳动者协商一致，可以变更劳动合同约定的内容。变更劳动合同，应当采用书面形式。变更后的劳动合同文本由用人单位和劳动者各执一份。

（1）双方解除劳动合同。用人单位与劳动者协商一致的，可以解除劳动合同。

（2）用人单位单方解除劳动合同。劳动者有下列情形之一的，用人单位可以解除劳动合同：①在试用期间被证明不符合录用条件的；②严重违反用人单位规章制度的；③严重失职，营私舞弊，给用人单位造成重大损害的；④劳动者同时与其他用人单位建立劳动关系，对完成本单位的工作任务造成严重影响，或者经用人单位提出，拒不改正的；⑤因《劳动合同法》第二十六条第一款第一项规定的情形致使劳动合同无效的；⑥被依法追究刑事责任的。

有下列情形之一的，用人单位提前三十日以书面形式通知劳动者本人或者额外支付劳动者一个月工资后，可以解除劳动合同：①劳动者患病或者非因工负伤，在规定的医疗期满后不能从事原工作，也不能从事由用人单位另行安排的工作的；②劳动者不能胜任工作，经过培训或者调整工作岗位，仍不能胜任工作的；③劳动合同订立时所依据的客观情况发生重大变化，致使劳动合同无法履行，经用人单位与劳动者协商，未能就变更劳动合同内容达成协议的。

有下列情形之一，需要裁减人员二十人以上或者裁减不足二十人但占企业职工总数百分之十以上的，用人单位提前三十日向工会或者全体职工说明情况，听取工会或者职工的意见后，裁减人员方案经向劳动行政部门报告，可以裁减人员：①依照企业破产法规定进行重整的；②生产经营发生严重困难的；③企业转产、重大技术革新或者经营方式调整，经变更劳动合同后，仍需裁减人员的；④其他因劳动合同订立时所依据的客观经济情况发生重大变化，致使劳动合同无法履行的。

（3）劳动者单方解除劳动合同。劳动者提前三十日以书面形式通知用人单位，可以解除劳动合同。劳动者在试用期内提前三日通知用人单位，可以解除劳动合同。用人单位有下列情形之一的，劳动者可以解除劳动合同：①未按照劳动合同约定提供劳动保护或者劳动条件的；②未及时足额支付劳动报酬的；③未依法为劳动者缴纳社会保险费的；④用人单位的规章制度违反法律、法规的规定，损害劳动者权益的；⑤因《劳动合同法》第二十六条第一款规定的情形致使劳动合同无效的；⑥法律、行政法规规定劳动者可以解除劳动合同的其他情形。用人单位以暴力、威胁或者非法限制人身自由的手段强迫劳动者劳动的，或者用人单位违章指挥、强令冒险作业危及劳动者人身安全的，劳动者可以立即解除劳动合同，不需事先告知用人单位。

（五）劳动合同的终止

有下列情形之一的，劳动合同终止：①劳动合同期满的；②劳动者开始依法享受基本养老保险待遇的；③劳动者死亡，或者被人民法院宣告死亡或者宣告失踪的；④用人单位被依法宣告破产的；⑤用人单位被吊销营业执照、责令关闭、撤销或者用人单位决定提前解散的；⑥法律、行政法规规定的其他情形。

三、工作时间与劳动保护

（一）工作时间

所谓标准工作时间，是指由国家法律规定的，在正常情况下，一般职工从事工作或劳动的时间。它通常随国家经济发展水平的变化而变化。

我国的工时制度分为三种：

（1）标准工时制度。标准工时制度，是指国家法律规定，国家机关、团体、事业单位和企业以及其他组织，在正常情况下普遍实行的工作时间制度。《劳动法》第三十六条对标准工时制度做出规定，“国家实行劳动者每日工作时间不超过八小时，平均每周工作时间不超过四十四小时的工时制度”。

（2）特殊工时制度。主要包括不定时工作制（计件工时制度）和综合计算工时工作制。

（3）缩短工时制度。

（二）休假制度

法定节假日为带薪的公共假期。依据相关规定，法定节假日用人单位应依法支付工资。

此外，机关、团体、企业、事业单位、民办非企业单位、有雇工的个体工商户等单位的职工，连续工作 1 年以上的，享受带薪年休假（以下简称年休假）。单位应当保证职工享受年休假。职工在年休假期间享受与正常工作期间相同的工资收入。

（三）劳动保护

劳动保护，是指在劳动过程中对劳动者的安全和健康所采取的保护措施和组织管理工作的总称。

劳动保护的内容包括以下几个方面：

1. 劳动保护的管理体系

对劳动保护的管理体系进行有关劳动保护的立法工作，建立健全制度和管理，主要包括：①确立劳动保护管理体制；②制定和贯彻执行劳动保护方针、政策；③制定和执行劳动保护法规和标准；④建立合理的组织管理机制；⑤制定和执行以安全生产责任制为核心的各种劳动保护规章制度；⑥制订各种劳动条件的规划和计划；⑦对工伤事故和职业病进行调查处理、分析预测；⑧开展劳动保护宣传、教育、培训；⑨关于工时和休假及特殊职工的特殊保护等。

2. 劳动安全体系建设

劳动安全体系建设主要内容：①针对生产中各种机械、工具造成的伤害，研究制定各种防绞碾、防物体打击、防器物倒塌的措施；②针对生产中的明火、各种高温表面、熔融金属、热液、热气以及电流等造成的伤害，研究制定各种防灼烫、防触电措施；③针对锅炉及各种压力在产品易发生的物理爆炸，研究制定防范措施；④针对各种燃爆危险品，研究制定预防火灾、化学爆炸的措施等。

3. 劳动卫生工程体系建设

针对生产劳动过程中危害劳动者健康的因素，研究其发生、发展的规律及对劳动者健康的危害情况和程度，制定控制和防范措施，以防止职业病的发生，保障职工的身心健康。

四、劳动纪律与奖惩

（一）劳动纪律的概念和内容

劳动纪律指用人单位依法制定的、全体职工在劳动过程中必须遵守的工作秩序和劳动规则。它要求每一个职工都必须按照时间、地点、质量、方法和程序等方面的统一规则完成自己的劳动任务，实现全体职工在劳动过程中行为方式和联系方式的规范化，以维护正常的生产、工作秩序。

劳动纪律一般包括时间纪律、组织纪律、岗位纪律、协作纪律、安全卫生纪律、品行纪律以及其他纪律等。

（二）劳动纪律的实施

根据我国现行的法律规范和实践，劳动纪律的实施过程至少包括下面几个环节：

（1）调查取证。

（2）进行批评教育。

（3）经正式会议讨论。

（4）征求工会意见。

（5）听取本人申辩。

（6）报请审查或批准。

（7）制定并公布或送达书面纪律处分决定。

（8）上报当地劳动行政管理部门或其他有关机关备案。

（三）奖惩的内容和种类

1. 奖励的条件

一般情况下，对于有下列表现之一的职工，应当给予奖励：

（1）在完成生产任务或者工作任务、提高产品质量或者服务质量、节约国家资财和能源等方面，作出显著成绩的。

（2）在生产、科学研究、工艺设计、产品设计、改善劳动条件等方面，有发明、技术改进或者提出合理化建议，取得重大成果或者显著成绩的。

（3）在改进企业经营管理，提高经济效益方面作出显著成绩，对国家贡献较大的。

（4）保护公共财产，防止或者挽救事故有功，使国家和人民利益免受重大损失的。

（5）同坏人、坏事作斗争，对维持正常的生产秩序和工作秩序、维持社会治安，有显著功绩的。

（6）维护财经纪律、抵制歪风邪气，事迹突出的。

（7）一贯忠于职守，积极负责，廉洁奉公，舍己为人，事迹突出的。

（8）其他应当给予奖励的。

2. 惩罚的条件

一般情况下，对于有下列行为之一的职工，经批评教育不改的，应当分情况给予行政处分或者经济处罚：

（1）违反劳动纪律，经常迟到、早退，旷工，消极怠工，没有完成生产任务或者工作任务的。

（2）无正当理由不服从工作分配和调动、指挥，或者无理取闹，聚众闹事，打架斗殴，影响生产秩序、工作秩序和社会秩序的。

（3）玩忽职守，违反技术操作规程和安全规程，或者违章指挥，造成事故，使人民生命、财产遭受损失的。

（4）工作不负责任，经常产生废品，损坏设备工具，浪费原材料、能源，造成经济损失的。

（5）滥用职权，违反政策法令，违反财经纪律，偷税漏税，截留上缴利润，乱发奖金，挥霍浪费国家资财，损公肥私，使国家和企业在经济上遭受损失的。

(6) 有贪污盗窃、投机倒把、走私贩私、行贿受贿、敲诈勒索以及其他违法乱纪行为的。

(7) 犯有其他严重错误的。

职工有上述行为，情节严重，触犯刑律的，由司法机关依法惩处。

3. 惩罚的种类

对职工违纪违法行为的惩罚，包括行政处分、经济处罚和刑事制裁三类。

(1) 行政处分。行政处分是指用人单位或者有关国家机关按照行政隶属关系，对所属劳动者的违纪违法行为给予的纪律制裁。行政处分包括警告、记过、记大过、降级、撤职、留用察看、开除7种。严厉程度依次增加。此外，我国现行《劳动法》还规定有对违纪违法职工予以除名和辞退两种惩罚方式。

(2) 经济处罚。经济处罚是对违反劳动纪律的职工给予经济制裁，强制其承担财产责任的处罚方式。经济处罚主要有罚款、停发工资、降低工资级别、赔偿经济损失四种形式。

(3) 刑事制裁。刑事制裁是指职工违纪、违法行为严重，已触犯刑律的由司法机关追究其刑事责任的处罚方式。

五、劳动报酬

(一) 劳动报酬的概念和法律原则

从广义上来说，劳动报酬泛指人们从事各种劳动而获得的货币收入或有价物。狭义上的劳动报酬专指《劳动法》中所调整的劳动者基于劳动关系取得的各种收入，包括计时工资、计件工资、奖金、津贴和补贴、延长工作时间的工资报酬以及特殊情况下支付的工资等。我们这里采用狭义的劳动报酬概念。

《劳动法》第四十六条规定："工资分配应当遵循按劳分配原则，实行同工同酬。工资水平在经济发展的基础上逐步提高。国家对工资总量实行宏观调控。"因此，我国劳动报酬法律调整的基本原则是按劳分配、同工同酬，在经济发展的基础上逐步提高工资水平。

(二) 劳动报酬的构成形式

我国劳动者的劳动报酬主要有计时工资和计件工资；辅助工资形式主要有奖金和津贴等。计时工资是指按照计时工资标准和工作时间支付给劳动者的劳动报酬。根据计算工资的时间单位不同，计时工资可以分为月工资制、日工资制和小时工资制。计件工资是指对已做工作按计件单价支付的劳动报酬，包括超额累进计件、直接无限计件、限额计件、超额计件等工资制度下，按照劳动部门或主管部门批准的定额和计件单价支付给个人的工资，按工作任务包干办法支付给个人的工资，按营业额提成或利润提成办法支付给个人的工资。

奖金是指支付给职工的超额劳动报酬和增收节支的劳动报酬，有超产奖、质量奖、节约奖等。津贴和补贴是指为了补偿职工特殊或额外的劳动消耗和因其他因素支付给职工的津贴，以及为了保证职工的工资水平不受物价影响而支付给职工的物价补贴。

（三）劳动报酬分配原则

1. 基本工资制度

《劳动法》第四十七条规定："用人单位根据本单位的生产经营特点和经济效益，依法自主确定本单位的工资分配方式和工资水平。"用人单位在工资分配上享有充分的自主权，可以自主决定本单位的工资分配方式。基本工资制度有等级工资制、岗位工资制、结构工资制、岗位技能工资制几种。

2. 最低工资制度

最低工资是劳动者在法定工作时间内，提供正常劳动的前提下，用人单位应支付的最低劳动报酬。《劳动法》第四十八条规定："国家实行最低工资保障制度。最低工资的具体标准由省、自治区、直辖市人民政府规定，报国务院备案。用人单位支付劳动者的工资不得低于当地最低工资标准。"《劳动法》第四十九条规定，确定和调整最低工资标准应当综合参考下列因素：①劳动者本人及平均赡养人口的最低生活费用；②社会平均工资水平；③劳动生产率；④就业状况；⑤地区之间经济发展水平的差异。

3. 工资支付保障

《劳动法》第五十条规定："工资应当以货币形式按月支付给劳动者本人。不得克扣或者无故拖欠劳动者的工资。"第五十一条规定："劳动者在法定休假日和婚丧假期间以及依法参加社会活动期间，用人单位应当依法支付工资。"

任务三　制定社会保险

◉ 任务情境

试用员工也有权享受医疗期

楚某到某日用化学厂应聘成功后，与该厂签订了5年期的劳动合同，合同约定前3个月为试用期。

刚上班的第10天晚上，楚某和妻子下班后一同前往幼儿园接女儿回家。走到自己家楼下时，天色已晚，加之楼道内的电灯损坏，楚某只能抱着女儿摸黑上楼。可就在上楼时，楚某突然一滑，致使身体重心失控，跌倒后滚落楼下，造成右腿骨折，怀里抱着的孩子也受了重伤。妻子赶紧喊来邻居，把楚某和孩子送进了附近的医院。

就在楚某住院治疗期间，日用化学厂以合同试用期内楚某出现意外，身体状况已不符合工厂的要求为由，决定解除与楚某签订的劳动合同，并拒绝为楚某负担医疗费用。

楚某得知日用化学厂的这个决定后，非常不满。他认为，厂方在其受伤未愈的情况下，既不为其支付医疗费用，又解除劳动合同，违反了《劳动法》的规定。一气之下，躺在病床上的楚某当即委托自己的妻子作为代理人，向当地劳动争议仲裁委员会提出了仲裁请求：

（1）要求撤销日用化学厂作出的与本人解除劳动合同的决定，恢复双方的劳动合同关系。

（2）要求日用化学厂按照厂内医疗费报销规定为本人报销医疗费。

（3）要求日用化学厂给予本人3个月的医疗期。

日用化学厂的领导对楚某提出的仲裁请求持反对意见，认为楚某在试用期内非因工负伤，造成骨折后需要住院治疗，此时其身体状况已经不符合工厂的要求，因此，厂方有权与他解除劳动合同。又因为楚某尚处试用期，不是本厂正式职工，所以也不应当享受医疗期和医疗费报销待遇。那么，日用化学厂的观点到底对不对呢？

❖ 任务分析

根据《劳动法》的规定，医疗期是指企业职工因患病或非因工负伤停止工作治病休息，不得解除劳动合同的时限。医疗期并不以试用期为否定条件，而是以职工在用人单位工作时间的长短来决定其享受的医疗期待遇。因此，无论是否在试用期，只要劳动者患病或非因工负伤，至少应该享受3个月的医疗期待遇。根据《劳动法》的规定，在职工享受医疗期期间不得与之解除劳动合同。

另外，由于当地还没有实行医疗保险社会统筹，企业还应当负担职工的部分医疗费，日用化学厂应当按照本单位医疗报销制度中的有关规定，为楚某报销部分医疗费。同时，在楚某享受治病的医疗期期间，该单位还应按照国家规定向其支付病假工资。

⊙ 知识精讲

社会保险是指具有一定劳动关系的劳动者在暂时或者永久丧失劳动能力或者在失业期间，为保障其基本生活需求，由国家和社会提供物质帮助的一种社会保障制度。

一、养老保险

养老保险是社会保障制度的重要组成部分，是社会保险五大险种中很重要的险种之一。所谓养老保险（或养老保险制度），是国家和社会根据一定的法律和法规，为解决劳动者在达到国家规定的解除劳动义务的劳动年龄界限，或因年老丧失劳动能力退出劳动岗位后的基本生活而建立的一种社会保险制度。这一概念主要包含以下三层含义：

第一，享受养老保险有法定年龄要求，也就是说，享受养老保险金的对象必须达到法定的老年年龄。当然，法定的年龄界限（各国有不同的标准）有切实可行的衡量标准。各国受劳动力资源状况、社会经济发展状况、劳动者体质状况等因素影响，对“老年”的界定也有所不同。

第二，养老保险的目的是保障老年人的基本生活需求，为其提供稳定、可靠的生活来源。

第三，养老保险是以社会保险为手段来达到保障目的的。

企业与职工签订劳动合同后，应依法到当地社会保险经办机构办理参加基本养老保险手续。社会保险经办机构在企业和职工按规定的标准缴纳劳动保险费后，应为参保职工建立基本养老保险个人账户，用于记录缴费，并作为计算基本养老金的依据。

个体劳动者和自由职业者可以直接到当地社会保险经办机构办理参加养老保险手续，缴纳养老保险费。

二、工伤保险

工伤是指企业职工在工作时间、工作区域因执行职务而受到的伤害，包括工业事故造成的伤害、职业病造成的伤害。

（一）工伤保险的主要内容

1. 工伤保险费的负担

工伤保险费由用人单位负担，劳动者无须缴纳任何费用。用人单位缴纳工伤保险费后，即将其对劳动者的补偿责任转嫁于工伤保险机构承担。用人单位不缴纳相应的工伤保险费用，除了要承担相应的行政责任外，出了工伤事故用人单位还要承担全部的补偿责任。

2. 无过错补偿原则

在劳动过程中发生的职业伤害，无论用人单位有无过错，受害者均应得到必要的补偿，用人单位即使对工伤事故的发生没有过错，也应当对受害者承担补偿责任。

（二）工伤认定的范围

职工有下列情形之一的，应当认定为工伤：

（1）在工作时间和工作场所内，因工作原因受到事故伤害的；

（2）工作时间前后在工作场所内，从事与工作有关的预备性或者收尾性工作受到事故伤害的；

（3）在工作时间和工作场所内，因履行工作职责受到暴力等意外伤害的；

（4）患职业病的；

（5）因工外出期间，由于工作原因受到伤害或者发生事故下落不明的；

（6）在上下班途中，受到机动车事故伤害的；

（7）法律、行政法规规定应当认定为工伤的其他情形。

职工有下列情形之一的，视同工伤：

（1）在工作时间和工作岗位，突发疾病死亡或者在48小时之内经抢救无效死亡的；

（2）在抢险救灾等维护国家利益、公共利益活动中受到伤害的；

（3）职工原在军队服役，因战、因公负伤致残，已取得革命伤残军人证，到用人单位后旧伤复发的。

职工有下列情形之一的，不得认定为工伤或者视同工伤：

（1）因犯罪或者违反治安管理伤亡的；

（2）醉酒导致伤亡的；

（3）自残或者自杀的。

三、医疗保险

医疗保险是指对劳动者由于疾病、非因工负伤引起的医疗费用给予保障的制度。根据国务院规定，城镇所有用人单位，包括各种类型所有制形式的企业、机关、事业单位、社会团体、民办非企业单位及其员工，都要参加基本的医疗保险。乡镇企业及其职工、城镇个体经济组织业主及其从业人员是否参加基本医疗保险，由各省、自治区、直辖市人民政府决定。

城镇职工基本医疗保险制度的覆盖范围包括基本医疗保险、补充医疗保险、公务员医疗补助、重大疾病医疗补助和社会医疗救助，形成了以基本医疗保险制度为主体的多层次医疗保障体系。同时，鼓励有能力的单位和个人参加商业医疗保险和职工医疗互助，这种“双保险”可使参保人医疗费用得到更多的补充，切实保障劳动者不同层次的医疗需求。

确定基本医疗保险统筹层次时，既要考虑基金的互助共济和抗御风险能力，提高社会管理服务水平，又要考虑地区间经济发展和医疗消费水平的差异。如果医疗保险的统筹层次过低，在县（市）以下统筹，保险基金共济能力较弱，难以抵御风险；如果统筹层次过高，直接搞省级统筹，地区间的差异过大，目前的管理水平也难以适应，显然条件是不成熟的。因此，我国目前基本上是以地级以上行政区为统筹单位，中央、军队和省属单位实行属地管理，有利于医改平衡、健康发展。

基本医疗保险费由用人单位和职工共同缴纳。基本医疗保险实行权利与义务相对应的原则，基本医疗保险费不得减免。退休人员个人不缴纳基本医疗保险费。

四、失业保险

失业保险是指国家通过立法强制实行的，由社会集中建立基金，对因失业而暂时中断生活来源的劳动者提供物质帮助的制度。它是社会保障体系的重要组成部分，是社会保险的主要项目之一。

政策规定应该参加失业保险的单位和人员有国有企业、城镇集体企业、外商投资企业、城镇私营企业和其他城镇企业及其职工，事业单位及其职工。

失业保险具有强制性、互济性、社会性和救助性的特点，它是国家通过立法强制实施的一项社会保障制度。失业保险具有保障生活和促进就业双重功能，此外还有抑制和预防失业的作用。

具备下列条件的失业人员，可以领取失业保险金：①失业前用人单位和本人已经缴纳失业保险费满一年的；②非因本人意愿中断就业的；③已经进行失业登记，并有求职要求的。

失业保险基金的筹集来源：①企业和个人缴纳的保险费；②失业保险费的利息收入；③财政补贴；④除此之外，还包括在国家规定范围内运用多种形式获取的失业保险金储备金的增值收入以及滞纳金等。

失业保险基金的费率水平：企业的缴费率为失业保险费基数的2%，企业职工个人缴费为本人应缴失业保险费基数的1%。

失业保险基金的支出范围：①失业保险津贴；②领取失业保险津贴期间的医疗补助金；③领取失业保险津贴期间死亡的失业人员的丧葬补助金和其供养的配偶、直系亲属的抚恤金；④领取失业保险津贴期间接受职业培训、职业介绍的补贴；⑤国务院规定或者批准的与失业保险有关的其他费用。

五、生育保险

（一）生育保险的概念

生育保险是女职工因怀孕和分娩造成的暂时丧失劳动能力、中断正常收入来源时，从社会获得物质帮助的一种社会保险制度。它是一项专门保护女职工的社会保险，为女职工提供产前、产后的经济补偿和医疗保障。

（二）生育保险待遇的内容

我国生育保险的内容主要包括产假、生育津贴、生育医疗服务、生育期间的特殊劳动保护、生育期间的职业保障等。

1．产假

女职工产假不得低于90天（各省市有自己的规定），其中，产前休假15天。难产的，增加产假15天。多胞胎生育的，每多生1个婴儿，增加产假15天。女职工怀孕流产的，其所在单位应当根据医务部门的证明，给予一定时间的产假。

2．生育津贴

女职工产假期间的生育津贴按照本企业上年度职工月平均工资计发。尚未参加生育保险社会统筹的单位，女职工生育产假期间，由单位照发工资。

3．生育医疗服务

生育医疗服务项目包括检查费用、接生费用、手术费用、住院费用和与生育直接相关的医疗费用。以上费用由生育保险基金支付，超出规定的部分由职工个人负担。

4．生育期间的特殊劳动保护

女职工在怀孕期间，所在单位不得安排其从事国家规定的第三级体力劳动强度的劳动和孕期禁忌从事的劳动，不得在正常劳动日以外延长劳动时间；对不能胜任原劳动的，应当根据医务部门的证明，予以减轻劳动量或者安排其他劳动。

怀孕七个月以上（含七个月）的女职工，一般不得安排其从事夜班劳动；在劳动时间内应当安排一定的休息时间。怀孕的女职工，在劳动时间内进行产前检查，应当算作劳动时间。

5．生育期间的职业保障

任何单位不得在女职工孕期、产期、哺乳期解除与其的劳动关系。对于劳动合同期满而哺乳期未满的女职工，其劳动关系顺延至哺乳期满。

任务四　处理劳动争议

◉ 任务情境

企业搬迁引发停工，赫比公司恢复生产

2011年12月6日下午，因企业搬迁引发员工停工封堵厂门的赫比（上海）家用电器产品有限公司及赫比精密塑胶制品（上海）有限公司，终于恢复生产。据公司总经理萧慰农介绍，为顺利完成搬迁，公司前阶段制订了人员迁移方案，主要是通过配备班车、给予随迁2个月基本工资奖励、协助解决员工子女就学问题、提供免费找房班车等措施，安排员工随同至祝桥新厂址工作。企业还召开了职工代表会议听取了职工对方案的意见，方案经修改后于11月29日由车间主管向员工公布。然而，次日上午8时，赫比公司百余名对公司搬迁不满的员工，开始封堵厂门，引发劳资纠纷。企业当即启动通报机制，很快，浦东新区人力资源和社会保障局、公安分局、总工会相关负责同志赶赴现场，进行处置和疏导，并于当日下午4时40分左右疏散了集聚员工。

赫比公司在金桥开发区有好几家企业，2011年7月其中一家企业搬迁至江苏苏州，因为是异地搬迁，员工不能随迁，这些员工获得了相应的经济赔偿。但是，此次搬迁是同城同区范围内的，但部分员工的诉求依然是不随企业搬迁，参照异地搬迁标准进行赔偿。11月30日上午劳资纠纷发生后，浦东新区区委、区政府高度重视，并要求相关部门主动协调、妥善处理。浦东新区相关部门负责人立即赶到现场，并成立了赫比劳资纠纷协调工作小组，负责开展沟通协调工作。经协调，赫比公司进一步完善了方案，提出了“将班车设置覆盖面扩大至所有员工、乘车途中半小时视为工作时间、明确劳务工假期政策、对涉及本次事件的员工给予保护”等措施，但明确表示不给予经济补偿，并于12月2日公示修改方案。

那么，搬迁是否属于客观情况发生重大变化呢？

❖ 任务分析

对于企业搬迁是否影响劳动合同的履行，也要作出合理判断。现实中遇到的争议比较多的是单位要求员工到新址上班，员工不愿意并要求经济补偿，但单位不同意，主张按严重违纪处理。矛盾的焦点首先在于搬迁是否属于客观情况发生重大变化，致使劳动合同无法履行。如是，则员工不愿意到新址上班，单位应与员工协商变更劳动合同，无法协商一致的可以解除劳动合同，但应支付经济补偿；如不是，则员工应当服从单位的安排到新址上班，不愿意到新址上班的可以辞职，但单位可不支付经济补偿。

浦东赫比公司搬到南汇属于从郊区搬到郊区，但是公司安排了班车并缩短了工作时间，员工不愿意去并要求经济补偿没有道理，员工愿意去还要求经济补偿更没有道理。对于部门员工的不合理要求，有关部门是不支持的。至于搬到苏州，那就属于客观情况发生重大变化，致使原劳动合同无法履行了，员工不愿意去，那就是双方变更劳动合同无法达成一致，单位可以解除劳动合同，但应支付经济补偿。但是，如果员工愿意去，那就是双方就变更劳动合同达成一致了，单位可以不支付经济补偿。这种情况下员工一定要经济补偿，也是没有法律依据的。

⊙ 知识精讲

一、劳动争议的概念

劳动争议是指劳动关系双方当事人，在劳动过程中因执行国家的劳动法律、法规和履行劳动合同而发生的权利和义务纠纷。

二、劳动争议的分类

劳动争议的分类可以有以下几种：

1. 根据劳动争议的主体划分

按照劳动争议的主体不同，劳动争议可以分为个别劳动争议、集体劳动争议和团体争议。

个别劳动争议是指个别职工与企业之间发生的劳动争议。

集体劳动争议是指发生劳动争议的职工一方当事人达到法定的人数并且具有共同的争议理由的劳动争议。集体劳动争议必须具备两个条件：一是职工一方当事人不能是一人或两人，而应当是多人，符合法定的人数，即三人以上；二是三人以上的职工当事人必须有共同的争议原因和请求，即对权利义务有共同的请求。

团体争议是指以工会组织为一方，代表职工与企业事业单位因签订和执行集体合同而发生的争议。

2. 根据劳动争议的客体划分

按照劳动争议的客体不同，劳动争议可以分为因执行劳动法律、法规、集体合同和劳动合同的规定而发生的劳动争议，以及因确定或者变更劳动者的权利与义务而发生的劳动争议。因执行劳动法律、法规、集体合同和劳动合同的规定而发生的劳动争议，是对法定的或合同约定的劳动权利的实现进行的争议，即一方当事人不按规定履行义务而侵犯对方的合法权益，也叫权利争议。因确定或者变更劳动者的权利与义务而发生的劳动争议，是劳动争议双方当事人为确定某种权利义务关系或变更原定的权利义务关系而引起的争议。

3. 根据劳动争议的内容划分

从劳动争议的具体内容来分，劳动争议可分为：①因执行、变更、解除和终止劳动合同而引起的争议；②因录用、调动、辞退、辞职而引起的争议；③因劳动报酬、津贴等引起的争议；④因工作时间、休息时间、休假引起的争议；⑤因执行劳动安全卫生标准引起的争议；⑥因女职工、未成年工的特殊保护问题引起的争议；⑦因职业技能培训引起的争议；⑧因社会保险、福利待遇问题引起的争议；⑨其他有关劳动权益引起的争议。

三、劳动争议处理的原则

《劳动法》规定，解决劳动争议，应当根据合法、公正、及时处理的原则，依法维护劳动争议当事人的合法权益。这里的“合法”，是指以事实为依据，以法律为准绳，在查清案情的基础上，依照劳动法律、法规处理劳动争议。“公正”则是指在处理劳动争议过程中，对劳动争议当事人任何一方，在适用法律上一律平等，一视同仁，对违法行为加以追究和制裁，对合法权益给予保护。“及时处理”是指劳动争议当事人在法定时效内向劳动争议处理机构提出申请、申诉或诉讼请求时，劳动争议处理机构应当依照法律、法规所规定的时限，抓紧调查、处理工作，使争议及时得到解决。

四、劳动争议处理机构和程序

1. 调解

劳动争议调解委员会的组成：员工代表、公司代表、工会代表。与员工达成的调解协议必须是自愿执行的。这个协议没有法律强制力，不可以向法院申请强制执行。

2. 仲裁

对于仲裁裁决，当事双方均没有反对的，应执行。如有一方不服裁决，应在收到裁决书后15日内向法院提出诉讼。仲裁裁决在作出后15天开始生效。仲裁裁决可以向法院申请强制执行。程序：①申请仲裁有时效性，要求自争议发生之日起60日内；②申请受理时间为7天；③被申请人在15日内作出答辩；④仲裁裁决在60日内作出。对复杂的申请，可延长30天。

3. 诉讼

劳动争议产生后，员工不能直接向法院提起诉讼，必须先经过劳动争议仲裁程序。法律法规也规定了例外，如单独订立的保密协议等。我国实行二审制，对一审不服的可向二审法院上诉。在一审中，对作出的劳动仲裁裁决，如果员工提出支付工资等情况的，法院可视情况先予执行仲裁裁决。

△ 知识小结

劳动关系是劳动力所有者与劳动力使用者之间，以实现劳动为实质而发生的劳动力与生产资料相结合的社会关系。劳动关系的要素包括主体、内容和客体三个方面。

劳动合同是用人单位和劳动者之间确定劳动关系，明确相互权利和义务的协议。劳动合同应采用书面形式。劳动合同生效要符合法律规定的条件，劳动合同变更、解除、终止应符合法律规定的条件。企业职工一方可以与用人单位订立集体合同。

社会保险是指具有一定劳动关系的劳动者在暂时或者永久丧失劳动能力或者在失业期间，为保障其基本生活需求，由国家和社会提供物质帮助的一种社会保障制度。我国的社会保险项目有养老保险、工伤保险、医疗保险、失业保险、生育保险等。

劳动争议是指劳动关系双方当事人，在劳动过程中因执行国家的劳动法律、法规和履行劳动合同而发生的权利和义务的纠纷。劳动争议可以通过调解、仲裁、诉讼等方式解决。

■ 知识巩固

1. 什么是劳动关系？劳动关系的要素是什么？
2. 劳动就业的原则有哪些？
3. 劳动合同的主要内容有哪些？
4. 对于工作时间和休假制度，我国有哪些规定？
5. 简述我国社会保险的主要类型。
6. 简述劳动争议的解决方式。

✲ 案例讨论

凭假学历获得工作，被辞退后能否要求工资

小张刚刚大专毕业，但是大专学历在某些经济比较发达的大城市常常被轻视。小张本人想做管理和技术方面的工作，可一般的企业招聘管理或技术人员，都要求最低学历为本科以上，他根本不够资格递简历，而操作岗位的工作他又不愿意做，怎么办呢？小张苦思冥想，决定采用投机取巧的办法，他买了一个假的本科学历证书和一个知名学校的硕士学历证书。带着这两个假证书，小张的求职顺利多了，很快就被某企业录用了，月薪8000元，双方签订了一个为期三年的劳动合同。但是，小张工作一个月以后，他所在部门的经理就找到人事经理，说："你们说小张是××高校的硕士，我怎么觉得不像啊！平常工作的时候，我发现他连一些基本常识都不懂，你赶紧去那个学校核实一下，别被假证书骗了。"人事经理听了，立即到××学校去核实，果然没有小张这个人，怎么办呢？人事经理把小张找来，问他到底怎么回事。在证据面前，小张不得不承认他的证书是假的，并向公司提出了辞职。人事经理同意了，但是小张又说："但是你得先把这个月的工资付给我，然后我才能走。"人事经理一听，非常生气："你欺骗公司，我们没追究你的责任，你还敢要工资？我们绝不会给你的。"小张见人事经理的口气如此坚决，也没说什么，就申请了仲裁，要求那家公司支付他8000元工资。

讨论：

案例中的小张能不能得到仲裁的支持呢？

◬ 实训设计

签订劳动合同。

1. 能力培养目标

（1）起草劳动合同文本。

（2）签订劳动合同。

2. 实训内容和要求

（1）学生继续以第一次分组组成的实训团队进行实训，并且以第一次成立的模拟公司名称为实训团队名称（以后实训都按此名称）。

（2）各实训团队起草模拟公司劳动合同文本，要求格式规范统一。

（3）根据上次应聘结果，与录用者签订劳动合同。

3. 实训教学学时安排

课内3学时，课外视情况而定。教师事先通知学生课外预先查找相关资料。

4. 考核内容与方法

（1）考核内容：

项目	考核点	考核目标
实训准备	1. 材料准备； 2. 资料准备	对实训目的和基本原理的认识程度，对实训方案的计划能力
实训过程	1. 参加实训的出勤和守纪情况； 2. 实训过程中的程序规范情况； 3. 实训过程中的协作精神； 4. 实训过程中的工作态度； 5. 突发事件应急处理能力	着重考查学生的工作态度、基本操作技能、严谨治学态度、团结协作精神
实训结果	1. 实训方案的结构合理性； 2. 实训方案的完整性、系统性； 3. 实训方案的创新性； 4. 实训报告的格式规范程度； 5. 实训结果的信度和效度	考查学生对典型案例或现象的处理和分析能力；对专业知识的综合运用能力；解决问题的能力；表达能力

（2）考核方法。实训成绩采用等级计分制：优（90～100分）、良（80～89分）、中（70～79分）、及格（60～69分）、60分以下为不及格。其中，实训准备占10%，实训过程占20%，设计结果占70%，实训成果为劳动合同。

（3）签订劳动合同考核内容。组织协调10%、资料收集15%、劳动合同40%、签订劳动合同30%、出勤情况5%。

学习情境九　企业文化与团队建设

◆ 知识目标

- 掌握企业文化的内涵和外延，了解企业文化的特征、载体、功能和作用机制
- 理解企业文化与人力资源管理之间的关系
- 掌握团队建设的目的、特征和原则
- 了解团队建设的过程和阻力以及团队建设中存在的误区

◈ 技能目标

- 能够设计企业文化，为企业人力资源管理服务

"企业文化"作为一个新的概念，于20世纪70年代末80年代初提出。20世纪80年代初，日本经济的迅速崛起引起了美国管理学界的深刻反思，由此形成了美日比较管理学，而企业文化理论就源于美日比较管理学热潮的兴起。企业文化是人力资源开发的关键性因素。团队产生于传统组织内部，是传统组织为了进一步提高效率和环境适应力的结果，企业核心化为团队，则是当今经济环境的直接要求。团队建设可以分为五个阶段：成立期、动荡期、稳定期、高产期、调整期。本学习情境将带领大家学习如何建立企业文化，解读企业文化与人力资源管理，以及如何做好团队建设。

任务一　建立企业文化

◉ 任务情境

麦当劳的快乐文化

麦当劳公司的总部坐落在伊利诺伊州的橡溪镇，在这里，美国总公司总裁杰克·格林勃克和国际部总裁詹姆斯·肯特鲁卜领导着这个拥有数十亿美元资产的国际性公司。麦当劳是世界上最大的餐饮集团，开设有麦当劳的国家和地区超过了联合国的席位。从1955年创办人雷·克罗克在美国伊利诺斯普兰开设第一家麦当劳至今，麦当劳在全世界已拥有三万多家餐厅。其中，最南位于新西兰茵薇卡其尔，最北位于芬兰旅游胜地罗凡尼米。麦当劳的大黄金拱门已经深入人心，成为人们熟知的世界品牌之一。从1963年起，"麦当劳叔叔"的形象在全美儿童中风靡。在英国、日本等地，"麦当劳

叔叔”也成了家喻户晓的人物。当他们想起“麦当劳叔叔”的时候，自然地就会想起麦当劳汉堡包、鱼柳包、炸薯条等这些美味可口的菜肴。当客户光顾麦当劳快餐店的时候，穿着整洁、彬彬有礼的店员就会笑面相迎。“麦当劳叔叔”向你招手微笑，逗你发笑，使顾客享受到一种温暖的家庭欢乐气氛。儿童们甚至把餐厅当作乐园，当作自己的世界。

麦当劳的企业文化是一种家庭式的快乐文化。麦当劳的员工不论管理级别，彼此称呼对方名字，大家在一起感觉很轻松，像一家人。员工在工作上犯错误一般也没关系，只要不是严重违反公司的有关政策和规定，麦当劳一般不会开除员工。人在于用，每个人都有长处，麦当劳一直提倡对人应表扬于众，提倡分享。麦当劳不是靠人流动而主要是靠培训来解决员工的发展和提高问题的，公司每年仅培训费用就达 1000 多万美元。员工进入麦当劳，家人都说他们变了，做事更有条理也更随和了。

❖ 任务分析

麦当劳的企业文化由三个部分组成：第一，“Q、S、C + V”精神，即“质量、周到的服务、清洁的环境、为顾客提供更有价值的食品”；第二，麦当劳的作风，顾客第一，高效、快速；第三，麦当劳的营销策略——麦当劳叔叔、以情感人、连锁经营、知人善任。

⊙ 知识精讲

一、企业文化的概念

关于如何才能准确地界定企业文化，国内外的学者看法各不相同，但是从根本上来说，他们对企业文化内涵的理解还是一致的。

目前，被普遍采用并得到国内外学者广泛认同的观点是：企业文化是指在一定的外部环境的影响下，企业在长期的生产经营实践中逐步形成和发展起来的，具有本企业特点的、日趋稳定的企业价值观念、人文环境、经营宗旨、企业哲学，以及与此相适应的思维方式和行为方式的总和。

二、企业文化的特征

作为文化的一个子系统，企业文化除了拥有一般文化所具有的共同特征外，还有其个性特征。这些特征主要包括以下几个方面：

1. 社会性

企业文化属于社会文化的一个组成部分，并且与社会文化紧密相连、相互影响。企业文化虽有自己独特的个性，但在社会大文化背景下，则处于绝对的从属地位。脱离社会文化的企业文化没有生存的可能，与社会文化背道而驰的企业文化必然会被淘汰。

2. 个异性

不同企业的文化风格各不相同，即使两个企业在环境、管理组织、制度手段上十分相近甚至一致，在文化上也会呈现出不同的特色和魅力。这是由企业生存的社会、地理、经济等外部环境，以及企业所处行业的特殊性、自身经营管理特点、企业家素养风范和员工的整体素质等内在条件决定的。

3. **相对稳定性和动态性的并存**

企业文化具有一定的稳定性和连续性，能够对企业员工的行为产生长期影响，它不会因为日常经营环境的细微变化或个别人员的去留而发生变化。但是，企业文化也不是一成不变的，而是处在不断变化、积累和革新的动态过程中的，它将随着时代的变革、企业内外部环境的变化而发生变化，因此，在保持企业文化相对稳定性的同时，也不能忽略企业文化的动态性。

4. **共识性**

企业文化是共同的价值判断和价值取向，即大多数员工的“共识”。但由于企业人员素质参差不齐，人的追求各不一样，人的观念更是复杂多样，企业文化只能追求相对的“共识”，即多数人的“共识”。

5. **非强制性**

企业文化不是强制人们遵守各种规章制度和纪律，而是强调文化上的“认同”，强调人的自主意识和主动性，即通过启发人的自觉意识达到自控和自律。对大多数人来说，因为认同了某种文化，所以这种文化是具有非强制性的。对于少数人来讲，由于主流文化发挥作用，即使他们并未产生认同或共识，也同样会受到这种主流文化氛围所产生的非正式规则的约束。

二、企业文化的载体

企业文化必须通过各种载体来实现。在企业文化形成和发展的过程中，载体发挥着至关重要的作用。因此，建设持久有效的企业文化，必须通过合适的各种载体来完成。企业文化的载体是指以各种物化和精神的形式承载、传播企业文化的媒介体和传播工具。这些载体是企业文化赖以生存和发挥作用的物质结构和手段。

企业文化的载体可以分为物质载体、行为载体和制度载体。它们与企业文化的内核——共享价值观构成了三位一体的共生关系，集中承载了企业文化的内容，并以诸多形式反映企业文化的实质。

1. **物质载体**

物质载体作为企业文化最直观、最具体的外部表现形式，在企业的生产经营实践中起着基础性作用，是企业价值观、企业精神和经营理念等的物化表现。物质载体的突出特征是看得见、摸得着、很直观，主要包括产品和服务、企业内部环境、文字资料、文化媒介物、企业建筑和设施、企业技术与设备等。

（1）产品和服务。作为企业生产经营的最终成果，产品和服务是企业文化最重要的物质载体。在现代营销学中，产品与服务被认为是人们通过交换而获得的需求的满足，被归结为消费者和用户期望的实际利益。因此，企业文化只有渗透于企业生产与提供的产品和服务之中，才能表现自己的个性。

（2）企业内部环境。企业内部环境指外观环境和内在环境，如企业的卫生整洁状况、企业的绿化情况、生产车间各种器物的格局、办公室物品摆设风格、员工宿舍作息情况、生活福利条件、供员工使用休闲娱乐的设施和人际气氛等。

(3) 文字资料。文字资料是企业价值观的集中体现形式，是构建企业文化最常用的载体。主要包括企业简报、企业内刊、企业网站、各种政策决议的文字材料、招贴栏中的公示公告、制度规章守则等。

(4) 文化媒介物。文化媒介物主要是指文字资料以外的各种传播工具，包括企业商标、宣传标语、媒体广告、员工着装服饰、LOGO、厂徽、厂歌、厂训、广播和电视等。

(5) 企业建筑和设施。企业建筑和设施主要是指企业的整体布局、建筑物的风格和为满足生产需要和员工需求的各种基础设施等。

(6) 企业技术与设备。企业技术和设备作为生产资料中最基础的部分，是形成企业物质文化的重要保证，其发展水平决定着企业的竞争力。新技术、新设备、新工艺的研发和应用，生产过程的机械化、自动化、电算化，都直接关系到企业文化的发展水平。

2. 行为载体

行为是指企业决策者或员工在企业生产经营实践和人际关系中产生的各种活动，是企业文化的另一种重要载体。在此，我们把行为载体分为决策者行为、员工行为及其他个人和群体行为三个类别来分别予以说明。

(1) 决策者行为。决策者行为包括：①决策者（企业家）的个人行为。作为企业的所有者，决策者在企业文化建设和企业生存发展中发挥着核心作用。决策者个人行为主要包括对企业各项制度的确立、对战略远景的规划、对未来发展方向的选择、对营销策略的制定和做出企业战略联盟的决策等。②董事会和股东会行为。主要是指涉及企业各方投资者利益的、必须经过集体商议才能作出决定的各种战略、方针、政策等。

(2) 员工行为。①员工是企业的核心和支柱，是企业文化的主要载体。我们这里尤其要指出的是企业英雄人物、模范人物的行为。企业中的模范英雄人物是指那些在某个领域能力突出或者作出巨大贡献的员工典型，这些模范英雄人物是企业价值观的“人格化”，成为企业员工学习的榜样和争相效仿的典范。②工会行为。具体内容包括参与公司规章制度的制定、参与企业未来发展规划、参加劳动关系三方协商、维护员工的民主权利及协调企业内部人际关系等。

(3) 其他个人和群体行为。主要包括企业民主行为、企业内部人际关系、企业文化活动、集体学习、讲故事、企业诚信行为和企业伦理道德等。

3. 制度载体

制度是企业在生产经营和管理过程中制定的一系列规章规范和职工行为准则的总和，其最主要的特点是强制性。

制度载体包括产权制度、组织制度、财务制度、培训制度、管理制度、工资制度等。企业文化是通过“软”力量来影响人，而企业制度则是通过“硬”规定来约束人，两者相互影响、相互作用。企业文化中的价值观、经营哲学、团体意识和道德规范，都要通过企业制度作为载体来体现和实施。

四、企业文化的功能

企业文化的功能，是指其在企业生产实践过程中与企业内外部相互联系和作用的能力。具体来说，企业文化主要有如下六种功能。

1. 导向功能

导向功能是指企业文化对企业和职工的价值观及行为取向的引导作用，包括价值观导向和行为导向。企业文化反映的是企业整体的共同价值观、追求和利益，企业文化导向功能作为企业的一种有力工具，能够把员工引导到企业所确定的目标方向上来，能够使员工个体的思想、观念、追求和目标与企业所要求的目标一致，使人们为实现企业特定目标而努力奋斗。

2. 凝聚功能

凝聚功能是指企业文化的一种能把企业全体员工聚合在一起，形成强大的整体力量的能力。企业的根本目标是企业员工凝聚力的基础，根本目标选择正确，就能够把企业的利益和绝大多数员工的利益统一起来，就是一个集体与个人双赢的目标，在此基础上，企业就能够形成强大的凝聚力。反之，企业凝聚力的形成就只能是一种空想。

3. 激励功能

激励功能是指企业文化所具有的振奋员工精神、增强员工信心、为实现企业目标保持员工饱满精神的作用。企业文化所形成的内部文化氛围和价值导向能够调动和激发员工的积极性、主动性和创造性，把人的潜在智慧激发出来，使员工的能力得到充分发挥，提高各部门和员工的自主管理能力和自主经营能力。

4. 规范功能

规范功能是指企业文化能够起到控制、约束、规范企业和员工行为的作用。企业文化通过一系列有形的、正式的、成文的、强制性的规章制度和无形的、非正式的、不成文的、非强制性的行为准则，不断强化员工的道德观念、整体观念、纪律观念，自觉地规范和约束组织和个人的行为。

5. 辐射功能

辐射功能是指企业文化向外扩散和传播的能力。企业文化的开放性特征决定了它的全方位辐射功能，不仅在企业内部的部门之间、单位之间有感染辐射能力，在其他企业和其他社会群体之间也会形成辐射影响力。企业文化的辐射功能促进了信息的交流，起到了互相影响、互相学习和互相借鉴的作用，从而有利于推动自身企业文化的发展和建设。

6. 互动功能

企业文化的互动功能表现在对外互动和对内互动两个方面。企业文化不仅对外协调着企业与社会的关系，使企业的发展目标、方向与社会的发展方向和要求相一致，尽可能地从社会中获得企业发展所需要的各种资源，为企业的建设和发展服务，而且承担着对外树立企业形象的使命。企业文化对内协调各分支机构、各部门以及员工之间的关系，与企业内部的物质资源、时间资源、精神资源等互动，使各种资源得到最有效的配置。

任务二　解读企业文化与人力资源管理

◉ 任务情境

丰田人力资源管理与企业文化透析

1. 丰田的企业文化

日本丰田汽车公司成立于20世纪30年代末，其产品主要是汽车部件，包括钢铁、有色制品、化纤制品、塑料制品、橡胶、玻璃、各种日用品用具等。现在丰田汽车公司的汽车产量居世界汽车制造业第一位，2009年丰田营业收入额2634.2亿美元。

企业管理界人士普遍认为，丰田的成功经验是积聚人才，善用能人，重视职工素质的培养，树立良好的公司内部形象。丰田公司对新参加公司工作的人员，有计划地实施主业教育，把他们培养成具有独立工作本领的人。这种企业教育，可以使受教育者分阶段地学习，并且依次升级，接受更高的教育，从而培养出高水平的技能人才。

在丰田，教育的范围不仅仅限于职业教育，而且进一步深入个人生活领域。教育的目标，具有实际意义而能够为员工普遍接受。有人问“丰田人事管理和文化教育的要害和目标是什么”，丰田的总裁曾这样回答：“人事管理和文化教育的实质，是通过教育把每个人的干劲调动起来。”丰田教育的根本思想是以“调动干劲”为核心。

非正式教育，在丰田叫作“人与人之间关系的各种活动”，这是丰田独有的教育模式，这种教育就是前述的关于人的思想意识的教育。非正式教育的核心是解决车间里人与人之间的关系，培养相互信赖的人际关系。仅靠提高工资福利等劳动条件，还不能积极地调动员工干劲。丰田创造出了一系列精神教育活动形式，这种活动是以非正式的形式和不固定形式的做法来进行的。

2. 企业文化与人力资源管理的契合

丰田公司的做法，有许多值得我国企业借鉴的地方。例如，不能仅仅把员工招聘、吸引优势人才看作成功的人力资源管理，而要做到“招得来，留得住，用得好”，这除了要掌握人力资源的常用技术手段外，还要把人力资源管理活动与企业文化相结合，把企业文化的核心内容灌输到员工的思想之中，体现在行为上，这是企业文化形成的关键。具体的人力资源管理与企业文化相结合的做法，要注意以下几个方面：

首先，将企业的价值观念与用人标准结合起来。这要求企业在招聘过程中对招聘者进行严格的培训，在制定招聘要求时要有专家的参与。在招聘面试过程中，选择对本企业文化认同较高的人员。

其次，将企业文化的要求贯穿于企业培训之中。这种培训既包括企业职业培训，也包括非职业培训。尤其是非职业培训，要改变以往生搬硬套的模式，采取一些较灵活的方式，如非正式活动、非正式团体、管理游戏、管理竞赛等，将企业价值观念在这些活动中不经意地传达给员工，并潜移默化地影响员工的行为。

再次，企业文化的要求要融入员工的考核与评价。大部分企业在评价员工时，以业绩指标为主，即使有些企业也提出德的考核，但对德的考核内容缺乏具体的解释，也缺乏具体量化的描述，从而使考核评价自己根据自己的理解进行，并未起到深化企业价值观的作用。在考核体系中，要注入企业价值观念的内容，并将之作为多元考核指标的一部分。其中，对企业价值观的解释要通过各种行为规范来进行，通过鼓励或反对某种行为，达到诠释企业价值观的目的。

最后，企业文化的形成，要与企业的沟通机制相结合，只有上下理解一致，才能使员工真正形成认同感。这要求人力资源管理不但要处理技术性工作，人力资源管理不单单是人力资源部门独有的工作，而且要求所有的管理人员参与其中，如此才能形成公司人力资源管理的整体能力，从而形成核心能力，建立起企业在市场竞争中特有的竞争优势。

❖ 任务分析

企业文化的形成在很大程度上要与企业的人力资源管理相结合，如此才能将抽象的企业文化核心内容——价值观通过与具体的管理行为相结合，真正得到员工的认同，并由员工的行为传达到外界，形成企业内外部广泛认同的企业文化，真实树立企业外部形象，由此起到现代营销中所称的“推销文化”的效果。

⊙ 知识精讲

一、企业文化是人力资源开发的关键性因素

1. 关于人与文化的一般关系

人是文化的产物，是因为：

第一，文化发展是人的发展的主要内容和最终结果。人生存的目的在于文化创造与文化贡献，人的身体健康是保证文化创造的基础条件。人的价值在于文化创造的水平与数量，而不是生命存活时间的长短。

第二，文化发展水平制约着人的发展。良性优质文化对于民族进步和人的社会化都具有强烈的推动作用，劣质、落后文化则起抑制和阻碍作用。

第三，文化环境是人的发展方向的重要影响因素。人接受社会教育的主要文化信息是其所处环境内人们的行为符号，而不是语言，有什么样的群体文化环境（家庭文化、校园文化、组织文化、社会文化），就会对其成员进行什么样的文化塑造，人就会有什么样的个性和行为方式，这就是所谓的“近朱者赤，近墨者黑”。中国古代“孟母三迁”，就是一种文化选择。

有学者指出这样的观点——文化是人的产物，是因为：

第一，人的发展是文化发展的载体和动力。只有人才能创造文化、理解文化、使用文化，因为人是唯一超越本能的生命。文化是人类独有的内容，人类发展停止了，

文化创造也就停止了，人类进步了，素质提高了，又会在新的层次上塑造文化，推动文化进步。

第二，人是文化发展的最终目的，也是文化发展的标志。社会在发展过程中，人们分析文化、研究文化、建设文化，为文化而献身，其目的都是人更有价值地生存。人是文化塑造的结果，社会人群的质量表明这个社会的文化水平。

第三，人的行为模式与思维方式影响着新文化的类型。文化建设是一种自觉的文化行为，任何一种新文化的形成，都是既有文化创造者的文化模式延伸，如果新文化形成于文化自然的衍生过程，那么这种影响会更显著。

文化性质的形成从来没有“无心插柳柳成荫”的侥幸结果。人与文化相互作用，相互建构，二者地位没有绝对的伯仲之分，在历史发展的长河中，人与文化是交织着影响和发展的。但是，二者也并不总是在任何条件下都各占二分之一作用的，在不同的具体历史时期，二者的作用不尽相同。

当代，文化在民族发展和改造人的过程中地位迅速攀升，从日本的明治维新到中国的戊戌变法，从西方的文艺复兴到中国的五四运动，从各个社会的主流文化到微观亚文化的发展，从国家间的宗教冲突到跨文化国家贸易往来中的文化障碍，从不同国家的人权政治文化的分歧到人们生活习惯中的饮食文化和服饰文化，都让人感到文化从来没有像现在这样离我们这么近，文化充斥于我们生活的方方面面，文化似水无形，可是我们都能强烈地感觉到它的作用，而且天天与它对话。文化在变动的社会中发展，在特定的环境中发挥着不同作用。

2. 企业文化激励人力资源的开发

良好的企业文化，将对人力资源的开发产生极大的激励作用。企业的这种文化，折射的常常是企业在员工问题上所持的“以人为本”的长远发展策略，好的企业文化，能够激发员工对企业的忠诚和认同。我国通信产业界著名的华为集团，连续多年在同行业中保持利润第一，该公司是高科技企业，员工常常忘记下班或自觉留下加班，为此，公司为员工每人准备了一张高档“垫子”，如同部队行军床一样供员工午休或加班休息之用，这种现象被华为人称作“垫子文化”。“垫子文化”反映出员工的敬业精神，更体现了公司关心人、爱护人的企业文化。就靠这种精神，华为在中外同行竞争中站稳了脚跟，迅速发展成为全国电子百强企业。

3. 企业文化影响对人力资源的投资力度

有些国家和企业组织不愿意在人力资源方面做重点投资，或相对于基础设施物资设备投资偏好而言，人力资源投资不足，这主要是文化观念和文化素质方面的原因。这些国家和企业组织有三种认识误区，其一是并不认为人力资源地位重于物质资源；其二是认为人力资源投资的回报周期长，不能“现世现报”；其三是认为人力资源不是资本，没有经济学意义，没有投资的必要。

20世纪50年代后期，随着人力资源在生产中作用的显著，人力资本的概念才被重视起来。人们认识到经济发展的根本在于人力资源质量。经济学家和统计学家们经过调查统计发现，人力资源存量和经济成功之间有牢固的增函数关系，这引发了关于人力资本投资—收益分析。人们认识到，人力资本投资能够减少现期消费，增强生产能力，取得更多经济效益。人力资本自身具有收益递增的特点，而且能弱化或消除要素收益递减状态，于是也就承认了劳动者作为人力资本的存在与价值。近些年随着知识经济的发展，这种意识在人们的文化观念中更加牢固。

人力是资源，也是资本——有了这种文化观念，才会确定人力资本优先积累的观念，才能增强、扩大对人力资源开发投资的信心，才能实施教育文化投资多元化的战略。否则，社会在企业资产评估时，将人力资源忽略不计，在资产利用中只重物质设备的折旧与改造，无视人力资源追加投资的迫切性，也就不会积极建立人力资源开发的投资制度和保障体系。

二、人力资源开发的文化方式

在传统的人力资源开发管理中，企业经营者关注的重点是人力资源外在要素量的管理，具体包括人员的录用、调配、考核、报酬、职位升迁和教育培训等。而在现代的人力资源管理中，企业以此为基础并进而上升为人力资源内在要素质的管理，它还包括员工群体的心理意识、价值观念、传统风气和行为方式等的培育和管理等。换而言之，现代的人力资源开发管理已不再局限于传统的人事管理和人员培训，而将人力资源开发引入视野，即要在将人力资源视为“第一资源”的理念指引下，将人力资源开发作为其主要的基本内容。人力资源开发的含义，一是指对人力资源进行充分发掘和利用，二是指对人力资源进行培养和发展。正因如此，有些学者不仅把它与“人力资源管理”并列，而且把它置于“人力资源管理”之前。由此可以看出，正是由于“人力资源开发”的导入，才使得人力资源管理由传统方式转变为现代方式，也正因为“人力资源开发”具有如此重要的变革意义，有些学者才会经常运用“人力资源开发”的概念来指代“人力资源管理”的现代意蕴。

企业文化管理制是摒弃了传统企业管理的弊端，并科学地吸取了其积极因素而发展起来的现代企业管理方式。传统的管理方式对于“管理模式”，注重与强调的是其中的战略、结构与体制，而企业文化管理则不满足于此，它在注重这个“硬件”要素的同时，更加看重与突出人员、技能、作风这些“软件”要素的作用，并且主张“硬件”与“软件”要素之间的协调。它所弘扬的宗旨是“以人为中心的管理”和“以人为目的的管理”。在企业文化管理视野中的人，在企业内部指的是员工群体，关注的是企业团体的价值观念与精神追求；在企业外部则指的是广大的顾客、消费者与社会公众，是消费者公众的需求与满意。可以说，在企业经营管理的坐标系上，企业文化管理将人的地位、价值与人文精神提升到了前所未有的高度。

从总体或者一般意义上来说，人力资源开发与管理的文化思路，主要体现在以下几个方面：

1. **树立企业英雄人物**

美国学者阿伦·肯尼迪和特伦斯·迪尔认为，如果说价值观是文化的灵魂，那么英雄人物就是价值观的人格化，并集中体现组织的力量。英雄人物是一个企业强有力文化中的核心人物，他们创造了供职工效法的模范角色。从企业文化的视角来看，所谓英雄人物，就是模范地遵守和奉行企业价值观的先进典型。

在具有优秀企业文化的企业，最受人尊重的就是那些集中地体现了企业价值观的英雄人物了。这些英雄人物是企业员工学习的榜样，他们的行为常常被企业员工效仿。因此，树立和宣传英雄人物，是企业人力资源开发的一种文化运作方式。

2. 确立企业礼节和仪式

企业的礼节和仪式（简称礼仪）包括企业进行的各种例行活动，如待人接物的礼节、庆典、处理公共关系的方式、信息沟通的规范等。我国一位成功的企业经营者说，礼仪文化的实质，是要培植基于尊重人、关心人、爱护人的行为准则，追求更深层次的价值观，它往往赋予企业浓厚的人情味，使企业职工之间、企业与公众之间充满了友爱。日本企业十分重视我国传统文化中有关礼仪的思想，把员工的行为规范具体体现在各种形式的礼仪之中，使它成为企业的一种软管理手段，成为协调人际关系的重要方法和艺术。企业礼仪不仅对于员工的行为具有模式化的规范作用，而且对于员工的人格完善、道德修养具有良好的促进作用，因此，它也是企业人力资源开发的一种文化运作方式。

3. 构建企业文化网络

企业的文化网络是由企业内部建立或形成的广泛的、正式与非正式的、公开与非公开的信息传输和沟通渠道构成的。企业文化网络的活动主要是通过多层面沟通，用暗示、参与、示范、引导和渗透等“软”的形式与方法进行。构建积极的、良性的文化网络，可以增进企业上下级之间、员工之间的思想交流和感情联系，有利于形成企业员工群体的、共同的价值观，调动和发挥企业员工的积极性与合作精神，因此，它也是企业人力资源开发的一种文化运作方式。

4. 实施 CS 战略

E. 麦克纳和 N. 比奇指出，人力资源管理更多地强调战略问题，强调如何使人力资源为实现公司目标做更大的贡献。从企业文化管理的视角来观察，当今将企业人力资源开发和利用与企业目标紧密相连的经营战略，越来越受到企业界的重视，其中，最为突出的当属 CS（Customer Satisfaction）战略，即顾客满意的经营战略，CS 战略的基本指导思想，是企业的整个经营活动要以顾客满意度为指针，要从顾客的角度，用顾客的观点来分析消费者的需求，它通过提高顾客满意度来建立顾客对企业的信任和忠诚，并将其视为企业最重要的无形资产，以此来增强企业的凝聚力和竞争力。CS 战略中的顾客，有其特定含义：一是指企业内部成员，企业的员工和股东等都是企业的顾客，此外，企业中的供、产、销及其他职能部门之间、上下工序之间的关系亦为顾客关系。例如，下道工序即上道工序的“顾客”，上道工序应该使下道工序满意。二是指外部顾客和消费者，即凡是购买或可能购买本企业产品和服务的个人和团体，均为企业的顾客。企业内外顾客之间的满意机制，是只有使企业内部顾客（主要是员工）满意，才会赢得外部顾客和消费者的满意。

近年来在实施 CS 战略过程中又特别提出了 ES（Employee Satisfaction），即员工满意。

任务三　做好团队建设

◉ 任务情境

手忙脚乱的人力资源经理

D 集团在短短 5 年内由一家手工作作坊发展成为国内著名的食品制造商，企业最初从来不制订什么计划，缺人了，就去人才市场招聘。企业日益正规后，开始每年年初制订计划：产量要多少，员工定编人数多少，收入要达到多少，利润要实现多少，等等。人数少的可以新招聘，人数超编的就要裁减人员。可是，因为一年中不时有人调整职位及辞职，年初又有编制限制不能多招，而且人力资源部也不知道应当多招多少人或者招什么样的人，结果人力资源经理一年到头到处招人。

近来，由于 3 名高级技术工人退休，2 名跳槽，生产线瘫痪了，集团总经理召开紧急会议，命令人力资源经理 3 天之内招到合适的人员顶替空缺，恢复生产。人力资源经理两个晚上没睡觉，频繁奔走于全国各地人才市场，最后勉强招到 2 名已经退休的高级技术工人，使生产线重新运转起来。人力资源经理刚刚喘一口气，地区经理又打电话给他，说自己的公司已经超编了，不能接收前几天分配过去的 5 名大学生。人力资源经理不由怒气冲冲地说："是你自己说确认要招，我才招来的，现在你又不要了！"地区经理说："是啊，我两个月前缺人，你现在才给我，现在早就不缺了。"人力资源经理分辩道："招人也是需要时间的，我又不是孙悟空，你一说缺人，我就变出一个给你……"

❖ 任务分析

该企业出现的主要问题是缺乏人力资源规划，没有做好人才的后续储备、人员接替等方面的计划工作。随着市场的日益壮大，缺少人才越来越多地成为制约企业发展的瓶颈，企业想要进一步发展、壮大，必须依靠源源不断的人才。企业必须做好人力资源规划，并且将之与企业其他计划有效地衔接和协调起来，这样企业才能够得到长足的发展。

⊙ 知识精讲

一、团队建设的目的

团队产生于传统组织内部，是传统组织为了进一步提高效率和环境适应力的结果，企业核心化为团队，则是当今环境的直接要求。因此，团队建设的目的，就是克服传统组织的弊端，塑造出一种适应信息时代的新型组织。

1. 增强组织灵活性

市场环境的新变化是企业组织普遍采用团队形式的主要原因。如今的市场环境已逐步走向全球化激烈竞争的买方市场，产品的寿命周期不断缩短，顾客的需求也日益向个性化和多样化的方向发展，多样化和及时获得是顾客需求的最重要特征。因此，组织的团队结构管理模式就成为企业竞争战略重点转移的必然要求。任何企业要想在激烈的竞争环境下生存、发展，都必须改变过去等级分明、决策缓慢、机构臃肿、人浮于事、对外界变化的应变能力差的管理模式。团队能给予职工必要的团队工作技能训练，团队的共同价值取向和文化氛围使组织能更好地应付外部环境的变化和适应企业内部的改革、重组。团队工作以灵活和柔性为其竞争战略。

2. 强烈的动机激励

工作团队由传统的科层组织中的被动接受命令转变为拥有独立的决策权，使团队成员拥有一个更大的活动天地，享有宽松、自主的环境，极大地激励着团队成员的工作积极性和创造性。在团队生产条件下，最终产出是共同努力的结果，因此，团队的气氛会给那些因存在“免费搭便车”的企图而产生偷懒动机的参与者施加社会压力，迫使他们为团队的绩效、荣誉努力工作。

3. 提高生产率

团队的组织模式使组织结构大大简化，组织内部协调简单，领导和团队、团队和团队以及团队内部成员之间的关系变成伙伴式相互信任和合作的关系，这使企业决策层能腾出更多的时间和精力去看“海图”，制定正确的经营发展战略，寻找良好的市场机会，改变传统的“火车跑得快，全靠车头带”的企业状态，组成“联合舰队”的作战群体，产生比个体简单相加高得多的劳动生产率。

4. 建设积极的内部员工关系

这是指促使企业内部公关条件的优化，增进团队沟通协调，提高员工归属感和自豪感，增强企业内部的凝聚力。每个团队都有特定的团队任务和事业目标，团队鼓励每个参与者把个人目标融入和升华为集体的团队目标并成为他们的共同目标，这就使企业文化建设中的核心问题——共同价值体系的建立，变成可操作性极强的管理问题。同时，团队的工作形式要求其参加者只有默契地配合才能很好地完成工作，促使他们在工作中有更多的沟通和理解，共同应付工作和生活压力。

5. 提高员工素质

团队建设可以极大地提高员工素质，增强员工的工作技能，充分体现企业的以人为本的管理。团队鼓励成员一专多能，并对职工进行工作扩大化训练，要求成员积极参与组织决策。团队工作形式培养了职工的技术能力、决策能力和人际关系处理能力，使员工从机器的附属中解放出来，充分体现了以人为本的管理思想。

6. 保证信息传递畅通

信息渠道通畅，提高了信息的开放性、共同性和集成性，改善了组织决策。团队工作模式以计算机网络、信息处理软件为支撑技术，团队之间的协调和联系通过总线上的共享信息实现。通过建立企业内联网和企业外部网实现信息的共享和集成，消除了传统组织结构（如宝塔式的科层结构）中层层传递所造成的信息失真和延误，提高了信息传递的质量和速度。

二、团队建设的原则

1. **团队规模要适中**

纵观国内外最适宜工作的团队，我们就会发现，工作团队规模一般都不会很大，原因有三：其一，避免出现“搭便车”现象，成员过多，在进行绩效考评时，容易造成“该奖的没奖，该罚的没罚”等问题，不客观、不公正，团队凝聚力下降，如此团队工作效率自然会大打折扣；其二，成员太多，相互沟通很难顺利进行，沟通减少，就很难培养成员之间相互尊重、相互信任的工作氛围；其三，成员过多，意见分散，讨论问题时很难达成一致。团队规模一般应尽量小，但团队规模还受其他许多因素的影响。

2. **完善成员技能**

任何团队都必须培养好正确的技能组合。每一种技能都是为完成团队目标所必需的、互济余缺的技能。乔恩·R·卡曾巴赫将这些团队技能要求分为三类：技术性或职能性的专家意见；解决问题和决策的技能；人际关系的技能。

如果一个团队不具备含有以上三类技能的成员，就不可能充分发挥其绩效潜能。对具有不同技能的人进行合理搭配，是极其重要的。一种类型的人过多，另两种类型的人自然就少，团队绩效就会降低。但在团队成立之初，并不需要以上三方面的成员全部具备。在必要时，可安排一个或多个成员去学习团队所缺乏的某种技能，从而使团队充分发挥其潜能。

3. **分配团队成员角色**

有人曾研究如何选择一个有效的团队，发现选择合适的人员组合是很重要的，团队角色分配是对个人拥有的技能和本领的识别，而且要把这些技能和本领与实际情况所需要的技能和本领相比较。

采用参与式管理方式的企业，应当在其期望中的管理人员身上寻找某些特征。在设计一个有效团队时，管理人员必须记住，团队需要不同品质的人，必须确保选择合适“类型”的团队成员，以获得正确的平衡，应考虑每个潜在成员在技术方面能作出多大贡献，以及该成员在团队中扮演什么角色。

4. **树立共同目标**

共同的目标是团队存在的基础。心理学家马斯洛曾说，杰出团队的显著特征便是具有共同的愿景与目标。因为人的需求不同、动机不同、价值观不同、地位和看问题的角度不同，所以他们对企业的目标和期望值有着很大的区别。共同目标就是让大家知道“我们要完成什么”。要使团队高效运转，就必须有一个共同的目标和愿景，即“我能得到什么”。这一目标是成员的共同愿望，在客观上它能够为团队成员指明方向，是团队运行的核心动力。

5. **明确领导和结构**

目标决定了团队最终要达成的结果，但高绩效团队还需要明确的领导和结构来提供方向和焦点。如确定一种成员认同的方式，就有利于保证团队在实现目标的手段方面达成一致。

在团队中，对于谁做什么和保证所有的成员承担相同的工作负荷问题，团队成员必须取得一致意见。另外，团队需要决定的问题还有如何安排工作日程，需要开发什么技能，如何解决冲突，如何作出和修改决策，决定成员具体的工作任务内容，并使工作任务适应团队成员个人的技能水平等。所有的这些，都需要团队的领导和团队结构发挥作用。有时，这些事情可以由管理者直接来做，也可以由团队成员通过担当各种角色来做。

6. 建立绩效评估与激励体系

美国哈佛商学院詹姆斯教授的一项研究表明，一个人如果受到激励，就会发挥他全部潜能的80%，没有受到激励，则其潜能往往只能发挥出20%。可见，激励对于团队工作而言是不可或缺的条件，团队管理者可根据团队成员的不同需要制定和实施不同的激励机制。

7. 培养相互信任的精神

管理者和团队领导对团队的信任气氛具有重大影响。因此，管理人员和团队领导之间首先要建立起信任关系，然后才能建立团队成员之间的相互信任关系。斯蒂芬·罗宾斯建议采取以下方法来培养信任感：①表明既是在为自己的利益工作，又是在为别人的利益工作；②成为团队的一员，用言论和行动来支持工作团队；③表明指导自己进行决策的基本价值观是一贯的；④公平；⑤说出自己的感觉；⑥开诚布公；⑦保密；⑧表现出自己的才能。

三、团队创建的过程

通常，团队建设可以分为五个阶段：成立期、动荡期、稳定期、高产期、调整期。

1. 成立期

即团队形成的初期。在这个阶段，团队的创建人必须根据团队的任务、目标来思考创建一个什么样的团队，即团队类型，团队的规模应该控制在多少人，应该包含哪些必需的技术人才、管理人才，各自的角色是什么，对这些初步的内容必须拿出一个明确的规划来。因为如果目的不清楚，在选择团队成员时就会出现不知如何配合的问题。

在团队组建之初，团队成员比较关注所要做的工作目标和工作程序。这在人际关系的发展方面，表现为成员之间相互了解和相互交往，彼此容易表现出一种在一起的兴趣和新鲜感受。所有团队成员需要明白的是，人们对我的期望如何？我如何才能融入团队？我们该做什么？有什么规矩？在行为方面，则可能表现为：在完全了解形势之前，不会轻易投入；承受着可能的对个人期望的模糊和不确定状况；保持礼貌和矜持，至少一开始不表现出敌视态度等。

2. 动荡期

团队经过组建阶段后，隐藏的问题逐渐暴露，团队内部冲突加剧，虽然说团队成员接受了团队的存在，但对团队施加给他们的约束，团队成员仍然很抵制。而且，对于是否可以改变这个团队，还存在争执的情况。在这一阶段，热情往往让位于挫折和愤怒。抗拒、较劲是常有的现象，那些团队组建之初就确立的基本原则，很可能被打破。这个阶段之所以重要，是因为动荡期过后将迎来团队的稳定期。

3. **稳定期**

经过一段时间的动荡，团队将逐渐走向规范。在这个阶段，团队内部成员之间开始形成亲密的关系，团队表现出一定的凝聚力。这时会产生强烈的团队身份感和友谊感，团队成员彼此之间保持积极的态度，表现出相互之间的理解、关心和友爱，并再次把注意力转移到工作任务和目标上，大家关心的问题是彼此的合作和团队的发展。团队成员对新的技术、制度逐步熟悉和适应，并在新旧制度之间寻求某种均衡。团队与环境的关系也逐渐理顺。

4. **高产期**

在这个阶段，团队结构已经开始充分发挥作用，并已被团队成员完全接受。团队成员的注意力已经从试图相互认识和理解，转移到充满自信地完成手头的任务。至此，团队成员已经学会了如何建设性地提出不同意见，能经受住一定程度的风险，并且能用他们的全部能量去面对各种挑战。大家高度互信、彼此尊重，也呈现出接受团队外部新方法、新技术和自我创新的学习状态。整个团队已熟练掌握如何处理内部冲突的技巧，也学会了团队决策和团队会议的各类方法，并能通过团队追求团队的成功。在执行任务过程中，团队成员加深了了解，增进了友谊，除了高度的相互信任外，还可以退后一步，让团队显示自己巨大的能量。

5. **调整期**

任何一个团队都有它自己的寿命，高产期的团队运行到一定阶段，完成了自身的目标后，就进入了团队发展的第五个阶段——调整期。

调整期的团队可能有三种结果：

(1) 团队的任务完成了，先解散。伴随着团队任务的完成，团队的使命要结束，团队要解散，这个时候成员的反应差异很大，有的人很悲观，好不容易大家组合在一起，彼此间都形成了很好的默契，但时间这么快，团结紧密的时候又面临着解散；也有一些人持乐观的态度，完成了既定的目标，新的目标还在等待着他们。人们的反应差异很大，团队的士气可能提高，也可能下降。

(2) 团队这一任务完成了，第二个任务又来了，所以进入了修整期。经过短暂的总结、休整等，要进入下一个工作周期，这个时候新的团队又宣告成立，可能原来一部分成员要离开，新成员要进入，因为人员的选择与团队的目标是相关联的。

(3) 对于表现不太好的团队，将勒令整顿。整顿的一个重要内容就是优化团队规范。通常团队不能达到目标就是因为规范建立不够，流程做得不够，没有形成一套系统的方式和方法。

四、团队建设的阻力

1. **来自组织结构的阻力**

(1) 传统的等级官僚体制限制团队的发展。因为它主张自上而下的管理方式，而团队很多时候需要拥有相当的自主权。从某种意义上来说，这是对传统组织结构的一种挑战。

(2) 死板而没有风险的企业文化。企业是越稳越好，但事实上成熟的企业都鼓励边缘化的探索，鼓励做一些有风险、有益的尝试。这能为企业未来的生存和发展带来新的渠道和发展路径。

(3) 从信息传递来看，传统组织结构往往是自上而下的。而团队中的个体之间、成员和领导之间，甚至团队和团队之间，都可以进行信息传递，可能是自上而下，也可能是自下而上，甚至可能是在平级当中进行传递。

(4) 部门间各自为政。传统的组织结构中有生产部门、销售部门、研发部门、客户服务部门，每个部门都有自己的部门职责，他们各自为政，不太喜欢让相互融洽交流的团队方式打乱他们应有的阵地。但由此也带来了许多问题。团队可以整合这些力量。

2. 来自管理层的阻力

(1) 管理层担心一旦有了团队，就会失去应有的权力和地位。

(2) 管理层担心组织机构不再需要他们。

(3) 团队成员认为没有及时地授予团队权威和责任。

(4) 管理层没有及时提供足够的培训和支持。

(5) 管理层没有及时传达企业的总体目标并制定相关的细则。

3. 来自个人的阻力

(1) 既然强调团队的贡献，那么个人的贡献谁来承认？个人的成就感从哪儿来？

(2) 如果在团队中必须保持一种合作的态势，那么个性还能不能发挥？个人优势还能不能得到认可？

(3) 个人害怕团队会给他带来更多的工作。

(4) 团队成员害怕承担责任。

(5) 团队成员担心团队在一起工作时会出现新的冲突。

△ 知识小结

企业文化具有如下特性：社会性、个异性、相对稳定性和动态性的并存、共识性和非强制性。企业文化的载体可以分为物质载体、行为载体和制度载体。它们与企业文化的内核——共享价值观构成了三位一体的共生关系，集中承载了企业文化的内容，并以诸多形式反映企业文化的实质。

企业文化是人力资源开发的关键性因素：人与文化的一般关系、企业文化决定人力资源的地位、企业文化影响人力资源的发挥、企业文化影响对人力资源的投资力度。人力资源开发与管理的文化思路，主要体现在以下几个方面：树立企业英雄人物、确立企业礼节和仪式、构建企业文化网络和实施 CS 战略。

团队建设的目的，就是克服传统组织的弊端，塑造出一种适应信息时代的新型组织，具体包括增强组织灵活性、强烈的动机激励、提高生产率、建立积极的内部员工关系、提高员工素质和保证信息传递通畅。团队建设应遵循以下原则：团队规模要适中、完善成员技能、分配团队成员角色、树立共同目标、明确领导和结构、建立绩效评估和激励体系、培养相互信任的精神。

■ 知识巩固

1. 企业文化有哪些特征？

2. 简要介绍企业文化载体。
3. 如何理解企业文化的六大功能？
4. 试述企业文化在企业竞争中的作用机制。
5. 团队建设的目的是什么？
6. 高效团队具有什么特征？
7. 团队动荡期的表现有哪些？
8. 简述团队建设中的阻力。
9. 试述在团队中培养相互信任精神的方法。

✲ 案例讨论

A 科技有限公司的销售团队建设问题

A 科技有限公司是一家专门从事大屏幕显示产品设计开发、生产制造、工程安装、售后服务的高科技企业。公司拥有雄厚的技术实力、丰富的工程经验、高素质的经营管理队伍及专业的技术人才。经过多年的发展，凭借过硬的产品质量及完善的售后服务，A 科技有限公司在众多大屏幕公司中逐渐脱颖而出。然而，随着行业进入壁垒逐渐减少，有限的市场份额使得该公司面临着日益激烈的行业竞争，除了进一步提高技术水平，通过创新增强实力之外，建设一支具有实力的销售团队这一任务摆在了该科技有限公司面前。目前，该公司的销售团队业绩情况并不理想，销售团队内部管理混乱，直接影响到公司业绩目标的实现。

专家团队经过初步的访谈与调研，发现该科技有限公司销售团队的运营模式如下：

（1）销售团队组织构架是北京总部销售总监领导下的 9 个分公司，另外还成立了统一的销售部和策划部。各个分公司的销售人员分别管辖全国不同的区域，这些销售人员负责寻找客户资源、商务谈判、签订合同一条龙的业务流程，这种单兵作战的模式，经常造成因各个地区市场需求不同而出现销售人员“忙闲不均”以及销售能力薄弱的业务员丢掉“大单”等问题。

（2）整个中国市场管理混乱，所有的业务人员均没有目标地工作。销售能力强的业务人员没有被有效地配置到合适的位置，致使其业绩难以提升，这种人才浪费的问题最终导致大量优秀业务人员的流失。

讨论：

（1）A 科技有限公司销售团队管理混乱，销售业绩不佳的主要原因是什么？

（2）请为 A 科技有限公司销售团队目前存在的问题提出解决方案。

△ 实训设计

设计企业文化。

1. 能力培养目标

（1）进一步理解企业文化的含义，掌握企业文化的内容。

（2）理解企业文化的作用，明确企业文化建设的意义。

（3）掌握企业文化的构成，实践企业文化建设，掌握企业文化建设的过程。

（4）为创立的模拟企业设计企业文化。

2. 实训内容和要求

（1）选择 1 ~2 个中型企业，调查企业文化建设情况，包括企业文化设计思路、企业文化建设过程、企业文化内容、企业文化建设现状和企业文化建设的发展。

（2）以模拟企业为单位，设计企业的企业文化内容，规划企业文化建设的基本阶段。

（3）将设计的企业文化建设的内容和建设过程形成书面文件，经企业全体成员讨论通过后予以确定。

3. 实训教学学时安排

课内 3 学时，课外视情况而定。教师事先通知学生课外预先查找相关资料。

4. 考核内容与方法

（1）考核内容：

项目	考核点	考核目标
实训准备	1. 材料准备； 2. 资料准备	对实训目的和基本原理的认识程度，对实训方案的计划能力
实训过程	1. 参加实训的出勤和守纪情况； 2. 实训过程中的程序规范情况； 3. 实训过程中的协作精神； 4. 实训过程中的工作态度； 5. 突发事件应急处理能力	着重考查学生的工作态度、基本操作技能、严谨治学态度、团结协作精神
实训结果	1. 实训方案的结构合理性； 2. 实训方案的完整性、系统性； 3. 实训方案的创新性； 4. 实训报告的格式规范程度； 5. 实训结果的信度和效度	考查学生对典型案例或现象的处理和分析能力；对专业知识的综合运用能力；解决问题的能力；表达能力

（2）考核方法。实训成绩采用等级计分制：优（90 ~100 分）、良（80 ~89 分）、中（70 ~79 分）、及格（60 ~69 分）、60 分以下为不及格。其中，实训准备占 10%，实训过程占 20%，设计结果占 70%，实训成果为企业制度规章守则。

（3）制定企业制度规章守则考核内容。组织协调 10%、资料收集 15%、企业制度规章守则 40%、制定企业制度规章守则 30%、出勤情况 5%。

参考文献

[1] 王丽洁. 人力资源管理 [M]. 北京：清华大学出版社，2011.

[2] 刘金章，孙可娜. 现代人力资源管理 [M]. 3 版. 北京：高等教育出版社，2011.

[3] 王蕴，宋海啸. 人力资源管理概论 [M]. 北京：中国劳动社会保障出版社，2008.

[4] 阚雅玲，吴强，丁雯. 现代人力资源管理 [M]. 北京：中国人民大学出版社，2010.

[5] 顾沉珠，时长胜. 人力资源管理实务 [M]. 北京：北京大学出版社，2011.

[6] 侯娟娟，张友瑞. 人力资源管理 [M]. 北京：经济科学出版社，2010.

[7] 郑兰先. 人力资源管理 [M]. 北京：清华大学出版社，2008.

[8] 李旭穗，陈文知. 人力资源管理实务 [M]. 广州：华南理工大学出版社，2009.

[9] 孟英玉，王瑞卿. 人力资源管理 [M]. 北京：北京大学出版社，2010.

[10] 蔡荣先，何学菊. 现代人力资源管理实务 [M]. 北京：北京交通大学出版社，2010.

[11] 周贺来. 人力资源管理实用教程 [M]. 北京：机械工业出版社，2009.